SÜDWESTEN

USA

VISTA POINT

VERLAG

Eine Übersichtskarte des Reisegebietes finden Sie in der vorderen Umschlagklappe

I GO WEST
Reisen in Cinemascope

GO WEST – hieß es immer wieder, wenn es darum ging, den Verlockungen des amerikanischen Südwestens zu folgen. Den Indianern war die rote Erde heilig, die Spanier suchten die sagenhaften sieben Städte aus Gold, die Mormonen bauten ihren Gottesstaat mitten in die Wüste, und Johann August Sutter, schweizerischer Siedlungsführer und der Luis Trenkersche »Kaiser von Kalifornien« wollte hier sein Neu-Helvetien gründen. Gold- und Silberfunde schließlich brachten Zigtausende im Rausch von 1849 auf die Beine nach Westen.

Cowboys auf dem Weg zum Dinner, ca. 1897

Geschichte? Keineswegs. Magie und Mobilisierungskraft des Südwestens sind nach wie vor ungebrochen. Das haben vor allem die letzten Jahre gezeigt, in denen der sogenannte *sun belt*, der Sonnengürtel, wirtschaftlich wie keine andere Region in den USA zugelegt hat. Von Kalifornien bis Texas entstanden neue Imperien der Computerindustrie, die Kapital und Arbeitskräfte aus dem Nordosten abzogen und die Bevölkerung überdurchschnittlich wachsen ließen. Steuerliche Anreize, niedrige Lohnkosten und schwache Gewerkschaften leisten Schützenhilfe für den wirtschaftlichen Aufschwung. Der High-Tech-Boom ließ Städte wie Houston, Phoenix und Tucson wie Pfannkuchen aufgehen: in die Breite, auf amerikanisch, versteht sich.

Die Freizeitindustrie hat nachgezogen und verzeichnet ebenfalls landauf, landab seit langem Zuwachsraten. Sonniges Klima, großartige Nationalparks und eine gut ausgebaute touristische Infrastruktur beflügeln die inneramerikanische Reise- und Wanderlust. Auch bei den Senioren der Nation. Von Jahr zu Jahr werden die Pensionistentrecks nach Süden länger, die Stellplätze größer. Sie kommen aus dem Norden mit Vorliebe während der Wintermonate in die warmen Gefilde des Südens von Kalifornien, Arizona oder Texas, um sich mit Hab und Gut im Wohnmobil einen guten Tag zu machen. Rund um die modernen Wagenburgen, aber auch in den Motels wuchs daraus eine Freizeitkultur des *easy does it* heran – mit *shuffleboard*-Spielen und organisiertem Alten-Aerobic zum Disco-Sound am Swimmingpool.

Zum ewig schönen Wetter und den Schönheiten von Gottes freier Natur gesellt sich für den Besucher aus Europa die zusätzliche Neugier auf deren Mythologie: die Neugier auf den Wilden Westen, seine Bilder und seine Geschichten. Denn neben den realen Trümpfen des Landes – Gold, Silber, Chips und Sonnenschein – lockt der amerikanische Südwesten mit einem reichlich sagenumwobenen Image. Von Karl May bis »Easy Rider«, von Buffalo Bills Western Shows und den Western made in Hollywood bis zu den kernigen Burschen in der Zigarettenwerbung – stets bevölkern Indianer und Canyons, Cowboys und Saloons, Motorräder, Trucks und Wüstenpisten spannende Traumwelten.

Und wie sieht es in Wirklichkeit aus? Bleiben nach Verlassen des weichen Kinosessels nur mehr steiniger Wüstenboden, Taranteln und Klapperschlangen? Wie paßt der Mythos der Einsamkeit der Landstraßen zu den donnernden Trucks? Und wie die noch einsameren Bars, von der die Country & Western Songs so herzerweichend erzählen, zum dort meist plärrenden Fernseher?

Reisen im Südwesten: eine fortgesetzte Desillusion? Keine Bange. Sicher, manch rauhe Gegend wird die eine oder andere romantische Vorstellung herb enttäuschen. Beißfreudige Mücken, plötzliche Wassergüsse oder Kakteenstacheln können mitunter schlagartig klarmachen, daß ein Wüstentrip halt kein gemütlicher Sonntagsspaziergang ist. Pannen und Umleitungen vertiefen zwar die Orts- und Menschenkenntnis (und erweitern die Sprachfähigkeit), aber ärgerlich sind sie schon. Schließlich möchte man angesichts meist zu knapp bemessener Reisezeit derartige Lernprozesse nicht unbedingt am anderen Ende der Welt machen.

Gefahren natürlicher Herkunft sind in der Regel aber weniger zu befürchten als jene Enttäuschungen, die aus dem touristischen Andrang und seiner entsprechenden Vermarktung erwachsen. Weite Teile des Grand Canyons oder des Monument Valley zum Beispiel sind zur Hauptreisezeit derart überlaufen, daß hier die Naturbegeisterung leicht zur Farce gerät. Probleme können auch aus mancher Eigenart des Hotel- und Gastronomiegewerbes erwachsen, d. h. aus den Gesetzmäßigkeiten des Massentourismus.

Wer unvorbereitet dort hineingerät, sieht sich plötzlich mit dem eigenen touristischen Überleben beschäftigt und in eine beinah tragikomische Parallele zu den ersten Siedlern gebracht: Tisch und Bett, Gepäck und Auto, Temperatur und Kleidung – nichts ist bequem zur Stelle, paßt oder stimmt, Gewünschtes ist ausgebucht, vieles muß umständlich beschafft werden.

In dieser Topographie der touristischen Fettnäpfchen sind daher Planung, Routen- und Tageseinteilung äußerst hilfreich. Der vorliegende Reiseführer enthält derartige Vorgaben, »Tagessätze« sozusagen, die es möglich machen, mit geringem Aufwand und ein wenig Glück zur rechten Zeit am richtigen Ort zu sein.

Um ein solches Timing ins Buch zu bringen, haben wir uns bei der Konstruktion der Reiseroute bemüht, die landschaftlichen und kulturellen Highlights mit dem Erholungsbedürfnis in Einklang zu bringen. Zugegeben, das klappt nicht immer, denn die Entfernungen sind in der Tat gewaltig (um nicht zu sagen: mitunter gewalttätig).

Die Abfolge der Tagesrouten sollte deshalb nicht als Bevormundung verstanden werden, sondern als Vorschläge bzw. Entlastung von den unter Umständen anstrengenden und zeitraubenden Recherchen und Organisationen während der Reise. Im übrigen deuten zahlreiche Extratage, Umwege, Abstecher und Abkürzungen den möglichen Spielraum für die persönliche Gestaltung der Reise an.

Trotz ständig neuer Sensationen für die Selbstbesinnung Zeit zu haben, Fortbewegung nicht nur als Überwindung von Strecken zu begreifen, sondern zu einer Folge genußvoller Situationen werden zu lassen: das ist eine Kunst des Reisens, zu der dieses Buch über den amerikanischen Südwesten einlädt. ■

Verklärung hat im Südwesten Tradition – wie diese alte Postkarte beweist

II Der Wilde Westen
Geschichte und Geschichten

In Öl: der spanische Entdecker Coronado

An einem sonnigen Maitag im Jahre 1539 sahen die Zuni-Indianer des Hawikuh Pueblo im heutigen New Mexico ziemlich erstaunt eine seltsame Prozession vor ihren Toren aufziehen. Einige hundert mexikanische Indios traten da auf, an ihrer Spitze ein mit Federn und Rasseln geschmückter schwarzer Mann. Recht arrogant trat er in ihre Stadt ein und forderte Türkise und Frauen als Geschenke. Da seine Federn und die anderen Ornamente zu einem ihnen feindlichen Stamm gehörten, brachten die Zuni den Schwarzen vorsichtshalber um – und beendeten so die erste Begegnung der spanischen Zivilisation mit den seit Jahrtausenden hier ansässigen Indianern.

Estevan, der Mohr – er war tatsächlich Marokkaner, ein spanischer Sklave –, war schon einige Jahre zuvor im Süden dieser Region gewesen. Zusammen mit dem schiffbrüchigen Cabeza de Vaca hatte er sich zwischen 1529 und 1536 zu Fuß von der Mündung des Mississippi durch das heutige Texas und südliche New Mexico bis nach Mexiko durchgeschlagen. Dank seiner medizinischen Kenntnisse konnte sich Cabeza de Vaca von einem Indianerstamm zum nächsten als berühmter »Heiler« durcharbeiten, bis er nach Jahren mit seinen drei Begleitern schließlich völlig ausgemergelt einem Trupp spanischer Sklavenjäger im heutigen Nordmexiko begegnete. Die begleitenden Indianer konnten, wie de Vaca schrieb, zunächst gar nicht glauben, daß dies auch Spanier sein sollten: »Wir heilten die Kranken, während die anderen die Gesunden töteten; wir reisten nackt und ohne Schuhe, während die anderen Kleider trugen und mit Lanzen bewehrt auf Pferden saßen. Auch verwunderte sie, daß wir nichts erbaten, sondern alles weggaben, was wir geschenkt erhielten, während die anderen kein besseres Ziel zu haben schienen, als alles zu stehlen, und nie etwas gaben.«

Zurück in der Hauptstadt Mexiko, berichtete Cabeza de Vaca von »sieben großen Städten im Norden« – goldenen Städten! –, und an neuen Schätzen war die spanische Krone natürlich immer interessiert. Allerdings zogen es der unermüdliche Fußgänger Cabeza de Vaca und die beiden anderen Spanier klugerweise vor, andere Regionen der Welt zu erkunden. So mußten die Spanier neue Anführer für die Expeditionen in den Norden finden. Estevan, der Mohr, und ein Missionar brachen als erste auf, und zahlreiche weitere Schatzsucher folgten. Francisco Vasquez Coronado drang von 1540 bis 1542 bis in den heutigen Staat Colorado und sogar über die Rocky Mountains zu den Prärien vor. Einer seiner Offiziere, López Cárdenas, entdeckte dabei auch den Grand Canyon: herrliche Landschaften, aber kein Gold! 1542 segelte Juan Rodriguez Cabrillo die kalifornische

Küste entlang nach Norden, aber auch er wurde enttäuscht. Das Gold der Sierra Nevada sollte noch zweihundert Jahre länger in den Bergen schlummern.

Ein neuer Anlauf der Eroberung erfolgte gegen Ende des 16. Jahrhunderts. Der Adelige Juan de Oñate begann mit der Kolonisierung des heutigen New Mexico: Mit Saatgetreide, Rinderherden und Schafen, Werkzeugen und über hundert Siedlern, Missionaren und Soldaten brach er von Mexiko nach Norden auf. Bei der Überquerung des Rio Grande ergriff er offiziell und gar nicht unbescheiden allumfassenden Besitz vom Land, beanspruchte für sich und seinen König alle »Ländereien, Pueblos, Städte, Dörfer, Schlösser, Festungen und unbefestigten Häuser, die zur Zeit in den Königreichen und Provinzen von Nuevo Mexico bestehen«. Doch damit nicht genug, des weiteren gehörten ihm nun »die Berge, Flüsse, Fischereien, Gewässer, Weiden, Täler, Wiesen, Quellen und alle Erze von Gold, Silber, Kupfer, Quecksilber, Zinn, Eisen, Edelsteine, Salz« und dazu »die Macht über Leben und Tod, über hoch und niedrig, von den Blättern an den Bäumen bis zu den Steinen und dem Sand im Fluß«.

An der Mündung des Chama River in den Rio Grande errichteten die Kolonisten eine Siedlung; 1610 wurde sie nach Süden verlegt und Santa Fe genannt. Die friedlichen Pueblo-Indianer wehrten sich nicht; sie ließen sich willig missionieren und arbeiteten für die Siedler. Doch schon nach wenigen Jahrzehnten wurde das fatale Ausbeutungssystem der Spanier deutlich: Häufige Tribute waren an den Gouverneur, den meist in Mexiko oder Spanien residierenden Konquistador und natürlich auch an den örtlichen Alkalden abzuführen. Der Gouverneur ließ indianische Sklaven für sich arbeiten, und die Missionare brauchten ständig Schafhirten, Bauarbeiter für die Kirchen und Meßdiener. Außerdem wurden die alten Zeremonien der Indianer verboten, Medizinmänner aufgeknüpft, und die nomadischen Apachen und Navajo überfielen frech und ungestraft die Pueblos. Kein

Auch gemalt: die Missionskirche San Xavier del Bac bei Tucson

Wunder, daß die Pueblo-Indianer die Vorteile der »Zivilisation« nicht mehr so recht einsahen.

Die Spannungen kamen in der Pueblo-Revolte von 1680 zum Ausbruch. Am 10. August erhoben sich die Indianer der ganzen Provinz. Sie töteten mehr als 400 Siedler und Missionare und drängten die übrigen Spanier nach Mexiko zurück. Anschließend zerstörten sie systematisch alle Kirchen und Häuser und sämtliche spanischen Hinterlassenschaften. Alles sollte wieder wie früher sein.

Zwölf Jahre konnten die Pueblo-Indianer ihre alte Lebensweise noch einmal genießen. Dann kam Don Diego de Vargas: Mit zweihundert Soldaten marschierte er am Rio Grande nach Norden und unterwarf in einem jahrelangen Feldzug und mit oft harten Methoden die Pueblos endgültig. Danach verliefen die Dinge ruhiger: Eine etwas bessere Behandlung der Indianer sicherte den Frieden, neue Siedler kamen aus Mexiko und Spanien nach, weitere Orte und Missionen wurden gegründet. Die erste Kolonie im Südwesten war nach 1750 fest etabliert.

In der zweiten Hälfte des 18. Jahrhunderts beschleunigte sich die Entwicklung. Neue politische Mächte traten auf den Plan: In Nordkalifornien wurden Engländer und sogar Russen gesichtet, im Osten des Kontinents entstand ein völlig neuer Staat, der bald seine Hände nach Westen ausstrecken würde. Noch saßen die Spanier allerdings fest im Sattel. Auf Geheiß des Königs wurden neue Missionen und kleine Forts, die Presidios, in Kalifornien angelegt. Gaspár de Portola und der Franziskanerpater Junipero Serra begannen 1769 mit der Kolonisierung: Sie segelten bis zur Bucht von San Diego und gründeten dort ihre erste Niederlassung. 21 Missionen sollten es schließlich werden – wie an einer Kette aufgereiht entlang der Küste nach Norden.

Weitere Expeditionen erforschten den Südwesten, als die Spanier ihre beiden Kolonien zu verbinden suchten. Das südliche Arizona wurde besiedelt, Handelswege von Santa Fe bis San Diego wurden angelegt. Um die Militärposten Kaliforniens entstanden kleine Dörfer, und die Missionen florierten. Die Indianer ließen sich – manchmal allerdings nur per Schwert – bekehren, und sie starben meist recht bald an den europäischen Krankheiten, so daß aus dem Hinterland neues »Missionsmaterial« herbeigeholt werden mußte.

Die jungen USA im Osten Nordamerikas begannen um 1800 ihre Augen nach Westen zu richten. 1803 erwarben sie von Napoleon das Louisiana Territory, womit das damalige Staatsgebiet der USA sich mehr als verdoppelte. Bis hinüber in den Nordwesten, bis an den Pazifik reichte ihr neues Gebiet. Und Präsident Jefferson sandte alsbald eine Expedition aus, um das Potential des neuen Landes zu erkunden. Die Berichte, die die Expeditionsleiter Lewis und Clark von ihrer Reise nach Oregon zurückbrachten, entfachten das Interesse der Öffentlichkeit.

Die Grenze des Louisiana Territory zu den spanischen Besitzungen war nie genau abgesteckt worden, und als sich Mexiko 1821 von Spanien lossagte und die schwache neue Regierung das riesige Nordterritorium nur ungenügend verwalten konnte, da sollte dies den Yankees nur recht sein. Pelzhändler und Kundschafter drangen immer weiter nach Westen – und nach Südwesten! – vor.

Jedediah Smith, der berühmte *Mountain Man*, läutete die große Ära der Pelzjäger ein. Auf manchmal jahrelangen Streifzügen durchkreuzte er den Südwesten vom Mississippi bis San Diego – immer auf der Suche nach neuen Biberbächen. Zur selben Zeit pionierte William Becknell den Santa Fe Trail, die Seidenstraße Amerikas. 1821, im ersten Jahr der neuen mexikanischen Herrschaft, zog er von Franklin in Missouri mit vier Begleitern und einigen Packpferden los. Eigentlich wollte er mit den Indianern handeln, drang aber dann bis Santa Fe vor – und wurde dort mit offenen Armen empfangen. Die Abschot-

Wie aus dem Märklinbaukasten: Eisenbahn über dem Canyon Diabolo in Arizona

Holztransport »burro back«: bepackte Esel um die Jahrhundertwende

tungspolitik der Spanier war vorüber, die von Mexiko vernachlässigten Einwohner waren dem Handel nicht abgeneigt. Schon nach einigen Jahren zogen alljährlich mehrere hundert Traders mit Wagen und Packtieren nach Santa Fe, und die mexikanischen Silberdollars klingelten in den Kassen der amerikanischen Händler.

Halbmilitärische Expeditionen mit wissenschaftlichem Anspruch folgten den Händlern und Pelzjägern nach. Der Kontinent mußte kartiert, Bodenschätze sollten erkundet, Niederschläge und Wetter gemessen werden. Daß auch bei diesen akademischen Erkundungen nicht allzu zimperlich mit den Indianern umgesprungen wurde, zeigt das Tagebuch von Charles Preuss, dem preußischen Kartographen von John C. Fremont. Der Hannoveraner Preuss schildert, wie zwei Expeditionsteilnehmer, Kit Carson und Alex Godey, Jagd auf einige Rothäute machen:

»Diesen Nachmittag werden wir weiterreisen, bis wir Wasser erreichen. Gestern blieben wir hier, um Kit und Alex Gelegenheit zu geben, die Pferdediebe zu verfolgen... Zwei Skalps hat Alex Godey erbeutet. Sind diese Weißen nicht viel schlechter als die Indianer? Der edlere Indianer nimmt von dem getöteten Feind nur ein Stück des Skalps, so groß wie ein Dollar, etwa ähnlich der Tonsur eines Priesters. Diese beiden Helden, die sich von hinten an die Indianer anschlichen und sie erschossen, brachten den ganzen Skalp mit. Die Indianer sind in solchen Situationen tapferer. Bevor sie schießen, stoßen sie einen Kriegsschrei aus. Kit und Alex schlichen, wie Katzen, so nah wie möglich. Kit schoß einen Indianer in den Rücken; die Kugel schlug unter der Brust durch, und der Indianer konnte noch 200 Fuß laufen und sich hinter einem Felsen verstecken. In der Zwischenzeit hatte Godey den anderen Indianer verfehlt, lud nach und lief ihm hinterher. Ohne es zu wissen, kam er nur wenige Schritte an dem Felsen vorüber, von dem der verwundete Indianer einen Pfeil nah an Godeys Ohren vorbeischoß. Er drehte sich um, erledigte erst den einen und erschoß dann den rennenden Indianer. So standen ihm beide Skalps zu, denn nach indianischer Sitte gehört der Skalp demjenigen, der den Todesschuß abgibt. Godey ritt ins Camp mit einem schrillen Kriegsschrei, beide Skalps auf einem Stock vor sich. Kit war durch sein Pech etwas verärgert. Für mich ist solche Schlächterei abscheuerregend, aber Fremont ist guter Dinge. Ich glaube, er würde alle (wissenschaftlichen) Beobachtungen gegen einen von ihm eigenhändig erbeuteten Skalp eintauschen...«.

Die amerikanischen Puritaner fühlten sich von Gott gesandt und verpflichtet, sich den Kontinent und die Wildnis untertan zu machen. »Go West« war das Motto des 19. Jahrhunderts. Texas war bald von US-Amerikanern unterwandert, und nach einer kurzen Rebellion sagte sich die Region von Mexiko los und rief eine eigene Republik aus. Die nachfolgende Annektierung von Texas durch die USA, gegen die Mexiko Einspruch erhob, war ein guter Kriegsgrund und Anlaß, das Territorium der Vereinigten Staaten erneut zu vergrößern.

Das schwache und politisch zerrüttete Mexiko war für die USA kein ernstzunehmender Gegner. Nach kleineren Scharmützeln im Südwesten folgte ein Siegeszug der Amerikaner, bei dem die US-Truppen erst in Mexico-City anhielten. Mexiko kapitulierte und überließ den Vereinigten Staaten alle Gebiete nördlich des Rio Grande und des Gila River bis zum Golf von Kalifornien. Ein weiterer Landstreifen südlich des Gila River, die heutige Region um Tucson, wurde 1853 beim Gadsden Purchase noch dazugekauft.

Manifest destiny, die »offenkundige Bestimmung«, hieß das Schlagwort, das die Amerikaner so unersättlich nach Westen trieb. William Gillpin, einer der eifrigsten Verfechter dieser Theorie, beschrieb den Geist der Expansion: »Die unvollendete Bestimmung des amerikanischen Volkes ist es, sich den Kontinent untertan zu machen – über dieses weite Feld bis zum Pazifischen Ozean zu eilen...«.

Wie um dieses Sendungsbewußtsein noch durch einen himmlischen Fingerzeig zu rechtfertigen, war 1848 der Vertrag mit Mexiko kaum unterzeichnet, als auch schon in Kalifornien das erste Gold entdeckt wurde. E. L. Cleveland, ein anderer Manifest-destiny-Anhänger, jubilierte: »Warum waren die immensen Schätze Kaliforniens vor der Welt verborgen, bis es von dieser Republik annektiert wurde? Und sagt mir, wenn ihr es könnt, warum war der Grundbrief kaum in unseren Händen, als es sein gewaltiges Geheimnis preisgab und seine goldenen Tore aufschloß?«

Tausende von Goldsuchern und Abenteurern strömten nun nach Westen. Viele von ihnen siedelten sich nach dem Goldfieber in Kalifornien an oder zogen auf der Suche nach neuen Reichtümern durch die Wüsten und Gebirge des Südwestens – und sie wurden wieder fündig: Silber in Nevada, Gold und nochmal Silber in Colorado. Händler, Saloonbesitzer und Rancher folgten ihnen nach. Die Mormonen gründeten ihren Gottesstaat in der Wüste Utahs. Postkutschenlinien wurden eingerichtet, Telegrafenleitungen gelegt, der Pony Express verkürzte den Postweg, und bald kamen die ersten Vermesser der Eisenbahnlinien.

Trotzdem war in weiten Teilen des Westens von Zivilisation noch wenig zu spüren. Die Navajo und Apachen überfielen mit schöner Regelmäßigkeit die kleinen, abgelegenen Ranches; Banditen und Revolverhelden brauchten noch keine Sheriffs zu fürchten. Der durchreisende J. Ross Brown beschrieb 1864 die noch recht mexikanische Atmosphäre im Süden:

»Tucson ist eine Stadt aus Lehmschachteln, schmutzig und verwahrlost, rissig und zu einem Gemisch aus Staub und Dreck zusammengebacken. Unordentlich herumgestreut sind zerfallene Pferdezäune, Hütten, Backöfen, Tierkadaver und zerbrochene Töpfe. Kein frisches Grün ist zu sehen, ausgedörrt, nackt und erbarmungslos desolat liegt es im grellen Licht einer südlichen Sonne. Adobewände, innen und außen ohne Anstrich, hartgestampfte Lehmböden, gebackene und getrocknete Mexikaner, Maultiere mit wundem

Flagstaff, Arizona, um 1883

Lunch im Freien: Arizona zu Beginn des Jahrhunderts

Tunnel zur Good Hope Mine bei Hillsboro, New Mexico, 1890

Touristen am Anfang des Jahrhunderts: bei einer der Felssiedlungen des Südwestens

Rücken, streunende Hunde und Terrakottakinder. Soldaten, Fuhrleute und ehrliche Bergarbeiter hängen um die Mescalkneipen, eingeweicht in brennendes Gift; eine lärmende Bande von Hanswursten aus Sonora, wie in Bühnenkostüme gekleidet, reißt ihre Späße auf den Plätzen, während dazu das diabolischste Gekratze von Fiedeln und Gitarren ertönt.«

Das klingt noch stark nach Wildem Westen. Aber an der Postkutschenstation hing schon an einer Schnur über dem Wassertrog eine Zahnbürste, zur Benutzung für alle. Und mit den Postkutschen und später den Eisenbahnen kamen bald auch die ersten Touristen. Die landschaftlichen Reize und Naturwunder des Südwestens wurden auch im Osten der USA langsam bekannt. Nachdem die Indianergefahr gebannt war, konnten dann in der zweiten Hälfte des 19. Jahrhunderts die Sightseer unbehelligt anrücken. Die in Reservate abgeschobenen Indianer flochten nun Körbe und töpferten brav für die exotikliebenden Bleichgesichter.

Doch noch gab es weiße Flecken auf der Landkarte, und während am Rand des Grand Canyons schon beinahe die ersten Touristen ihr Picknick auspackten, befuhr 1869 Major John Wesley Powell als erster Mensch den Colorado durch die gewaltige Schlucht. Kein harmloses Unterfangen, und dem – einarmigen! – Bürgerkriegsveteranen war auch nicht wohl in seiner Haut, doch war er wie Millionen Besucher nach ihm von den Dimensionen des Canyons überwältigt:

»Wir sind eine dreiviertel Meile in den Tiefen der Erde, und der große Fluß schrumpft zur Bedeutungslosigkeit, während er wie wütend seine Wellen gegen die Wände und Klippen wirft, die in die obere Welt hinaufragen. Sie sind nur ein winziges Kräuseln und wir nur Pygmäen, die im Sand auf und ab laufen und sich zwischen den Felsen verlieren.

Schicker Ausflug zu den Indianern am Rio Grande – in den 20er Jahren

Die »Withe House Ruins« im Canyon de Chelly, Arizona, 1890

Wir haben noch eine unbekannte Entfernung zu überwinden; noch einen unbekannten Fluß zu erforschen. Welche Fälle noch vor uns liegen, wir wissen es nicht; welche Felsen in unserem Weg liegen, wir wissen es nicht; welche Wände über dem Fluß aufsteigen, wir wissen es nicht. Nun, sei's drum! Wir mutmaßen wohl zuviel. Die Männer unterhalten sich so fröhlich wie immer; Witze werden an diesem Morgen viele gerissen; aber ihre Fröhlichkeit ist traurig für mich und ihre Witze grausig.«

Powell schaffte es und schloß damit die Erforschung des Südwestens ab. Im selben Jahr noch wurde die erste transkontinentale Bahnlinie eröffnet. Das Eisenbahnfieber brach aus: 1879 erreichten die Schienen Tucson und dann El Paso; die Santa Fe Railroad folgte als nächstes. Sogar durch den Grand Canyon sollte eine Linie gelegt werden; die Idee wurde allerdings nach den ersten Vermessungsarbeiten aufgegeben.

Mit den Eisenbahnen kamen neue Siedler. Viele der Bauarbeiter blieben im Land, und Tausende von chinesischen »Gastarbeitern« wollten ebenfalls nicht zurück in ihre Heimat. 1912 hatten Arizona und New Mexico, bisher nur Territorien, schließlich die ersten Ölquellen, und das lange vernachlässigte Los Angeles lockte mit seinem sonnigen Klima die Filmindustrie an.

Einen wichtigen Beitrag zum Aufschwung des Südwestens im 20. Jahrhundert leisteten schließlich die großen Staudammprojekte der 30er Jahre: Die gewonnene Elektrizität förderte die Industrie, und dank der nun möglichen Bewässerung weiter Landstriche

Dampfschiff am Pier von San Diego, ca. 1929

entwickelte sich besonders in Südkalifornien eine vielfältige Landwirtschaft. Der Zweite Weltkrieg brachte Flugzeugindustrie, Schiffsbau an der kalifornischen Küste und – die Atombombe. In streng geheimen Laboratorien in New Mexico, dem Staat der friedliebenden Pueblo-Indianer, wurde die neue Waffe entwickelt, 1945 in der White-Sands-Wüste getestet und dann auf die Welt losgelassen.

Da die Südweststaaten sämtlich im *sun belt*, dem »Sonnengürtel« liegen, hat sich ihre Entwicklung in den letzten vier Jahrzehnten drastisch beschleunigt. Klimaanlagen nehmen der Sommerhitze die Schweißtropfen, und immer mehr Amerikaner wollen den bitterkalten Wintern im Mittelwesten und Nordosten entfliehen. Aus dem Wunsch, den Lebensabend im Trockenen und Warmen zu verbringen, entstanden riesige Rentnerkolonien in Zentralarizona. Doch dabei blieb es nicht. Versicherungsgesellschaften, Hauptverwaltungen von Hotelketten und anderen Unternehmen sowie die Computerindustrie zogen in den Südwesten, der heute mehr und mehr die Maßstäbe in Lebensqualität und Fortschritt für ganz Amerika setzt. Die spektakulären neuen Erlebnishotels in Las Vegas weisen – ob man das nun mag oder nicht – den Weg in die Freizeitwelt des 21. Jahrhunderts. Das lange Zeit hinterwäldlerische Altamerika hat in der Postmoderne den Rest des Kontinents schon wieder überholt. ■

Alle Mann an Deck der U.S.S. »Saratoga«, etwa 1912

III Landeschronik: 1528 bis heute

1528–1536	Der schiffbrüchige Entdecker Cabeza de Vaca läutet das spanische Zeitalter im Südwesten Nordamerikas ein. Seine Berichte von den »Goldenen Städten von Cibola« der dort seit Jahrtausenden ansässigen Pueblo-Indianer lassen andere Entdecker folgen: 1540 Francisco Vasquez Coronado, der das heutige New Mexico erforscht, und 1542 Juan Rodriguez Cabrillo, der als erster Weißer die Küste Kaliforniens erkundet.
1598	Don Juan de Oñate bricht mit einer Gruppe Siedler von Mexiko nach Norden auf, kolonisiert New Mexico und versucht die Indianer zu missionieren. 1610 wird die Hauptstadt Santa Fe gegründet.
1680	Die Pueblo-Stämme lehnen sich gegen die Eroberer auf. Sie töten viele Missionare und vertreiben die Spanier aus New Mexico: der einzige siegreiche Indianeraufstand in der Geschichte Nordamerikas. Erst zwölf Jahre später gelingt Diego de Vargas und seinen Soldaten die Rückeroberung. Danach gehen die Spanier bei der Kolonisierung behutsamer vor.
1769	Unter der Leitung des Franziskanerpaters Junipero Serra beginnt die Missionierung Kaliforniens. Als erste in einer Kette von 21 Missionsstationen entlang der Küste wird San Diego gegründet. Bereits 1776 versuchen die Patres Escalante und Dominguez, von Santa Fe aus die Missionen an der Pazifikküste zu erreichen, und erforschen dabei einen großen Teil von Südutah und Arizona.
1803	Die USA kaufen das Louisiana Territory von Frankreich. Präsident Jefferson schickt im folgenden Jahr eine Forschungsexpedition unter Meriwether Lewis und William Clark aus, die bis zur Pazifikküste in Oregon vordringt. Amerikas Marsch nach Westen beginnt.
1821	Mexiko erklärt seine Unabhängigkeit von Spanien und behält alle Besitzungen in Kalifornien und im Südwesten. Nicht zuletzt dank der schwachen mexikanischen Regierung beginnen nun vermehrt US-amerikanische Pelzjäger, Händler und Militärexpeditionen in

Immerhin schon Glasfenster und Vorhänge: frühe Mormonensiedler in Arizona

den Südwesten zu ziehen. William Becknell pioniert 1821 als Händler den Santa Fe Trail, der *Mountain Man* Jedediah Smith (1826–1829) erforscht Südwestutah und die Mojave-Wüste, und der Kartograph und Offizier John C. Fremont vermißt weite Gebiete des Great Basin, Kaliforniens und Colorados.

1847 Unter der Führung von Brigham Young wandert die Sekte der Mormonen nach langer Verfolgung in New York und Illinois in das noch unbesiedelte Utah Territory aus (s. Seite 100 f.). Die unerschrocke-

Preisgekrönt: Rindvieh und Züchter in Roswell, New Mexico, um 1900

nen Pioniere gründen in den folgenden Jahren zahlreiche Siedlungen im gesamten Südwesten. Zur selben Zeit tobt weiter südlich der Mexikanisch-Amerikanische Krieg (1846–1848), den Mexiko verliert. Die USA erhalten nach Kriegsende Kalifornien, Arizona und New Mexico zugesprochen. Noch im selben Jahr, 1848, beginnt der kalifornische Goldrausch, dessen Prospektoren und Abenteurer später nach Utah, Colorado und New Mexico weiterziehen.

1879 Der Bau der Santa Fe Railroad begünstigt die Rinderzucht und die Einwanderung von Siedlern. Neue Bergwerke entstehen, Revolverhelden terrorisieren ganze Landstriche – der Wilde Westen blüht.

1886 Der Anführer der Chiricahua-Apachen, Geronimo, ergibt sich der US-Armee. Damit endet der letzte Indianerkrieg im Südwesten. Schon zuvor wurden die Navajo und die Pueblo-Indianer in Reservate gesteckt; der Besiedlung des Südwestens durch die Weißen steht nichts mehr im Weg.

1908 In Hollywood werden die ersten Filme gedreht. Mit Motiven von Indianern und Cowboys beschäftigt sich die Filmindustrie später auch mit dem Südwesten und schmückt den Mythos vom Wilden Westen weiter aus. Südkalifornien entwickelt sich durch Plantagenbau und Ölfunde zur wichtigen Wirtschaftsregion, die besonders im Zweiten Weltkrieg aufblüht.

1945 und danach Am 16. Juli 1945 wird die erste Atombombe auf einem Versuchsgelände in New Mexico gezündet. Die Jahrzehnte seit dem Weltkrieg bescheren Kalifornien und dem Südwesten ununterbrochenen Aufschwung. Neue Industrien, das sonnige Klima und der hohe Freizeitwert ziehen Millionen Amerikaner an; der Südwesten ist heute die am schnellsten wachsende Region Amerikas. ■

Bohrtürme und Lache: Öl in West Los Angeles (Venice)

IV Maisbauern und Nomaden
Historische Indianerkulturen

Ich bin mit offenen Händen gekommen,
um in Frieden mit euch zu leben.
Meine Sprache ist gerade,
ich will nicht täuschen
oder getäuscht werden.
Ich will einen guten, starken und
dauerhaften Frieden.

Cochise, Apache

Zuni Pueblo, New Mexico

Irgendwann während der letzten hunderttausend Jahre, während der großen Eiszeiten, begannen nomadische Jägergruppen aus Zentralsibirien nach Osten über die trockenliegende oder zugefrorene Beringstraße zu wandern. Sie folgten den Mammutherden und anderem Großwild ins heutige Alaska, drangen in den Zwischeneiszeiten über das Yukontal nach Süden vor und besiedelten den weiten, leeren Kontinent. Archäologische Ausgrabungen in den Sandia Mountains bei Albuquerque brachten Pfeilspitzen dieser Jäger in den Knochen von Mammuten, Kamelen und Wildpferden zutage – alles Tiere, die später ausstarben. So glaubt man, daß pleistozäne Jäger bereits um 15 000 vor unserer Zeitrechnung im Südwesten lebten. Klimatische Veränderungen und das Aussterben der Großtiere zwangen die Jäger dann zur Änderung ihrer Lebensweise. Als nomadische Sammler gruben sie nach Wurzeln, ernteten Gräser und Beeren und jagten

kleineres Wild. Erst nachdem vor etwa 4000 Jahren von Mexiko her Mais zu ihnen gelangte, konnten sich erste Bauernkulturen entwickeln.

Die letzten 2000 Jahre sahen ein Aufblühen indianischer Kulturen im Südwesten wie nirgends sonst in Nordamerika. Die Familiengruppen wurden seßhaft und schlossen sich zu Dörfern zusammen. Durch weiteren Kontakt mit Mexiko intensivierten sie den Ackerbau: Mais, Kürbisse, Bohnen und Baumwolle waren die wichtigsten Nutzpflanzen. Von etwa Christi Geburt an bis 500 n. Chr. entwickelten sie die Korbflechterkultur (Basketmakers), benannt nach der Vielzahl geflochtener Gebrauchsgegenstände: Körbe, Sandalen und Kleidungsstücke. In dieser Zeit begann auch die Aufspaltung in einzelne Regionalgruppen, die sich nach dem 7. Jahrhundert deutlicher heraushoben und in der klassischen Periode zwischen 1000 und 1300 ihre höchste Blüte erreichten.

Im Süden Arizonas lebten die Stämme der Hohokam-Kultur. Zur Bewässerung ihrer Felder legten die Indianer um Gila und Snake River ausgedehnte, Hunderte von Kilometern lange Kanalysteme an. Sie stellten Schmuck und ornamentreiche Keramik her, errichteten pyramidenförmige Grabhügel, bauten Ballspielplätze wie die Azteken Mexikos und vermutlich sogar astronomische Observatorien (etwa die Casa Grande, s. Seite 239).

Östlich der Hohokam waren die Indianer der Mogollon-Kultur beheimatet, über die heute allerdings noch sehr wenig bekannt ist. Frühe Grubenhäuser sowie große, gemauerte und befestigte Dörfer aus der Zeit um 1200 wurden entdeckt, in den Ruinen fand man wunderschöne, formenreiche und vielfarbige Keramik ebenso wie Tabakspfeifen,

Das »Spruce Tree House« im Mesa-Verde-Gebiet, Colorado, in einer alten Fotografie

Sandalen aus Yuccablättern und Baumwolltextilien.

Weit im Westen, im Tal des Colorado, entwickelte sich eine weitere, allerdings einfachere Töpferkultur, die der halbnomadischen Hakataya-Stämme, häufig auch Patayan genannt. Sie bauten rechteckige Lehmhäuser und Ballspielplätze, handelten mit vielen umliegenden Stämmen und legten ebenfalls Kanäle zur Bewässerung an.

Navajojunge

Die berühmteste und bis heute eindrucksvollste frühe Kultur Nordamerikas ist jedoch die der Anasazi, deren vielfältige Bauten zum Beispiel in Mesa Verde und Chaco Canyon ausgezeichnet erhalten blieben. Die nach dem Navajowort für »die Alten« benannten Indianer stammten direkt von den Basketmakers ab; sie bewohnten die Region um den San Juan River, den Schnittpunkt der vier heutigen Südweststaaten. Jagd auf Kleintiere und intensiver Ackerbau sicherten die Nahrung, für den Haushalt und die Zeremonien wurden komplizierte Gefäße getöpfert und meist mit schwarzweißen Ornamenten versehen. Die Siedlungen der Anasazi, die sich von Grubenhäusern zu großen, ebenerdigen Pueblos und dann zu spektakulären, mehrstöckigen Klippenbauten fortentwickelten, boten manchmal 800 und mehr Menschen Unterkunft. Verzweigte Straßensysteme verbanden die großen Pueblos von Chaco Canyon mit den weiter entfernt liegenden Siedlungen und Handelspartnern. In den Orten gab es Silos für die Aufbewahrung von Nahrungsmitteln und – als Besonderheit, die in den Pueblo-Stämmen bis heute erhalten blieb – unterirdische Zeremonienräume. Die bei den Anasazi meist kreisrunden *kivas* konnten bis zu 20 Meter Durchmesser haben und waren nur mittels einer Leiter durch eine Öffnung im Dach zu betreten. Das *sipapu*, ein kleines Loch im Boden, stellte symbolisch die Verbindung zur Unterwelt her. Die Kivas waren vermutlich, wie sie es bei den modernen Pueblo-Indianern bis heute sind, die wichtigsten Versammlungsplätze der Männer und die zentralen Kultstätten der Religion.

Gegen Ende des 13. Jahrhunderts verschwanden die großen Kulturen, die Anasazi und Hohokam verließen aus nicht völlig geklärten Gründen ihre befestigten Dörfer und mühevoll gebauten Klippenwohnungen. Eine anhaltende Dürre und klimatische Veränderungen werden meist als Gründe angegeben. Doch waren vermutlich auch die über Jahrhunderte intensiv bebauten Böden erschöpft, die Wälder rings um die Siedlungen abgeholzt – frühe ökologische Schäden…

Die einzelnen Dorfgruppen zogen vermutlich an den Rio Grande oder ins nördliche Arizona, wo sie sich mit den dortigen Stämmen vermischten und zu Vorfahren der historischen Pueblo-Indianer und Hopi wurden. Wenig später tauchten neue Stämme im heutigen Arizona und New Mexico auf: athabaskischsprachige Nomaden, die mit ungeheurem Landhunger von Norden her im Südwesten einfielen. Es waren Apachen und Navajo, die sich schnell westlich und südlich der Pueblos ausbreiteten. Sie lebten als Jäger und Sammler und scheuten sich nicht, die Bauern der Pueblos auszurauben – eine simple Art, Nahrungsmittel zu besorgen, und auch der Grund für die bis heute währende Feindschaft zwischen den Stämmen.

Die friedlichen Bauernkulturen der Tewa, Tano, Zuni und Hopi waren dann im 16. Jahrhundert die ersten Indianer des Südwestens, die mit den blassen, bärtigen Vorreitern einer neuen Zeit in Berührung kamen. Zunächst nur kurz, als die ersten spanischen Entdecker durch ihr Gebiet zogen. Doch ab 1600 kamen Siedler und Missionare. Kostspielige Abgaben in Form von Getreide, Textilien und Fronarbeit für die neuen Herren des Landes wurden fällig. Im Jahr 1680, als die Bedrohung ihrer Lebensweise nur allzu deutlich wurde, lehnten sich die Pueblo-Indianer vereint gegen die Weißen auf. Sie töteten viele der Missionare und trieben die Spanier zurück nach Mexiko. Erst zwölf Jahre später unternahmen die Konquistadoren einen neuen Anlauf. Und sie hatten dazugelernt! Durch Diplomatie und militärische Siege kolonisierten sie das Rio-Grande-Gebiet, ließen den Pueblos jedoch weitgehende Freiheiten.

Dennoch brach im 18. und 19. Jahrhundert eine harte Zeit für die Indianer des Südwestens an: Vor allem die europäischen Krankheiten forderten einen hohen Blutzoll. Verheerende Epidemien konnten sich durch die dichtgedrängte Wohnweise in den fensterlosen, schlechtbelüfteten Gemäuern der Pueblos schnell ausbreiten. Man schätzt, daß allein bei der großen Pockenseuche in den Jahren 1780 und 1781 rund 5000 der ohnehin nicht zahlreichen Pueblo-Indianer starben.

Zwar wirkten sich bei den nomadischen Navajo diese Krankheiten nicht so stark aus, doch wurden sie ebenso wie die Paiute- und Ute-Indianer häufig Opfer der Sklaverei. Der Händler Farnham berichtete im Jahr 1839, daß die Kinder der Paiute »im Frühling des Jahres von besonderen Jägern eingefangen wurden, wenn sie schwach und hilflos waren. Nach der Gefangennahme wurden sie gemästet, nach Santa Fe gebracht und noch in ihrer Kindheit als Sklaven verkauft. Ein ansprechendes Mädchen, das etwas über zehn Jahre alt ist, bringt oft 60–80 Pfund. Die männlichen Kinder werden geringer bewertet«.

Die Raubzüge der Sklavenhändler nahmen erst um 1847 mit der Ankunft der Mormonen ein Ende. Doch der Bevölkerungsschwund, die zahlreichen weißen Siedler, die nun in ihr Land drängten, und die dadurch verschlechterten Jagdbedingungen ließen für die Stämme ein traditionelles Weiterleben nicht mehr zu. Vom Hunger getrieben, gingen sie bei den Weißen betteln, überfielen kleine Siedlungen, stahlen Rinder und Pferde. Nicht wenige Siedler wollten damals die »dreckigen Halunken« ganz ausgerottet wissen, zumindest aber sollte doch bitte die Regierung die Rothäute ansiedeln und »zivilisieren«.

Die kleineren Stämme machten meist keine Schwierigkeiten, sie starben dahin oder zogen sich wie die Pueblo-Indianer in ihre Dörfer zurück und kapselten sich ab, so gut es ging. Probleme schufen nur die Apachen und Navajo, junge und vitale Stämme, die sich mit List und Guerillamethoden zur Wehr setzten.

Im Herbst 1862 kam General Carleton nach New Mexico. Seine Truppe kalifornischer Soldaten war eigentlich wegen des Bürgerkriegs losgezogen, um das Territorium gegen die aufrührerischen Südstaaten zu verteidigen. Als sie jedoch nach zehnmonatigem Marsch New Mexico erreichten, war weit und breit kein Konföderierter zu sehen. Carleton beschloß, die Gelegenheit zu nutzen und Krieg gegen die Indianer zu führen. Die Mescalero-Apachen hielten fünf Monate durch und wurden dann »befriedet«.

Im März 1863 kamen die Navajo dran. Sie sollten für ihre Überfälle bestraft werden und sämtlich in das Bosque-Redondo-Reservat bei Fort Sumner im Osten von New Mexico umgesiedelt werden. Auf Anordnung des Generals begann im Juli 1864 ein gnadenloser Feldzug: Die Obstgärten und Felder der Indianer wurden verbrannt, ihre Schafe, Ziegen und Pferde erschossen. Die Gejagten konnten nur von Felsversteck zu Felsversteck fliehen. Hungersnöte im nächsten Winter waren die Folge. Als im Januar noch Colonel Christopher »Kit« Carson mit 375 Soldaten den Canyon de Chelly, ihren letzten Zufluchtsort stürmte, brach der Widerstand zusammen. Tausende von Navajo ergaben sich in Fort Defiance (damals Fort Canby), und General Carleton ordnete an, daß sie so bald als möglich nach Fort Sumner zu gehen hätten – eine Strecke von 500 Kilometern! Im Februar und März machten sich rund 4000 Navajo, darunter viele Frauen, Kinder und alte Leute, unter strenger Bewachung auf den Weg. Dies sollte der tragische »Lange Marsch« der Navajo werden: Hunderte der ausgemergelten Indianer starben auf dem Weg, verhungerten, erfroren oder wurden erschossen.

Das versprochene Reservat war ein Desaster: zu klein, von Naturkatastrophen heimgesucht. Erst nachdem der General seines Amtes enthoben worden und massive Kritik der Öffentlichkeit laut geworden war, durften die Navajo 1868 in ihre Heimat zurückkehren. Ein Ende war damit jedoch immer noch nicht erreicht: Geronimo, der wohl berühmteste Apachenkrieger und Anführer der Chiricahua-Apachen, schrieb noch ein

Geronimo und General George Crook beraten im Canyon de los Embudos in der Sonora-Wüste, März 1886

Geronimo 1884

Kapitel indianischer Geschichte des Südwestens. Rund zwanzig Jahre lang entwischte er im unwirtlichen Bergland Südarizonas den auf ihn angesetzten Truppen immer wieder. Zeitweise waren mehr als 5000 Soldaten, unterstützt von indianischen Scouts, hinter dem erfahrenen Guerillakämpfer her. Nur 36 Getreue hatte er am Ende noch; hungernd und in die Enge getrieben, ergab er sich 1886. Er wurde nach Florida gebracht, dann nach Alabama, schließlich nach Oklahoma. Dort starb er 1909 im hohen Alter von 80 Jahren im Reservat von Fort Sill.

Seitdem herrscht Friede im Südwesten, und besonders in diesem Jahrhundert konnten manche Stämme dank einer ungeahnten Bevölkerungsexplosion ihre Kulturen erhalten. Fast 200 000 Navajo leben heute im Reservat in Nordarizona. Ihre Sprache blüht, wird in den Schulen unterrichtet und im Radio gesendet. Durch ihre Fähigkeit, nur »nützliche« Dinge aus anderen Kulturen zu übernehmen – erst von den Pueblo-Stämmen und später von den Weißen – und dabei die eigene Identität zu wahren, konnten die Navajo kulturell überleben. Wie die Grashalme verstehen sie es, sich je nach Windrichtung zu biegen, aber nicht zu brechen.

Die Hopi und andere Pueblo-Indianer zählten nie mehr als einige hundert oder tausend Angehörige. Die Isolation mancher Pueblos und ihre konsequente Zurückweisung europäischen Gedankenguts ließen sie die »Zivilisierungsversuche« der Spanier und später der Amerikaner überleben. Auch wenn in den letzten Jahrzehnten viele der jüngeren Stammesmitglieder in die Städte der Weißen abwanderten, blieb der Kontakt zur alten Kultur erhalten. Und sie gingen meist allein in die Städte, das heißt, sie ließen ihren Nachwuchs in der Obhut der Großeltern zurück. So sind manche der Kinder, in traditioneller Weise erzogen, heute »altertümlicher« und stärker gegen die Welt der Weißen eingestellt als ihre Eltern. Ein gutes Zeichen? ■

Hubbel Trading Post, Arizona, am Anfang des Jahrhunderts ▷

Spreu vom Weizen trennen hier Indianer des Picuris Pueblo, New Mexico, ca. 1935

V Sanfte Landung: Los Angeles

Langsam schwebt die Maschine über das dunstige Häusermeer, das sich paradoxerweise nur im Namen kurz und bündig liest: L. A.

Der Südwesten, Kalifornien, Los Angeles: die Fülle des gelobten Landes – leider zeigt sie sich nicht sofort. Denn erst mal sind da Warteschlangen: Paßkontrolle, Zoll, das Übliche. Doch sobald man ins Freie tritt und sich die seidige kalifornische Luft mit dem säuerlichen Kerosingeruch mischt, geht es schon besser.

Über den Freeway steuern Sie am besten zunächst den Westteil der Stadt an: zum Beispiel Westwood oder Santa Monica. Dort nämlich läßt sich mit dem angebrochenen Nachmittag durchaus noch etwas anfangen. Etwa am westlichsten Punkt des Westens, am Ende des Wilshire Boulevard, auf den Klippen des Pacific Palisades Park: ein hübsches Plätzchen zum Sitzen und Schauen, Gehen und Reden, belebt mit Joggern und Müßiggängern, die auf den Sonnenuntergang warten.

Wer zur friedlichen Abendstimmung schon ein Gläschen kalifornischen Wein probieren möchte, der fährt ein paar Minuten den Pacific Coast Highway nach Norden bis zum Sunset Boulevard, um in einem Strandrestaurant den Cocktail zur *happy hour* direkt am Ozean zu genießen – kein übler Einstand ins *California living.* Man steht beschaulich am Meer und kehrt dabei fürs erste Los Angeles den Rücken zu, der Stadt, die man noch gar nicht kennt – oder wenn, dann nur aus zweiter Hand: aus Songs, Texten, Filmen. Viele Straßenzüge wirken deshalb so, als hätte man sie schon mal bei Verfolgungsjagden auf dem Bildschirm gesehen. Los Angeles: Kulissenzauber *en gros*, irritierend und exotisch, aber doch auch irgendwie vertraut.

Was die »Big Orange«, wie L. A. im Kontrast zum »Big Apple« New York genannt wird, so schmackhaft gemacht und ihr rasantes Wachstum gefördert hat, das waren die Chancen zum Neuanfang, zum frischen Start, zur Befreiung von alten Beziehungen, Traditionen und Rücksichten. Die Art, wie die Stadt gebaut ist, zeigt es: Einzelhäuser, so weit das Auge reicht. Sie verraten die alte Idee vom Jedermann, der seines Glückes Schmied sein will und es hier sein kann, sei es in den

Mehr »big« als »orange«: Blick auf Downtown Los Angeles

Strandleben in Venice. Im Hintergrund die Santa Monica Mountains ▷

exklusiven Villen von Beverly Hills, in den gutausgestatteten Universitäten und steinreichen Kunstinstituten, in neuen Glaubensrichtungen, ja, selbst in den Ghettos und Barrios der ethnischen Minderheiten, die die Chancen des gelobten Landes zu nutzen suchen und inzwischen die Mehrheit der Angelenos stellen.

Dem Muster des Bauens und Wohnens, das mehr als siebzig Städte und Gemeinden überzieht, entspricht ein monströses Verkehrsnetz, das dem Transportmittel Nummer eins, dem Auto, nahezu unbegrenzten Spielraum gewährt. »Amerikaner sind Wesen auf vier Rädern«, heißt es. Auf keine Stadt paßt dieser Spruch besser als auf die Autokultur in Los Angeles, in der jeder sein eigenes Transitsystem verkörpert.

Öffentliche Verkehrsmittel führen ein Schattendasein. Nach jahrzehntelangen Diskussionen ist zwar mit dem Bau der ersten U-Bahnstrecken begonnen worden, aber bis sie eine wirksame Alternative zum Auto bieten, werden noch Jahre vergehen. Den Bus benutzen im wesentlichen Arme, Alte und Angehörige von Minderheiten.

Nicht nur im und mit dem Auto sind Individualismus und Tempo gefragt. Innovationen zählen auch sonst im Wettbewerb der Egotrips: Neuigkeiten, Gags und Gimmicks. Sie kommen und gehen. »It's soooo five minutes ago« lautet die jüngste Redensart, mit der schon als passé abgetan wird, was ein paar Minuten alt ist. Aber: Vieles, was in L. A. über die Bühne geht, kreiert, ausprobiert und vermarktet wird, ist anderen Teilen der Welt meist um Nasenlängen voraus.

Die Annäherung an diese Hektik fällt vielen Besuchern nicht leicht, und manchem Neuankömmling wird es schummrig bei dem Gedanken, dieses »Superding« auf eigene Faust kennenlernen zu wollen – gegen sieben Millionen quirlige Autos und Menschen auf einer Gesamtfläche, die größer ist als das Ruhrgebiet. Wer meint, L. A. würde ihm zur Begrüßung einen roten Teppich ausrollen, befindet sich auf dem Holzweg.

Weit besser wird er bei den folgenden Tagesprogrammen und Routenvorschlägen aufgehoben sein, um der monströsen Stadtanlage einige Schokoladenseiten abzugewinnen. ■

Ankunftstag in Los Angeles

Weihnachten in Los Angeles

Ankunftstag in Los Angeles – Informationen

Los Angeles Convention and Visitors Bureau
663 West Fifth St., Suite 6000 (Downtown)
Los Angeles, CA 90071
✆ (213) 624-7300
Mo–Sa 9–17 Uhr
Karten, Broschüren und Infos aller Art, auch auf Deutsch.

The Biltmore Hotel
506 South Grand Ave. (6th St., Downtown)
Los Angeles, CA 90071
✆ (213) 624-1011 und 1-800-421-8000
Fax (213) 612-1545
Historisches Prachthotel mit hinreißendem Rendezvous Court, Restaurant und »Grand Ave. Sports Bar«. $$$$

Orchid Suites Hotel
1753 North Orchid Ave.
Hollywood, CA 90028
✆ (213) 874-9678 und 1-800-537-3052
Fax (213) 851-1791
Ordentlich, preiswert und gleich beim Mann's Chinese Theatre. $$

Hotel Carmel
201 Broadway (2nd St.)
Santa Monica, CA 90401
✆ (310) 451-2469 und 1-800-445-8695
Fax (310) 393-4180
Einfaches, preiswertes Hotel in günstiger Lage zwischen 3rd St. Promenade, Santa Monica Place und Ozean. $$–$$$

Pacific Shores Hotel
1819 Ocean Ave (Pico Blvd.)
Santa Monica, CA 90401
✆ (310) 451-8711 und 1-800-354-9000
Fax (310) 458-4589
Fünf Minuten zum Strand, Coffee Shop rund um die Uhr. $$–$$$

Royal Palace Westwood
1052 Tiverton Ave. (Nähe Wilshire Blvd.)
Los Angeles, CA 90024
✆ (310) 208-6677, Fax 824-3732
Nebenan. In der Hauptreisezeit empfiehlt sich eine telefonische oder schriftliche Reservierung drei bis vier Wochen im voraus. $$–$$$

Hotel Bel-Air
701 Stone Canyon
Los Angeles, CA 90077
✆ (310) 472-1211 und 1-800-648-4097
Fax (310) 476-5890
Das intimste und zweifellos schönste Shangri-La unter den L. A. Hotels – im Missions-Stil, umrahmt von Gärten, Blumen und Schwanensee. $$$$

Days Inn Suites
1111 Harbor Blvd. (Anaheim)
✆ (714) 533-8830, Fax 758-0573
Schnäppchen: preiswert, Pool und nah an Disneyland. $–$$

Vacationland RV Park
1343 South West St.
Anaheim, CA 92802
✆ (714) 533-7270
Großer Campingplatz mit allem Komfort direkt gegenüber von Disneyland. In der Hochsaison eine Woche vorher reservieren.

Café Casino
Ecke Ocean Ave. u. Arizona Ave.
Santa Monica
Gegenüber vom Palisades Park. Gut für einen Kaffee oder einen Drink. $

Gladstone's Malibu
17300 Pacific Coast Hwy. (Sunset Blvd.)
Pacific Palisades
✆ (310) 454-3474
Fischrestaurant mit tollem Blick aufs Meer. Frühstück, Lunch, Dinner. Beliebt: die *happy hour* bei Sonnenuntergang. $$

Ocean Avenue Seafood
1401 Ocean Ave. (Ecke Santa Monica Blvd.), Santa Monica
✆ (310) 394-5669
Austern-Bar und ausgezeichnetes Fischrestaurant. $$

1. Extratag in Los Angeles – Informationen

Mann's Chinese Theatre
6925 Hollywood Blvd. (zwischen Highland und La Brea Ave.)
✆ (213) 464-8111
Exotischer Kinopalast, auch drinnen ein Genuß.

Tower Records
8801 West Sunset Blvd. (Horn Ave.)
Geöffnet 10–24 Uhr
Erstklassiger Musikladen.

Rose Café
220 Rose Ave. (Ecke Main St., Venice)
✆ (310) 399-0711
Zwanglose Cafeteria mit leckeren Kleinigkeiten – auch zum Draußensitzen. Frühstück, Lunch. $–$$

World Gym
812 Main St. (Venice)
✆ (310) 399-9888
Sehenswertes Bodybuildingstudio, oft mit Muskelprominenz.

Gold's Gym
364 Hampton Dr. (Venice)
✆ (310) 292-6004
Tägl. 5.30–12 Uhr
Beim Rose Café um die Ecke: Mekka der Muskel-Szene. Tageskarten erhältlich. Trainingszubehör und *gymwear*.

Village Theater
961 Broxton Ave. (Westwood)
✆ (310) 208-5576
Hübsches altes Kino.

2. Extratag – Informationen

Universal Studios Hollywood
100 Universal City Plaza (Universal City)
✆ (818) 508-9600
Tägl. 10–16 Uhr
Führungen. Im Sommer und an Wochenenden lange Warteschlangen. Für den Besuch kann man getrost einen Tag rechnen. Neu und sehenswert: der **Universal City Walk**.

Disneyland
1313 South Harbor Blvd. (Anaheim)
✆ (714) 999-4000 und (213) 626-8605
Ende Mai – Anfang Sept. tägl. 8–1 Uhr nachts; sonst Mo–Fr 10–18, Sa 9–24, So 10–21 Uhr.

Crystal Cathedral
12141 Lewis St./4201 Chapman Ave. (Garden Grove)
✆ (714) 971-4000
Gläserne Kathedrale von Philip Johnson, Baujahr 1980. Führungen halbstündig Mo–Sa 9–15.30 Uhr, Gottesdienste So 8.30, 9.30, 11 und 12.30 Uhr (in Spanisch).

Rodeo Collection
412 North Rodeo Dr.
Elegantes Einkaufszentrum mit Restaurant und schönem Innenhof.

Los Angeles County Museum of Art (LACMA)
5905 Wilshire Blvd.
✆ (213) 857-6111
Di–Do 10–17, Fr 10–21, Sa u. So 10–18 Uhr
Bedeutendes Institut mit internationaler Kunstsammlung, Führungen.

Musso & Frank Grill
6667 Hollywood Blvd. (Cherokee Ave.)
✆ (213) 467-778
Seit 1919 traditioneller Treff für Autoren und Musikgurus. Lunch und Dinner. So und Mo geschl. $$

Universal News Agency
1655 North Las Palmas Ave./Hollywood Blvd.
Zeitungen und Zeitschriften aus Europa und den USA.

Katsu
1972 Hillhurst Ave. (Hollywood)
✆ (213) 665-1891

Kulinarisches Ikebana ist Trumpf in diesem erstklassigen Sushi-Restaurant im High-Tech-Design. Lunch Mo–Fr, Dinner Mo–Sa. Reservierung empfohlen. $$–$$$

The Roxy
9009 Sunset Blvd. (zwischen San Vicente u. Doheny Dr.)
Hollywood
✆ (310) 276-2222
Bewährter Nachtclub im Art-déco-Look mit namhaften Rock- und Jazz-Gruppen.

3. Extratag – Informationen

El Pueblo de Los Angeles State Historical Park
Straßenzüge um Olvera St. (zwischen Main St. und Sunset Blvd. in Downtown)
1930 restaurierter Gründungsbezirk der Stadt mit historischen Bauten, mexikanischen Restaurants und Kunstgewerbeshops. – Sehenswert: die alte Plazakirche, das Avila-Adobehaus, der ehemalige Gouverneurspalast Pico House (430 North Main St.), das Merced Theater (420 North Main St.) und der Backsteinbau des Old Plaza Firehouse.

Bradbury Building
304 South Broadway (Downtown)
Sehenswerter Stahl- und Backsteinbau von 1893 mit herrlichem Treppenhaus. Architekt: George H. Wyman.

Historische Filmtheater am Broadway
Dekorreiche Fassadengestaltung und hübsche Kinokassen kennzeichnen einige der alten Filmtheater an dieser Straße, z. B. **Million Dollar Theater** (307 South Broadway), **Palace Theater** (630 South Broadway), **Los Angeles Theater** (615 South Broadway) u. a.

Los Angeles Central Public Library
630 West 5th St. (zwischen Olive, Flower und 6th St. Downtown)
✆ (213) 228-7000
Öffentliche Bibliothek von der jede europäische Stadtbücherei nur träumen kann. Der eklektische, aus byzantinischen, ägyptischen, römischen sowie Art-déco-Stilelementen komponierte Bau von 1930 wurde nach dem großen Brand von 1986 aufwendig renoviert und durch einen lichtdurchfluteten Neubautrakt (Atrium!) doppelt so groß wie früher. Sehenswert im Altbau vor allem: die zentrale Rotunde mit den Wandmalereien zur Geschichte Kaliforniens und diversen Skulpturen. Die Ausstattung der Bibliothek ist edel und großzügig – üppige Ledersessel in Sitzecken, schlichte schöne Holzbänke in den Gängen sowie zahlreiche PC-Arbeitsplätze mit Abspielgeräten für Video und CD.

Rex
617 South Olive St.
(Oviatt Building, Downtown)
✆ (213) 627-2300
In kulinarischer wie architektonischer Hinsicht bemerkenswertes Restaurant: feine italienische Küche im Art-déco-Ambiente. $$$

Huntington Library, Art Collections and Botanical Gardens
1151 Oxford Rd. (San Marino)
✆ (818) 405-2100
Di–Fr 13–15.30, Sa u. So 12–15.30 Uhr, Okt. geschl. (Anfahrt von Downtown aus: Pasadena Fwy., Arroyo Pwy., California Blvd. rechts, Allen Ave. rechts, Orlando Blvd. links, Oxford Rd. rechts). Traumhafte Gartenanlagen und sehenswerte Bibliothek. Leider werden die Öffnungszeiten immer kürzer.

Los Angeles Bonaventure Hotel
404 South Figueroa St. (Downtown)
✆ (213) 624-1000
35 Stockwerke in zylindrischer Bauform. Cocktailbar in luftiger Höhe.

VI Extrazeit in der Extrastadt 3 Tage für Los Angeles

1. Tag

Erste Orientierung und für viel frische Luft am Strand: Alles, was Sie dazu brauchen, sind ein Auto, eine Straßenkarte, Badehose und Handtuch, ein paar *quarters* für die Parkuhren und – so etwas wie einen Flächennutzungsplan. Der beginnt in West L. A. (Westwood, Santa Monica, Venice, Culver City). Camper und anderweitig Wohnende können sich an der Kreuzung von **Santa Monica Freeway** und San Diego Freeway in das folgende Besuchsprogramm einfädeln.

Was Autovision heißt, wird bereits spürbar, wenn man – nicht allzu früh am Morgen, also nach der *rush hour* – auf dem Santa Monica Freeway in Richtung Downtown fährt. Die Sogwirkung der vielspurigen Autobahn überträgt sich unwiderstehlich auf die eigene Fahrweise und vermittelt eigentlich ein sicheres Gefühl, weil die Fahrströme in der Regel gleichmäßig und diszipliniert fließen. *Go with the flow*, heißt die beruhigende Devise. Diverse Hochhausinseln profilieren sich vor den Bergen linker Hand: Westwood, Century City und schließlich die Skyline von **Downtown**, dem Ursprungsort des spanischen Pueblo.

Immer heftiger bemüht sich Downtown, nach Jahrzehnten des Siechtums, mit gigantischen Neubauprojekten und Sanierungsmaßnahmen wieder halbwegs Zentrum einer Megastadt zu werden. Der Abzweiger zum Harbor Freeway (*north*) fädelt sich bald in den vierstöckigen Spaghetti-Stapel kreuzender Freeways ein. Da heißt es aufpassen und rechtzeitig die richtige Spur wählen, in diesem Fall den Hollywood Freeway (*north*), den man beim Exit **Hollywood Boulevard** verläßt.

Am Hang der Berge prangt jetzt in Riesenbuchstaben der Name HOLLYWOOD – zum Zeichen, daß auch tatsächlich alles hierherum Hollywood ist und nicht etwa, was man vielleicht meinen könnte: ein austauschbares Nirgendwo.

Denn bei der Fahrt über den einstigen Prachtboulevard ist vom alten Glanz nur noch wenig zu sehen. Insgesamt geben Schnellimbißbuden, Pornoläden und Souvenirshops den Ton an. Lange Zeit waren wenigstens die blankgeputzten Messingsterne auf den Gehsteigen zu bewundern – statt der Prominenz aus Film- und Musikbranche. Doch da hier zur Zeit eine U-Bahnlinie entsteht, wurden viele Sternchen ausgelagert. Erst in ein paar Jahren werden sie wiederkommen und neben den Entlüftungsschächten des neuen Verkehrsmittels Platz nehmen.

Zugegeben, der helle Vormittag taucht diese Gegend ohnehin in ein besonders gnadenloses Licht. Abends kommen manchmal ein paar mehr Illusionen auf, aber selbst dann verbreitet sich eher Glitter als Glamour.

Ein paar Reminiszenzen der verflossenen Tage stehen allerdings noch – so etwa

◁ *Spaghetti à la Angeleno: Los Angeles Freeways*

Super: Ortsschild am Mount Lee

das ehrwürdige Lokal **Musso & Frank Grill**, in dessen (längst abgerissenem) Hinterzimmer sich einst William Faulkner, Bert Brecht, Aldous Huxley und andere Autoren der 30er und 40er Jahre trafen; als architektonischer Oldtimer das **Chinese Theatre**, unübersehbar in seinem Pagodenstil – eine Gelegenheit, kurz einen Blick ins Foyer zu werfen und auf die immer wieder bewunderten Abdrücke der Filmheroen im Zement vor dem Eingang: Hände, Schuhe, Signaturen, ja auch Hufabdrücke der Westernstars.

Bei der La Brea Avenue geht es links ab zur zweiten namhaften Straße, dem **Sunset Boulevard**, der sich ausgesprochen umständlich von Downtown bis zum Ozean windet, dabei aber ziemlich kontrastreiche Lebenswelten auf die Reihe bringt. Einige davon werden Revue passieren, wenn man rechts auf den Sunset einbiegt, auf den »Strip«, wie er hier heißt – mit der einst sagenhaften Hausnummer 77.

Als erstes Kuriosum taucht (rechts) ein bemerkenswertes Monument kalifornischer Autokultur auf, der **Sunset Car Wash**, dessen banale Funktion sich mit dem Baustil eines ägyptischen Grabmals tarnt. Kurze Zeit später, etwa ab Crescent Heights, beginnt die optisch abwechslungsreiche Bildstrecke der *billboards*, jener üppig gemalten Blickfänge, die ihr Schaugeschäft für die Superstars aus Film, Fernsehen und Musikindustrie betreiben. An der Ecke Horn Avenue liegt eine Filiale von Tower Records, einer der bestsortierten Plattenläden in L. A. – für Fans einen Stopp wert.

Dann Szenenwechsel: Links und rechts der Straße, inmitten grüner Oasen, ziehen jetzt Prunkvillen am laufenden Band vorbei: **Beverly Hills**. Das Tempolimit wird rigoroser, und keine Reklametafel stört mehr das gepflegte Ambiente. Grell Kommerzielles ist in Beverly Hills verboten. Total in Pink: das luxuriöse Beverly Hills Hotel; später hier und dort kleine Schildchen am Straßenrand mit der Aufschrift *star maps*, Stadtpläne, die den Weg zu den Traumhäusern der Hollywoodgrößen weisen; ein Stück weiter und rechter Hand das pompöse und von Wachmännern streng kontrollierte Einfahrtstor zum Villenvorort Bel Air und schließlich, diesmal auf der linken Seite, die Bauten und Sportanlagen von UCLA, der Universität von Kalifornien.

Nach Überquerung des San Diego Freeway folgen weitere Kurven durch das vornehme Brentwood und **Pacific Palisades**, wo einst ein Hauch von Weimar wehte: während der Zeit von Nazideutschland, als Los Angeles, d.h. insbesondere Santa Monica und Pacific Palisades, zur Hauptstadt der deutschen Exilliteratur avancierte. Thomas Mann, Lion Feuchtwanger, Bert Brecht und andere gehörten damals zum inneren Kreis der deutschsprachigen

Kolonie; auch Arnold Schönberg, Bruno Frank und Franz Werfel. Bis zu ihrem Tod 1987 bewahrte Marta Feuchtwanger, die Witwe Lions, das literarische Erbe ihrer Villa in Pacific Palisades in enger wissenschaftlicher Zusammenarbeit mit der Universität von Südkalifornien (USC). Seither ist fraglich, ob Feuchtwangers stattliche Privatbibliothek von 36 000 Bänden der Uni übereignet und die Villa verkauft werden soll oder ob das herrschaftliche Anwesen am Paseo Miramar mit bundesrepublikanischer Unterstützung als Denkmal deutscher Exilliteratur und Geschichte, als eine Art kalifornische Villa Massimo, erhalten bleibt.

Endlich, am Fuße der Santa-Monica-Berge, kommt der Ozean in Sicht und noch einmal Eukalyptusduft in die Nase. Es geht abwärts, und unten am **Pacific Coast Highway** ist der Sunset zu Ende. Was spricht zu diesem Zeitpunkt gegen ein Lunch, zum Beispiel im Rose Café in **Venice**, Ecke Main Street und Rose Avenue? (Pacific Coast Highway nach Süden, Ausfahrt vor dem Tunnel zur Ocean Avenue, dort rechts bis Rose Avenue, hier links.)

Und danach an den Strand! In Venice kann man den Nachmittag nach Lust und Laune verbringen, und es werden von Jahr zu Jahr mehr, die das ihr ganzes Leben lang tun möchten: mit dem Rad, auf Rollschuhen, im Strandcafé, beim Leutegucken und natürlich vorn bei der Brandung im Wasser. Zentraler Ausgangspunkt ist die Windward Avenue zwischen Pacific Avenue und Ocean Front Walk.

Ocean Front Walk! Auf dieser kilometerlangen Promenade tummelt sich alles, was die Angelenos an Selbstdarstellern, Kommerzideen und Exzentrik zu bieten haben. Besonders nachmittags und an Wochenenden haben hier die Clowns und Traumtänzer Hochkonjunktur – attraktive Girls, martialische Muskelmänner, akrobatische Rollschuhflitzer und versonnene Gesundbeter: *California crazy*.

Dabei ging es an dieser Stelle nicht immer so burlesk zu. Zwar begann die wechselvolle Geschichte des Stadtviertels um die Jahrhundertwende als Amüsierbetrieb (in Gestalt einer amerikanischen Version des europäischen Venedig, mit Brücken, Kolonnaden und Kanälen), aber Ölfunde zerstörten bald die vergnügliche Wiedergeburt der Alten Welt und versiegende Quellen dann auch noch die ölige Rentabilität.

Seit den 50er Jahren dümpelte der Ort ziemlich heruntergekommen dahin, erst als Oase der Beatniks, dann, in den 60ern und frühen 70ern, als Hort der Blumenkinder. Erst in den letzten 15 Jahren hielt das große Geld Einzug in Venice – in Form hoher Mieten, Eigentumswohnungen und teurer Apartments. Boutiquen,

In Venice steht so manches kopf

Galerien und Antiquitätenläden entlang der Main und Market Street flankieren am deutlichsten diesen Trend.

Trotzdem, zur Nostalgie besteht kein Anlaß. Der Charme von Venice hat trotz seiner neuerdings häufig beklagten Ruppigkeit seine Nutznießer bisher vital überlebt. Viele der alten Häuschen an den Kanälen stehen noch, am Strand läßt es sich wie eh und je herrlich laufen, baden oder Frisbee spielen, und auch nicht alle T-Shirts, Kettchen oder sonstiger Modeschnickschnack der fliegenden Händler sind zu verachten.

Die Rückfahrt nach West L. A. am späten Nachmittag oder frühen Abend könnte von Venice aus über die Ocean Avenue in **Santa Monica** und den **San Vicente Boulevard** verlaufen, eine beschauliche Straße und Lieblingsstrecke der Jogger. Abends läßt sich's, in **Westwood** zum Beispiel, je nach Geschmack essen, bummeln oder ins Kino gehen. So viele Kinos wie hier gibt es auf vergleichbarem Raum sonst nirgendwo in den USA. Wer weiß, vielleicht spielt der Film in Los Angeles. Auch so etwas fördert die Stadtkenntnis.

2. Tag

Wer sich einen weiteren Tag für die Stadt der Engel gönnt, hat die Qual der Wahl zwischen der besten aller Kunstwelten: zwischen der mehr cineastischen im Filmgelände der Universal Studios oder dem Imperium der Illusionen, Disneyland. Für welche Traum- oder Trickkiste man sich entscheidet, ein kompletter Vormittag ist in jedem Fall nötig; für die Hochburg der Mickymäuse sogar mit An- und Rückfahrt ein ganzer Tag.

Abgesehen von den hier wie dort unberechenbaren Warteschlangen, dauert die Tour durch die **Universal Studios** etwa zwei Stunden, in deren Verlauf Lachmuskeln und Gänsehaut gleichermaßen angeregt werden. Da droht plötzlich eine Holzbrücke in die Tiefe zu stürzen, da dräuen Wolkenbrüche und Feuersbrunst. Ein Riesenhai versucht, sich einen verblüfften Touristen zum zweiten Frühstück zu schnappen, während King Kong nach weiteren Opfern unter den Besuchern grapscht.

Ähnlich munter geht es in jenem Vergnügungspark zu, den Lästerzungen am liebsten mit Los Angeles überhaupt gleichsetzen: **Disneyland**, die neben Disneyworld in Florida wohl perfekteste Illusionsmaschine der Welt, die auf dreißig Hektar Fläche jährlich mehr als zehn Millionen Besucher jährlich bedient. Da erlebt man eine farbenfrohe Unterseewelt, Gorillaangriffe während einer Dschungelfahrt, plündernde Piraten in der Karibik oder magenumstülpende Berg- und Talfahrten auf dem Thunder and Space Mountain. Am New Orleans Square ertönt Jazz, und vor dem Märchenschloß, einem kalifornischen Neuschwanstein, gleiten majestätisch die Schwäne über den künstlichen See.

Für die Disneyfreunde wartet, gewissermaßen um die Ecke, noch eine weitere Attraktion ganz anderer Art: die **Crystal Cathedral** in Garden Grove. Diese vierzig Meter hohe, sternförmig angelegte Kirche – eine hypermoderne Glaskonstruktion des vielbeschäftigten US-Architekten Philip Johnson – zählt zu den beachtlichsten Architekturleistungen der letzten Jahre in Südkalifornien. Dreitausend Gläubige finden Platz darin: eine stattliche Gemeinde in Gottes derzeit größtem Glashaus.

Nach der Mittagspause könnte sich dem Rundgang durch die Universal Studios ein Besuch von **Beverly Hills** anschließen. Sehen kostet nichts, also kann man getrost mit dem **Rodeo Drive** beginnen. Schon an den geparkten Autos wird klar, daß, wer hier was besorgt, vorher ausgesorgt haben muß, denn Verschwenderisches ist Trumpf in den Boutiquen und Juwelierläden. Die raffinierten Dekorationen und Auslagen präsentieren Pelze,

Westwood: Kinozentrum der Westküste ▷

FOX
WESTWOOD VILLAGE
2010 THE YEAR WE MAKE CONTACT
BRUIN
OPTOMETRISTS

Kleider und Schuhe, als seien es die britischen Kronjuwelen. Und der Service drinnen gibt sich nicht weniger feudal.

Wem es hier den Atem verschlägt, der kann sich in eines der Cafés setzen oder eine *cruising tour* durch die Welt des wohnlichen Pomps zwischen Pools und Palmen machen, beispielsweise durch den Benedict oder Stone Canyon.

Rund 40 000 Einwohner machen die High-Society dieser Nobelenklave aus, die eine souveräne Stadt ist und keineswegs ein Vorort von Los Angeles. Menschen kann man allerdings meist nur vermuten, denn gelebt wird hinter schmucken (oder auch einfach langweiligen) Fassaden, schmiedeeisernen Gittern, gepflegtem Rasen und Alarmanlagen. Auf offener Straße zeigt sich selten jemand, allenfalls ein mexikanischer Gärtner mit Spritzschlauch oder eine schwarze Putzhilfe an der Busstation am Sunset Boulevard.

Kalifornisches Neuschwanstein: Disneyland

Cremeschnittchen: Eigenheim in Beverly Hills

Exotik am Bau: das »Chinese«, berühmtestes Kino in Hollywood

Wer mit Luxus-Sightseeing nichts anfangen kann, sollte es mal mit einem Blick in die Museumslandschaft versuchen. Zwar fehlt meist die Zeit, auch nur annähernd all jene Institute kennenzulernen, mit denen Los Angeles sich inzwischen einen Spitzenplatz unter den US-Kunstmetropolen verschafft hat. Für einen ersten Eindruck jedoch liegt das renommierte **Los Angeles County Museum of Art** günstig.

Das Museum, durch einen baulich extravaganten Ergänzungsflügel bereichert und Nachbar des japanischen Kunstzentrums, umfaßt eine sehenswerte Sammlung von der Antike bis zur Moderne einschließlich altägyptischer und islamischer Kunstwerke.

Der Abend könnte in Hollywood spielen: Flanieren auf dem Hollywood Boulevard, Stöbern in den Buchhandlungen, bei den Zeitungsständen oder in den kuriosen Scherzartikelläden. Man sollte einmal *sushi* oder *Thai food* probieren oder sich dem Augenschmaus des »Chinese«-Kinos und/oder dem Sound einer einschlägigen Disco hingeben – das wäre insgesamt kein schlechter Einstieg in die Zwielichtzone von Hollywood: zwischen alten Zelluloidmythen und modernem Plunder, Schickimickis und armen Schluckern, Verheißung und Enttäuschung.

Dieser gescheiterte Cadillac wirbt für das Hard Rock Cafe in Beverly Hills

3. Tag

Aller guten Dinge sind drei, auch bei Tagen, die man sich für die Erkundung von Städten nimmt. Mehr Zeit schafft weitere Bekanntschaften mit Los Angeles, die dieses Stadtgebilde vielschichtiger erscheinen lassen, als es viele Klischees von ihm nahelegen.

Im vorgeschlagenen Tagesprogramm setzt sich allerdings das sprunghafte Vorgehen fort, das für die Bewegung in diesem enormen Siedlungsteppich so natürlich ist wie das Hüpfen von Seerose zu Seerose für den Frosch.

Quasi im Zeitraffertempo ist L. A. groß geworden. Nur 200 Jahre brauchte die Stadt, um sich vom spanischen Pueblo (1781) zur Metropolis, zum wirtschaftlichen Zentrum der amerikanischen Computer-, Raumfahrt-, Film- und Musikindustrie, zum neuen Ellis Island für Tausende von Einwanderern aus Mittelamerika und Südostasien zu entwickeln.

Olvera Street

Grund genug, den Geburtsort aufzusuchen, den Pueblo de Los Angeles. Ein Bummel durch die backsteinerne **Olvera Street** an der alten Plaza vermittelt mexikanische Atmosphäre durch das bunte Treiben vor den Läden und Restaurants zwischen Kunstgewerbe, Tortillas und Süßigkeiten. Keine Frage, daß die ausgedehnten Barrios in »East Los« (wie der vorwiegend mexikanische Ostteil der Stadt heißt) ein weitaus realistischeres Bild von den Lebensbedingungen der größten Minderheit L. A.s bieten als die eher folkloristisch anmutende Olvera Street; dennoch verlebendigt ein Besuch des historischen Kerns den spanisch-mexikanischen Ursprung durch bauliche Erinnerungsstücke, *mariachi*-Musik und *salsa*-Gerüche.

Alltäglicher setzt sich dieses Erbe in weiten Bereichen von Downtown fort, besonders auf dem **Broadway**, wo zwischen Zeitungsbuden, mexikanischen Kinos, Hi-Fi-Läden und Billigangeboten fast nur spanisch gesprochen wird. Versprenkelt dazwischen: Gebäude aus der Zeit um die Jahrhundertwende und den folgenden Jahrzehnten: etwa das feine **Bradbury Building**, verspielte Kinopaläste, die Börse oder die im neuen Glanz wiedererstandene Zentralbibliothek, die herrliche **Los Angeles Central Library**, ein echter architektonischer Leckerbissen, den man sich auf keinen Fall entgehen lassen sollte.

Ein paar Blocks weiter wetteifern die baulichen Resultate jüngster Investitionen in den (an dieser Stelle selten smogfreien) kalifornischen Himmel: das glänzend-zylindrische Bonaventure Hotel, die Turmbauten des World Trade Centers, der California Plaza, des Crocker Centers sowie das postmodern-elegante **Museum of Contemporary Art** (MOCA).

Ein beschaulicher Nachmittag, wenn nicht gerade Sonntag oder Montag ist, läßt sich in der berühmten **Huntington Library** in San Marino bei Pasadena verbringen, vor allem wegen der einzigartigen botanischen Anlage, die in nicht weniger als zwölf verschiedenen Gärten wächst. Die Fahrt dorthin geht über den szenisch reizvollen Pasadena Freeway, dem man seine Herkunft aus der Frühgeschichte des Freewaysystems von Los Angeles noch anmerkt. Kurven und Ausfahrten wurden für die geruhsameren Tempi der Oldtimer gebaut, nicht für die jetzt üblichen 55 Meilen pro Stunde.

Die weitläufigen Parkanlagen, 1904 vom steinreichen Eisenbahnmagnaten Henry Huntington ins Leben gerufen, zählen zweifellos zu den schönsten der Welt. Ob zwischen staksigen Kakteen oder edlen Lilien, unter riesigen Bambusbüschen

Bettenhaus als Vierzylinder: Bonaventure Hotel, Downtown

Auf Messers Schneide: Museum für zeitgenössische Kunst (MOCA) in Downtown Los Angeles

oder im lieblichen Gazebo unter Rosen – überall fühlt man sich wohltuend entrückt von L. A.s bisweilen hektischer Go-go-Welt.

Die läßt sich (wiederum an ganz anderer Stelle) aus einer anderen Perspektive genießen: bei der *happy hour* in der langsam rotierenden Bar des futuristischen **Bonaventure Hotels**, vor dem das ewig pulsierende Band des Harbor Freeways eine Schneise in die Hochbauten schlägt. Vom 34. Stock aus entfaltet Los Angeles bei (und vor allem nach) Sonnenuntergang sein ganzes Potential an Glitzerkraft – ein fantastisches Lichterspektakel im 360-Grad-Look.

P. S. Ein touristisches Ersatzbonbon für alle Montags- und Sonntagskinder, die diesmal Pech haben, weil ausgerechnet an diesen Tagen die Huntington Library geschlossen ist: eine geruhsame *cruising tour* entlang der Küste, von Palos Verdes im Süden bis Malibu (oder umgekehrt). ■

Erlesene Kunstwelten: Skulpturengarten (o.) und Kunstgalerie der Huntington Library in Pasadena

Typisch Südkalifornien: Manhattan Beach

»Schwarzenegger was here«: »Muscle Beach« in Venice

Über 100 Kilometer Strand verbinden Los Angeles mit dem Pazifik

Nevada, Wüste, Highway: typisch Südwesten ▷

VII Drei Wochen im Südwesten

1. Tag – Route: Los Angeles – Mojave-Wüste – Calico – Las Vegas (440 km)

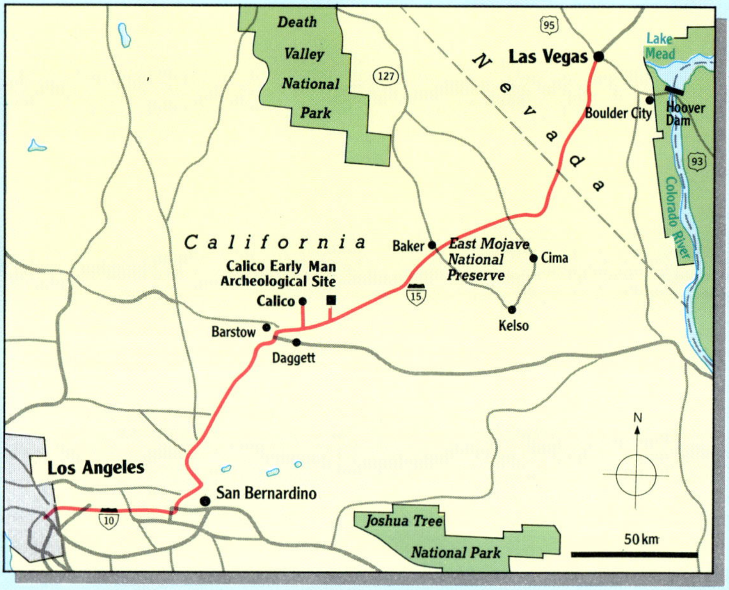

km/mi	**Zeit**	**Route**
0	9.00 Uhr	Abfahrt **Los Angeles** (Downtown, I-10)
53/33	10.00 Uhr	Exit Montclair; große Shopping-Mall für letzte Einkäufe
204/127	11.30 Uhr	**Calico Ghost Town** (I-15, Exit Ghost Town Road 8 Meilen hinter Barstow, dann links 3 Meilen)
	13.30 Uhr	Abfahrt von Calico
373/232	16.30 Uhr	Grenze zu Nevada (Info-Büro am Exit 12 in Jean)
440/273	18.00 Uhr	**Las Vegas**

Abstecher:
Bei Baker führt die Kelbaker Road nach Süden in das erst 1994 neu gegründete **East Mojave National Preserve** mit vielen *Joshua trees*, Kakteen, großen Sanddünen und Lavagestein. Über die Wüstennester Kelso und Cima kehrt man zur I-15 zurück (75 Meilen, bei gemütlicher Fahrt etwa 1 1/2 Stunden). Im Nationalpark selbst sollen erst in den nächsten Jahren Lehrpfade, Campingplätze und andere Besuchereinrichtungen geschaffen werden.

1. Tag – Information

Mall in Montclair
Möglicher Einkaufsstopp in Montclair; hier gibt es direkt am Freeway eine große Mall – für all das, was man vergessen hat und in letzter Minute vor der großen Tour noch mitnehmen möchte.

California Desert Information Center
831 Barstow Rd., Barstow
✆ (619) 256-8313
Ausstellungen über die Mojave-Wüste und Informationen über das neue East Mojave National Preserve.

Calico Ghost Town
3 Meilen nördl. der I-15 an der Ghost Town Rd.; tägl. 9–17 Uhr, Eintritt $ 4
Die touristisch wiederbelebte Geisterstadt schafft Wildwestatmosphäre; Mittagessen im Calico House Restaurant, in Lil's Saloon oder Picknick auf den Holzbänken im Örtchen.

Calico Early Man Archeological Site
Minneola Rd., 4 km nördl. der I-15
Mi 12–16.30, Do–So 9–16.30 Uhr
Ausgrabungsstätte eines Camps und Steinbruchs steinzeitlicher Ur-Indianer; interessant für Archäologie-Fans mit guten Englisch-Kenntnissen. Visitor Center und Führungen.

Jean Visitors Center
Exit 12 an der I-15, Jean, Nevada
Tägl. 9–17, Fr bis 22 Uhr
Info-Büro der Stadt Las Vegas mit Hotelreservierung.

Abendessen geht man in Las Vegas am besten und einfachsten in einem der großen Kasinos: Für $ 5–12 gibt's riesige und sehr reichhaltige Buffets, z. B. im Bally's Casino, im Caesars Palace, im MGM Grand, im pompösen Mirage Hotel oder – besonders preiswert – im Circus Circus.

Coyote Cafe
MGM Grand, 3799 Las Vegas Blvd. South
✆ (702) 891-7394
Ausgezeichnete neumexikanische Küche in einem schicken Ambiente. $$–$$$

Spago
Caesars Palace Hotel/Forum Shops
3500 Las Vegas Blvd. South
✆ (702) 369-6300
Angenehmes Trendlokal mit neuer Southwest-Cuisine, ein Ableger des berühmten Spago's in Los Angeles. $$

The Steak House
Circus Circus Hotel
2880 Las Vegas Blvd. South
✆ (702) 734-0410
Die besten Steaks der Stadt: Im verglasten Kühlschrank am Eingang sieht man sie hängen. $$

Zu Tips für die **Übernachtung** in Hotels und auf Campingplätzen in Las Vegas siehe S. 71 f.

Feste und zusätzliche Tips:

Calico hat öfter was zu feiern: die Wettbewerbe (Hufeisenwerfen, Tabakspucken) des **Calico Hullabaloo** am Palmsonntag, das **Spring Festival** mit Country-&-Western-Musik am Muttertag im Mai und am zweiten Oktoberwochenende die **Calico Days** mit Paraden und viel Kostümierung.

Vorab-Informationen für Las Vegas und einen Show-Guide für die Konzerte und Veranstaltungen der folgenden zwei Monate können Sie bei der Las Vegas-Vertretung in Deutschland anfordern:

Las Vegas Visitors Authority
Herzogspitalstr. 5
80331 München
✆ 089/26 78 95, Fax 2 60 40 09

Übrigens: Wußten sie schon, daß in der Wüste mehr Menschen ertrinken als verdursten?

1

Wüstentour
Von Los Angeles nach Las Vegas

Östlich von Downtown durchzieht der vielspurige San Bernardino Freeway schnurstracks die flache Stadtlandschaft. Die ganze linke Spur, die *carpool lane*, ist für »Massenverkehrsmittel« reserviert. Omnibusse, Taxis und sogar PKWs mit drei oder mehr Passagieren fallen unter die Kategorie Gruppenfahrzeug. Wenn man sich umsieht, sitzt tatsächlich in 90 Prozent der Autos nur der Fahrer. Eine Person – ein Auto, das ist in Los Angeles, wo es mehr zugelassene Fahrzeuge als Führerscheine gibt, normal.

Alhambra, Monterey Park, El Monte: alles Stadtteile von Los Angeles. Genauer gesagt, von **East L. A.** Über eine Million »Chicanos«, Amerikaner mexikanischer Herkunft, sind es offiziell, die im Ostteil der Riesenstadt leben, und die Dunkelziffer der illegalen Einwanderer ist mindestens genauso hoch. Die Bauweise der kleinen, flachen Häuser und die Pini-

Aufbruch: Los Angeles Freeway

en an den sonnigen braunen Hügeln erinnern ein wenig ans Mittelmeer.

Nach einer Weile erscheint linker Hand im Dunst die Bergkette der San Gabriel Mountains. **Mt. Baldy**, der Hausberg von L. A., ist immerhin 3068 Meter hoch. Von Dezember bis April lassen die Angelenos dort oben ihre Skier zischen. Kurz vor San Bernardino zweigt, unübersehbar, die I-15 ab, in Richtung Norden und mit der Aufschrift des heutigen Zieles: LAS VEGAS.

In kräftiger Steigung führt der Highway hinauf in die San-Gabriel-Berge durch den San Bernardino National Forest, vorbei an den schwarzgrauen Bergkuppen, die oft ganzjährig mit Schnee bedeckt sind. An Sonntagen häufen sich hier die Pick-ups – beladen mit dickrädrigen *dune buggies*, robusten Dünenflitzern, unterwegs zur Wüstengaudi. Da wird dann in halsbrecherischem Tempo durch die sonnenverbrannten Hänge am Freeway geackert, daß der Staub nur so weht.

Am **Cajon-Paß**, in 1277 Metern Höhe, grüßen die ersten Joshuabäume, die Vorboten der Wüste. Unter den bunten *billboards*, den Werbetafeln am Straßenrand, ist auch eine Ankündigung, die »Immediate Wedding Service« verspricht, Sofortheiraten für jene, die es so eilig haben, daß sie mit der Ehe nicht mehr bis Las Vegas warten mögen. Freilich ist die Szenerie ringsherum alles andere als hochzeitlicher Natur: Da und dort stehen vergammelte Wüstenschuppen aus Alu oder Holz, mal eine brandneue Retortenwohnsiedlung, dann wieder Blechruinen zwischen Hochspannungsdrähten und Telefonkabeln. In den letzten Jahren ziehen immer mehr Betriebe und damit auch Menschen hier heraus. Die Wüste hat noch Platz, und der Smog läßt Kinder und Alte hier (noch) nicht husten.

Das erste regelrechte Wüstennest heißt Victorville. Danach folgt nicht mehr viel außer Yuccas und Sagebrush und natürlich Joshuas. Diese bizarr aussehenden

Blühende Yucca – für Indianer eine vielseitig verwendbare Pflanze. Die Wurzeln werden medizinisch, die Blätterspitzen als Nähnadeln verwertet.

»Bäume« recken ihre Arme gen Himmel – offenbar der Grund, warum die Mormonen diese Yuccaart nach dem biblischen Propheten Josua benannten. Im Frühjahr blühen die stacheligen Gesellen mit einer wunderschönen, gelblich-weißen Traube kleiner Blüten.

Seit Los Angeles ist es nun schon gut zehn Grad wärmer geworden. Meile um Meile zieht sich der Highway durch die steinige Hügellandschaft. Im Formationsflug dröhnen zwei Düsenjäger plötzlich über das Tal und verschwinden im Tiefflug in der nächsten Senke. Ihre Heimat

Ein Kuckuck, der gern flitzt: Roadrunner

Fata Morgana: Las Vegas aus der Ferne ▷

ist zehn Flugminuten weiter nordwestlich die gut abgesperrte **Edwards Air Force Base**. An sich ein desolates Fleckchen Wüste – aber durch die Landungen der NASA-Raumfähre auf dem dortigen ausgetrockneten Salzsee zu Berühmtheit gekommen. Wenn die Landung eines Raumgleiters ansteht und es im feuchttropischen Florida gerade regnet, wird die Space Shuttle hierher in die Wüste umgeleitet und dann huckepack auf einem Jumbo wieder nach Cape Canaveral transportiert.

In der adrett wiederhergerichteten Geisterstadt **Calico** kurz hinter Barstow kann man geruhsam etwas rumlaufen, Mittagsrast machen, die klare Luft und die Sonne genießen, Kakteen bewundern und auch mal einen dicken *roadrunner* beobachten, diesen seltsamen rennenden Wüsten- oder Erdkuckuck. In jedem Fall aber sieht man Spatzen und rundliche Moppel: Präriehunde – ähnliche Wesen wie unsere Eichhörnchen, nur kleiner und unterirdisch zu Hause. Vom Parkplatz im Tal fährt ein kleiner offener Bus hinauf zum wiederbelebten Wüstennest, wo meist am Eingang gleich der »Sheriff« die Besucher begrüßt. Er hat sich schon ganz polyglott auf die internationale Schar der Wildwestfans eingestellt und die Begrüßungsformeln gleich in mehreren Sprachen parat. Im Anwendungsfall sagt er dann tatsächlich: »Willkommen in Calico, die Geisterstadt«.

1881 machten hier zwei Prospektoren den reichsten Silberfund Kaliforniens. Erz im Wert von 68 Millionen Dollar schürfte man in den folgenden Jahren aus den vielfarbigen Hügeln hinter dem über Nacht entstandenen Ort. 4000 Einwohner soll Calico damals gezählt haben, fünfzig Kilometer Stollen sind angeblich in den Berg geschlagen worden – die Zahl von 22 Saloons ist verbürgt. Fünfzehn Jahre später war Calico verlassen. 1950 beschloß man, die *ghost town* zu erhalten. Fast zwei Dutzend festangestellte Geister leben derzeit hier.

Natürlich gibt es einen Saloon (in dem um die Weihnachtszeit »O Tannenbaum« gespielt wird), diverse Erfrischungsmög-

lichkeiten, ein kleines Bergwerk und ein Museum zur Besichtigung und, als baulichen Höhepunkt, ein etwas verstaubtes Haus aus grünen Flaschen. Am Wochenende gehören Schießereien zur Tagesordnung, und beim Spring Music Festival am Muttertag im Mai wird Country- und Bluegrass-Musik zelebriert. Wer es von den Zuschauern wagt, auf der Bühne ein Lied beizusteuern, wird mit einem *apple-pie* belohnt.

Noch tiefer in die Vergangenheit Kaliforniens könnte danach ein Abstecher zur **Calico Early Man Archeological Site** führen. 1942 entdeckte ein Hobby-Archäologe prähistorische Steinwerkzeuge im Schwemmkegel eines ausgetrockneten Baches. Steinzeitliche Indianer hatten hier, am ehemaligen Ufer des urzeitlichen Manix-Sees, campiert und aus dem gut zu bearbeitenden Gestein dieser Region Werkzeuge gefertigt. Erst 1964 begannen die wissenschaftlichen Ausgrabungen unter der Führung des Paläontologen und Archäologen Dr. Leakey, der durch seine Funde in der afrikanischen Olduvai-Schlucht weltweit berühmt wurde. In der Mojave-Wüste fand er zwar keine spektakulären, frühmenschlichen Knochen, dafür aber Tausende von Werkzeugen und winzige Splitter. Nach Ansicht einiger Wissenschaftler sollen sie rund 200 000 Jahre alt sein – spektakulär genug, denn bisher ging man davon aus, daß Menschen frühestens vor 75 000 Jahren nach Nordamerika kamen.

Als Besucher kann man in diesem »Insitu-Museum« per Führung die aktuellen Grabungen beobachten und Details über die Arbeitsmethoden der Archäologen erfahren sowie über die Hypothese, daß bereits vor den Ahnen der heutigen Indianer eine Spezies ausgestorbener Neandertaler Kalifornien unsicher machte.

Aus der Vergangenheit in die Zukunft des Goldenen Staates: Einige Kilometer südlich der Autobahn stand nahe Calico von 1982 bis 1989 »Solar One«, das erste Versuchskraftwerk Kaliforniens zur Nutzung der Sonnenwärme. Mit 4000 Sonnenstunden pro Jahr eignet sich dieses Wüstengebiet ideal zur Verwertung der

Solarenergie. In dem Pilotprojekt reflektierten große Spiegel die Sonnenwärme auf einen Wasserkessel. Dort verwandelte sich das auf 600 Grad erhitzte Wasser zu Dampf, der eine Turbine antrieb – und immerhin Strom für 5000 energiehungrige Kalifornier erzeugte. Mittlerweile ist das Solarkraftwerk zwar wieder stillgelegt, aber aus den Erfahrungen sind weitere Projekte in der Region um Los Angeles entstanden. Und in der Mojave-Wüste experimentiert man nun weiter mit anderen Möglichkeiten der Energiegewinnung, mit der Kohlevergasung zum Beispiel, mit Windkraftwerken oder handlichen Parabolspiegelkraftwerken für Einzelnutzer.

Die Weiterfahrt von Calico folgt dem Asphaltband der I-15 durch öde Mondlandschaften. Nur ab und zu tauchen ein paar Wachmacher am Weg auf: Schilder wie EAT oder GAS. Mehr ist nicht. Aber gegen das Einschlafen am Steuer hat die Straßenmeisterei ein wirksames Mittel gefunden: Kaum gerät man von der breiten Fahrbahn etwas an die Seite, wird's plötzlich laut. Quergelegte Rillen am Straßenrand lassen die sonst so monoton brummenden Reifen laut aufjaulen und den Dösenden hochschrecken.

Bei **Baker** ragen kleine Erhebungen aus dem weiten Wüstenrund; immerhin eine Abwechslung. Auch die Joshua trees haben bei Halloran Springs plötzlich an Höhe zugelegt. Südlich von Baker erstreckt sich übrigens das neue **East Mojave National Preserve**, ein sehenswertes Wüstenschutzgebiet mit kleinen Oasen und hohen Sanddünen, Lavafeldern und Vulkankegeln. Alte Pionierranches wurden ebenso unter Schutz gestellt wie stille kleine Canyons, in denen sich Känguruhratten und Coyoten gute Nacht sagen. Für Wüstenfüchse lohnt sich die Fahrt über die Kelbaker Road und die Örtchen Kelso und Cima – ein etwa anderthalbstündiger Schlenker von der Route.

Wenig später, hinter Halloran: ein Rastplatz und die erste, gleich ziemlich realistische Begegnung mit Indianern. Auf dem Weg, den die Leute zu den Toiletten nehmen müssen, haben Navajomädchen und -frauen Decken auf der Erde ausgebreitet und bieten Schmuck an.

Hinter dem Mountain-Paß beginnt die Abfahrt von der Hochebene in ein großes Wüstental. Die meiste Zeit des Jahres klafft da der **Ivanpah Lake** als knochentrockenes, hitzeflimmerndes Salzloch; nur in den Wintermonaten wird die Salzfläche feucht-morastig und steht gar auch mal einige Zentimenter unter Wasser. Kurz dahinter kommt die Grenze zu Nevada. Unmittelbar an der Staatslinie steht Whiskey Pete's, das erste Kasino. Danach – *billboards*, die in Ermangelung anderer Vegetation einen fast ununterbrochenen Schilderwald schaffen, in dem es von Knüllern in Las Vegas nur so wimmelt.

Dann taucht die Silhouette der Stadt aus dem Nichts auf: Las Vegas gibt es wirklich. Über den Las Vegas Boulevard, den berühmten »Strip«, fährt man in die Stadt ein. Aber noch ist es Tag. Das Ganze wirkt enttäuschend, sieht trist aus und öde. Riesige Lettern prangen an den zahllosen verwirrenden Reklametafeln, klotzige Hotelbunker ragen allerorten empor, es herrscht dichter Verkehr und unangenehme Hektik.

Nun, keine Angst. Erst gibt's ja mal ein Hotel. Die Rezeption im Kasino zu finden ist gar nicht so leicht. Überall klingeln die Glücksautomaten, und die künstliche Welt von Menschentrauben und Teppichboden scheint nach dem einsamen Tag in der Wüste surreal. Aber gemach, jetzt heißt es erstmal den Staub hinunterspülen und etwas essen – denn dann kommt die Nacht.

Nach Sonnenuntergang ist der »Strip« wie verwandelt. Die pechschwarze Wüstennacht hat Las Vegas zu einer lichterblitzenden, neonflackernden Märchenstadt erweckt. ■

Extratour: Los Angeles – Death Valley National Park – Las Vegas (827 km)

Extratag–1. Tag: Los Angeles – Death Valley National Park (495 km)

km/mi	Zeit	Route
0	10.00 Uhr	Los Angeles. Ab Downtown I-10, I-15
310/193	14.00 Uhr	Baker. Von hier S 127 nach Norden
449/279	15.30 Uhr	Death Valley Junction. S 190 nach Nordwesten über **Zabriskie Point** nach
495/308	17.00 Uhr	**Furnace Creek** (Inn oder Ranch); Übernachtung

Extratag–2. Tag: Death Valley National Park – Las Vegas (332 km)

km/mi	Zeit	Route
0	9.00 Uhr	Furnace Creek. S 178 nach Süden
32/20	9.30 Uhr	**Badwater.** Zurück (oder schon auf dem Hinweg) Stopp beim **Devils Golf Course.** Rückfahrt nach Furnace Creek über den **Artists Drive**
101/63	12.00 Uhr	**Sanddünen** bei Stovepipe Wells
146/90	13.00 Uhr	Über S 374 nach Osten über den Daylight Pass nach **Rhyolite** und **Beatty** (Mittagspause)
332/206	17.00 Uhr	**Las Vegas**

Extratour: Death Valley – Informationen

Furnace Creek Inn
Death Valley, CA 92328
✆ (619) 786-2361
Fax 786-2307
Komforthotel mit Vollpension; Pool und andere sportliche Annehmlichkeiten. Nur Oktober bis Mai geöffnet. $$$$

Furnace Creek Ranch
Death Valley, CA 92328
✆ (619) 786-2345, Fax 786-2514
Weitläufige Unterkunft: Blockhütten, Motel, Stellplätze für Camper, Restaurant, Bar, Shop, Waschsalon, Museum, Golf- und Tennisplätze. $$-$$$

Salz, Sand und Sonne
Im Tal des Todes

Extratour

Es ist naheliegend, aber nicht ungefährlich, für einen Abstecher ins Death Valley zu plädieren, das jüngst zum Nationalpark aufgewertet wurde. Nicht der todbringenden Gefahren wegen, die dort auf den Touristen lauern. Nein, genau die gegenteilige Wirkung ist zu befürchten: die der Faszination dieses Tales, die den gesamten Zeitplan für die Südwestreise aus den Angeln heben könnte. Der Reiz kommt nicht von ungefähr: Komfortable Infrastruktur und sichere Routen haben die Schrecken der Wüste gebannt, die ihr einst den beängstigenden Namen gaben. Und das, ohne die ursprüngliche Schönheit der Landschaft durch Raubbau zu

Palmentrio auf der Furnace Creek Ranch

zerstören. Kurz, das Tal des Todes darf heute getrost das Tal des bekömmlichen Freizeitlebens genannt werden.

Allerdings nicht zur Sommerszeit. Dann nämlich klettern, bedingt durch die tiefe Talsohle, die Temperaturen mitunter bis auf 50 Grad, und die tödliche Bedrohung ist plötzlich wieder da. Vorsichtshalber schließen dann die Ranger die wenigen Zufahrtsstraßen und erklären das Tal zum touristischen Tabu.

Im Frühjahr, Herbst und Winter aber ist das anders, und die Natur entfaltet ihre ganze Ausstrahlung. Fast überirdische Stille und zutiefst menschenabweisende Leere wirken ungemein beruhigend. Es ist die Gleichgültigkeit der Wüstenlandschaft, die innerlich entlastet.

Praktisch gesprochen läßt sich der Umweg durchs Death Valley von Baker aus einleiten: über Shoshone zunächst nach **Death Valley Junction** – ein kurioses Kaff, ja noch nicht mal das, bloß eine Kreuzung mit ein paar verrottenden Schuppen, menschenleer, ein angemessener Vorgeschmack auf das tote Tal. Lange Zeit gab es hier sogar ein Opernhaus, in der die legendäre Marta Beckett ihre Show darbot: ein bißchen Tanz, Gesang und Pantomime in einer handgemalten Kulissenwelt. Doch schließlich mußte der kleine Kunsttempel wegen Asbestverseuchung geschlossen werden.

Auf dem anschließenden Weg nach Furnace Creek liegt der bekannteste und wohl effektvollste Aussichtspunkt des Tals: **Zabriskie Point**. Wer den gleichnamigen Film von Antonioni kennt, sieht im Geist vielleicht die lemurenhaften Liebespaare, die sich im Film an dieser Stelle im gelblich-schwarzen Staub wälzen.

Zivilisiert und wohltemperiert sind im Death Valley die Unterkünfte eingerichtet, der aufwendige **Furnace Creek Inn** und die schlichter gehaltene **Furnace Creek Ranch** mit ihren schönen Dattelpalmen. Hier krächzen die Raben besonders laut, und die glänzenden *black birds* hüpfen munter von Wedel zu Wedel. Ein tiefgrüner Golfplatz grenzt an den rauschenden Palmenwald: eine weitere Kostprobe vom *California living*, diesmal in wildem Wüstenmilieu – ein Thema, das im Lauf der Reise noch mehrfach anklingen wird, denn weite Bereiche des amerikanischen Südwestens rücken Luxus und Einöde, bequeme Technologie und Mondlandschaft oft überraschend zusammen.

Kein Zweifel: Golfplatz des Teufels

Es lohnt sich, nach der Ankunft auf der Ranch ein wenig herumzulaufen, durch den schattigen Palmenhain zum Golfplatz oder durch das kleine Freilichtmuseum, das Geräte und Transportmaschinen aus der Zeit des Boraxabbaus im Tal zeigt. Und mit ein paar frischen Datteln, die es meist am Stand zu kaufen gibt, läßt sich der Tag im sanften Wüstenlicht geruhsam beschließen.

Am nächsten Morgen (die Sonnenaufgänge im Death Valley sind ein beson-

Sanddünen bei Stovepipe Wells

ders nachhaltiger Genuß) sollte man sich zunächst in Richtung Süden in Bewegung setzen: nach **Badwater**, mit seinen 93 Metern unterhalb des Meeresspiegels der tiefste Punkt auf der westlichen Halbkugel, und zum **Devils Golf Course** – beides harsche, verkrustete Stoppelfelder aus purem Salz, die dankbare Fotomotive bilden, dabei aber so manchem feinen städtischen Schuhwerk den Garaus machen.

Auf dem Rückweg von den Salzpfannen fährt man am besten den kleinen **Artists Drive** genannten Schlenker, der näher an die steinige Welt heranführt und deren zarte Farbtöne freilegt. Dies alles läßt sich leicht in ein bis zwei Stunden bewältigen. Beim **Visitor Center** – ein Katzensprung nur von der Furnace Creek Ranch – erfährt man eine Menge über Geschichte und Entstehung des Tals und erhält wie üblich brauchbare Karten und anderes Informationsmaterial.

Gelegentlich sieht man auf der Straße indianische Parkangestellte, die Abfälle von den Touristen aufsammeln. Wie sich die Zeiten geändert haben! Vor wenig mehr als hundert Jahren haben hier die Shoshonen heimlich die Goldsucher (die sogenannten 49er) beobachtet, die sich auf dem Weg zu den Goldgründen beim American River durch dieses Gebiet wagten.

Nächstes Ziel: die Sanddünen bei **Stovepipe Wells**, an die man nördlich der Kreuzung North Highway und Daylight Pass Road linker Hand über eine Schotter- und Rappelstraße heranfahren kann. Zugegeben, man erwischt diese Skulpturen aus Wind und Sand zur Mittagszeit in denkbar schlechtem Licht.

Die Daylight Pass Road überquert nach kurzer Fahrt die Grenze zu Nevada und bietet unmittelbar vor Beatty links eine Stichstraße zu einer gottverlassenen Geisterstadt an, nach **Rhyolite**. Auf den ersten Blick scheint hier die Welt zu Ende zu sein, aber mit etwas Geduld und Neugier ändert sich das Bild, und alles verhält sich eigentlich recht zeitgemäß.

Neben die baufälligen Ruinen einer ehemaligen Bank, für die sich die Denkmalpflege Nevadas offenbar nicht zuständig fühlt, hat ein Einzelkämpfer sein Hüttenquartier hingesetzt – für Kind und Kegel, zusammengeschustert aus Plunder und Altmaterialien. Das ganze Anwesen ist reich mit antikommunistischen Parolen überzogen, die in deutlicher Sprache zum Ausdruck bringen, wie sehr sich der Hausherr selbst in diesem Erdenwinkel durch die bösen Russen immer noch bedroht sieht.

Dagegen träumt der Wirt in der lokalen Bar von angenehmeren Dingen. Ihm liegt die Vision eines ganz neuen Rhyolite im Sinn, eine bauliche Renaissance der bröselnden Ruinen und Reste, um vergnügungssüchtigen Freizeitlern aus Nevada und Kalifornien ein tolles Ausflugsziel zu bieten.

Von Beatty bringt die US 95 den Reisenden noch am Nachmittag nach Las Vegas. Wer einen kompletten Tag im Death Valley verbringen möchte (also zwei Übernachtungen), der kann den bisher skizzierten Ablauf des Tages ändern, um noch eine zusätzliche touristische Praline zu naschen. Im Klartext: Badwater, Devils Golf Course, Artists Drive, Visitor Center (wie beschrieben); dann aber erst mal über den Daylight Pass Cutoff nach Rhyolite und zurück durch den **Titus Canyon**. Diese enge und rumpelige Schlucht ist wirklich etwas ganz Besonderes, und wenn man danach bei den Stovepipe-Dünen vorbeikommt, strahlt gerade ein Licht, das den Sandskulpturen unvergeßliche Schattierungen abgewinnt. Am nächsten Morgen wählt man den kürzeren Weg nach Las Vegas (über Death Valley Junction), um mittags den Tips für den Zusatztag in Las Vegas folgen zu können. ■

Ausgedient: alte Karren zum Borax-Abtransport

Desolat: Reste von Rhyolite

Extratag Las Vegas – Route: Las Vegas – Hoover Dam – Lake Mead – Las Vegas (101 km)

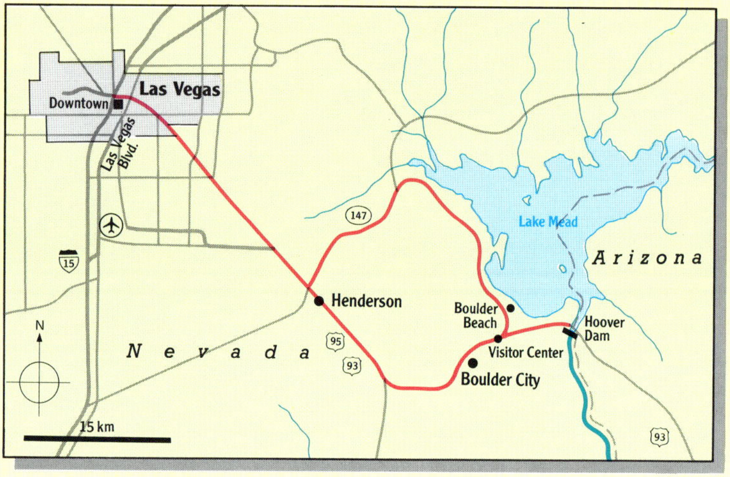

km/mi	Zeit	Route
0	10.00 Uhr	Abfahrt Las Vegas (Downtown) auf der Fremont Street (US 95/93) nach Südosten über Boulder City zum
48/30	10.45 Uhr	**Hoover Dam** (Visitor Center am Westende des Dammes, dann Bummel über die Staumauer nach Arizona)
52/32	11.45 Uhr	Aussichtspunkt über den Lake Mead (auf US 93 zurück, nach 2 km führt eine kurze Seitenstraße rechts den Hügel hinauf)
55/34	12.00 Uhr	**Alan Bible Visitor Center**
58/36	12.45 Uhr	Boulder Beach (2 Stunden sonnen und baden), danach Rückfahrt über SR 147 nach
101/63	16.00 Uhr	**Las Vegas** (Bummel durch Caesars Palace, Mirage Hotel, MG Grand und Luxor Hotel; evtl. Museumsbesuch)
	abends	Bummel am »Strip« und Show-Besuch

Abstecher:

Flugexkursionen zum Grand Canyon und über den Lake Mead werden von Scenic Airlines (✆ 739-1900) und Lake Mead Air (✆ 293-1848) durchgeführt (ab Las Vegas oder Boulder City).

Im **Red Rock Canyon State Park** (30 km westl. über Charleston Blvd.) führt eine 20 km lange Panoramastraße durch rote Felslandschaften und zu Aussichtspunkten über die Wüste.

Extratag Las Vegas – Informationen

Vorwahl: ✆ **702**

Frühstück nimmt man in Las Vegas ähnlich wie das Abendessen in den großen Casinos, die meist sehr opulente Frühstücksbuffets haben. Sa und So gibt es Champagner-Brunch, z. B. im Bally's Casino.

Hoover Dam
Visitor Center auf der Westseite
Sommer: tägl. 8–17.30 Uhr
Winter: 9–16.30 Uhr
Moderne, neue Anlage mit Ausstellungen über die Geschichte des Dammes. Die 40minütige Führung ($ 2) durch das Kraftwerk ist nur für technisch Interessierte empfehlenswert.

Alan Bible Visitor Center
Tägl. 8.30–16.30 Uhr
Eintritt frei
Guter Film und Informationen über das Gebiet des Lake Mead. Um das Besucherzentrum zeigt ein kleiner botanischer Garten typische Wüstenpflanzen.

Mittagessen kann man im Gold Strike, dem letzten Casino vor der Grenze zu Arizona. Es ist jedoch viel schöner, am Boulder Beach zu picknicken (Tische etc. vorhanden; vorab im Safeway-Supermarkt von Boulder City einkaufen – und evtl. auch schon für die nächsten Tage etwas mitnehmen).

Imperial Palace Auto Collection
3535 Las Vegas Blvd. South
Im 5. Stock der Parkgarage des Imperial Palace Casino
Tägl. 9–23.30 Uhr
Eintritt $ 6.95, Kinder $ 3
200 antike Fahrzeuge; Höhepunkte sind die Prunkwagen des Zaren, des thailändischen Königs und die Staatskarosse Hitlers.

Liberace Museum
1775 East Tropicana Ave.
Mo–Sa 10–17, So 13–17 Uhr
Erwachsene $ 6.50, Kinder $ 2
Zur Schau stehen die ultra-kitschigen Show-Utensilien des in den USA legendären Künstlers Liberace: funkelnde Kostüme, hochglanzpolierte Flügel und verrückte Luxusautos.

Circus Circus
2880 Las Vegas Blvd. South
Tägl. 11–23 Uhr
Kinder können von der Zuschauerplattform die Zirkusaufführungen verfolgen, ins Casino darunter dürfen sie allerdings nicht. Angeschlossen ist der Vergnügungspark »Grand Slam Canyon« mit wilden Achterbahnen.

Planet Hollywood
Caesars Palace Hotel/Forum Shops
3500 Las Vegas Blvd. South
✆ 791-7827
Hollywood in Las Vegas: an den Wänden hängen Filmrequisiten, auf den Teller kommen Burger und Pizza. $–$$

Benihana
Hilton Hotel, 3000 Paradise Rd.
✆ 732-5111
Ein japanisches Dorf mit Sushi-Bar und Wasserfällen. $$

Übernachtung: Auch wer preiswert nächtigen möchte: In Las Vegas geht man ins Hotel! Die Sommer- und damit Off-season-Preise liegen zwischen $ 40 und $ 80, z.B. im Circus Circus (✆ 734-0410) oder im Imperial Palace (✆ 794-3114), die Motels sind kaum billiger. Nobelste Absteigen sind Caesars Palace, das MGM Grand und das neue Mirage Hotel (ab $ 100). Wer an den teureren – und meist überfüllten – Wochenenden kommt, kann in eines der Motels in der Nähe des »Strip« ziehen. Sehr preiswerte Motels liegen an der Fremont Street stadtauswärts. Beim Info-Büro an der Grenze zu Nevada kann man nachmittags noch für denselben Abend Zimmer in der Stadt reservieren. **Vorsicht:** An Feiertagswochenenden ist es fast unmöglich, in Las Vegas noch kurzfristig ein Zimmer zu bekommen. Also vorausplanen und in einem solchen Fall möglichst schon von Europa aus reservieren!

Caesars Palace
3570 Las Vegas Blvd. South
Las Vegas, NV 89109
✆ 731-7110
Fax 731-6636
Nach wie vor die exklusivste Herberge der Stadt; 1515 Zimmer. Das ganze Casino ist im Stil des alten Rom dekoriert: Skulpturen, Säulen etc. Unbedingt sehenswert: die exklusive Ladenpassage der »Forum Shops«. $$$–$$$$

Luxor
3900 Las Vegas Blvd. South
Las Vegas, NV 89119
✆ 262-4000
Fax 262-4809
Ägypten läßt grüßen: eine gewaltige Pyramide mit 2526 Zimmern, mit 36 Meter hohem Obelisk und einer Sphinx. $$$

Treasure Island
3300 Las Vegas Blvd. South
Las Vegas, NV 89193
✆ 894-7111
Fax 791-7446
Ein Piratentraum für große und kleine Kinder: 2900 Zimmer mit eigener Lagune, echter Seeschlacht und Schatzinsel-Romantik. $$$

Four Queens
202 East Fremont St.
Las Vegas, NV 89101
✆ 385-4011
Fax 383-0631
Traditionelles, kleineres Casino-Hotel mitten in der Downtown. $

Campingplätze: Ganz in der Nähe des »Strip«, jeweils an der Rückseite der Hotels, liegen die riesigen Campingparks der beiden großen Hotelcasinos Circus Circus (✆ 794-3757) und Hacienda (✆ 739-8214). Vorbestellung (1–2 Tage) ist an Wochenenden und Feiertagen sehr ratsam.

Show-Reservierungen sollte man am besten schon am Morgen vornehmen. Alle großen Casinos haben *reservation desks*, bei denen man auch die Shows der meisten anderen Casinos buchen kann. Shows gibt es generell in zwei Kategorien: zum einen große Bühnenshows wie »Folies Bergère« (Tropicana Resort), »Jubilee« (Bally's Casino) oder die Aufführungen des berühmten kanadischen Traumzirkus »Cirque du Soleil« (Treasure Island), zum anderen die Shows der einzelnen Superstars wie Siegfried & Roy (Mirage Casino) oder David Copperfield, Liza Minelli und andere Musikstars in wechselnden Casinos.

Die Preise liegen zwischen $ 15–75; bei den Dinner-Shows ist das Abendessen eingeschlossen, bei den Cocktail-Shows sind meist zwei Cocktails inbegriffen. Etwa eine halbe Stunde vor Beginn sollte man eintreffen – und sich in die Schlange einreihen.

Feste und zusätzliche Tips:

Ende April ist **Weltmeisterschaft im Poker**, am letzten Maiwochenende die **Helldorado Days** (nostalgisches Pionierfest mit Rodeo) und Anfang Dezember das **National Finals Rodeo** mit Cowboys aus den ganzen USA.

In Las Vegas finden häufig besondere Veranstaltungen statt, z.B. Weltmeisterschaftsboxkämpfe, Ballonfestivals oder Rodeos. Aktuelle Auskünfte vor Ort und weitere Infos im Convention Center bei:

Las Vegas Convention & Visitors Authority
3150 South Paradise Rd.
✆ 892-0711

Fata Morgana – air conditioned
Las Vegas

Extratag

Ein riesiger Backofen ist dieses Südnevada, heiß und trocken. In Las Vegas liegen die durchschnittlichen Tageshöchsttemperaturen im Juli bei 39,7 Grad. Daher ist der Sommer auch die *off-season*, die »stille Zeit« in der Stadt. Dennoch sind im Schnitt an jedem Tag des Jahres mindestens 40 000 Besucher hier. Im Herbst, im Oktober geht es richtig los. *Conventions*, also Kongresse, heißt das Schlagwort. Alle nur denkbaren Organisationen treffen sich zu ihren Jahrestagungen: zum Reden, Baden und Spielen. Kommt man im Winterhalbjahr dann als unbefangener Besucher hinzu, kann es bei der Zimmersuche leicht heißen: »Alles voll, 33 000 Zahnärzte sind in der Stadt.« Und tatsächlich, überall in den Casinos sieht man die Zähne der Herren Doktoren blinken – Amerika ist für fünf Tage ohne Zahnschutz, die Karies floriert. Aber mitunter auch der Sonnenbrand. Man sollte

Auf und ab: US 93 südlich von Lake Mead

Marina am Lake Mead

sich also rechtzeitg vor Augen halten: Die Sonnenintensität in der Wüste ist gewaltig, und ungeschützt schält sich schon nach wenigen Viertelstunden in der prallen Sonne die Haut. In Las Vegas ebenso wie draußen, bei einem Ausflug ans Wasser zum Beispiel. Jetzt am Morgen sind die Paläste der Zocker ohnehin noch recht verschlafen, ein Stadtbummel lohnt am Nachmittag mehr. Highway US 93 führt von der Innenstadt geradewegs zur größten Sehenswürdigkeit der Region, zum oft als modernes Weltwunder bezeichneten **Hoover Dam**.

Über Millionen von Jahren grub sich der Colorado sein Bett quer durch den Südwesten des Kontinents zum Golf von Kalifornien. Weite, fruchtbare Täler und enge Schluchten entstanden – an dieser Stelle der 300 Meter tiefe Black Canyon. Das Problem für die ersten Siedler war, daß der Colorado im Frühjahr wegen der Schneeschmelze oft starkes Hochwasser im Unterlauf führte, im Herbst aber fast austrocknete. Die verheerende Überflutung von 1905, als der Fluß durch einen ungenügend geschützten Kanalstich zum Imperial Valley Kaliforniens durchbrach und die 1300 Quadratkilometer große Salton Sea schuf, brachte das Faß zum Überlaufen. Um den Fluß zu zähmen und besser für die Bewässerung zu nutzen, beschloß die US-Regierung 1922 den Bau des Hoover Dam. Nach fünf Jahren Bauzeit wurde 1935 der letzte von insgesamt 2,5 Millionen Kubikmetern Beton gegossen: Ein 379 Meter langer und 221 Meter hoher Damm versperrte dem Fluß seinen Weg durch die Schlucht, ein 640 Quadratkilometer großer Stausee, der **Lake Mead**, entstand.

Unten, im Schlund des Canyons, muß die Staumauer rund 200 Meter dick sein, um dem Wasserdruck standzuhalten – genug Beton, um eine zweispurige Straße von New York nach San Francisco zu bauen! Siebzehn riesige Generatoren schaffen Elektrizität für Arizona, Nevada und Südkalifornien. Bis Los Angeles reichen die dicken Kabel, und auch die Neonreklamen von Las Vegas blieben ohne den Damm dunkel.

Auf dem Damm kann man mit Blick in den gähnenden Abgrund nach Arizona hinüberspazieren. Die beste Aussicht aber bietet sich vom neuen **Visitor Center** auf der Nevadaseite, das direkt an die Steilklippen geklebt wurde. Danach ein kurzer Abstecher zum **Lake Mead View Point**: Zwar ist nur ein kleiner Teil des 180 Kilometer langen Sees sichtbar, aber man kann die gewaltigen Dimensionen dieses Wüstenmeeres erahnen. Wenn dieses größte Reservoir der USA voll ist, stauen sich hier 35,2 Milliarden Kubikmeter Wasser!

Beim **Alan Bible Visitor Center** an der Abzweigung der Lakeshore Road sind Wüstenlandschaft, ihre Flora und Fauna die Themen. Eine Diashow zeigt, was da so hüpft und kriecht, ein kleiner Kaktusgarten stellt die festgewurzelten Bewohner vor. Und mit etwas Glück sieht man im Gärtchen sogar den (vermutlich vom Parkservice festangestellten) Vorzeige-Roadrunner zwischen den Stachelsäulen herumdüsen.

Die verdiente Pause nach den Sehenswürdigkeiten und Statistiken kann man dann unten am Ufer des **Boulder Beach** einlegen. Hier läßt sich's gut aushalten – auf dem schattigen Picknickplatz, im kühlen Wasser, am Sandstrand.

Bei der Rückkehr nach Las Vegas sind die Straßen schon etwas gefüllter. An den Casino-Eingängen flackern die Neonlichter, die Springbrunnen plätschern einladend, und auf den Gesteigen am »Strip« eilen die ersten Zocker in die klimagekühlten Kunstwelten der Glückspaläste. Las Vegas rüstet sich für die lange Nacht.

Zumindest einige der spektakulären neuen Casinos darf man sich nicht entgehen lassen – das 600 Millionen Dollar teure **Mirage** etwa, vor dem alle 20 Minuten ein hauseigener Vulkan ausbricht und das im Inneren einen veritablen Regenwald mit Wasserfällen und lauschig umgrünten Bächlein besitzt. Oder gleich nebenan das im Piratenmotiv gestaltete **Treasure Island**, in dessen Karibik-Lagune stündlich eine Seeschlacht zwischen Freibeutern und Engländern tobt. Alles in Originalgröße, und sogar mit echten, menschlichen Darstellern und mächtigem Kanonendonner.

Das nobelste Zockerparadies am »Strip« aber ist nach wie vor **Caesars Palace** – eine altrömische Fantasiewelt mit Freistil-Skulpturen und Barmädchen

Für die Heirat im Eiltempo: Kapelle in Las Vegas

Neon-Oldtimer in der Nähe von Las Vegas

CASINO

im Toga-Look. In der marmornen Ladengalerie der Forum Shops erwachen die Skulpturen sogar hin und wieder zum Leben, darüber wölbt sich ein Kunsthimmel, an dem alle 20 Minuten die Sonne auf- und untergeht. Perfekte Illusionen waren schon immer die Stärke von Las Vegas – die Wüste draußen wird zur Nebensache.

Immer neue und immer verrücktere Casinopaläste wurden in den letzten Jahren entlang des »Strip« gebaut. Das **Excalibur** spielt Mittelalter mit Ritterburg und Zugbrücke, das **MGM Grand** gegenüber – mit gut 5000 Zimmern nicht eben die kleinste Herberge der Stadt – hat sogar einen eigenen Vergnügungspark, der Disney zur Ehre gereichen würde. Noch toller treiben es die alten Pharaonen ein Stückchen weiter: Mit dem **Luxor** hat sich Las Vegas eine postmoderne Pyramide geleistet, die größer ist als alles am Nil. Neun Jumbojets würden in der monumentalen Innenhalle problemlos Platz finden.

Sogar die alte **Downtown**, die in den 70er und 80er Jahren etwas heruntergekommen war, hat sich übrigens neuerdings wieder gemausert: Die **Fremont Street**, das müde gewordene Herz der Stadt, hat man jüngst überdacht und zur Vergnügungsstraße umgebaut. Las Vegas scheut keine Mühen und Kosten, um die Spieler anzulocken – die investierten Dollar haben sich noch immer gelohnt.

Vor dem Abendprogramm kann man noch einen Blick in eines der Museen werfen: auf die antiken Staatskarossen im Imperial Palace oder die Glitzerkostüme des Showkönigs Liberace. Wer in Las Vegas ganz professionell einsteigen möchte, kann in vielen der Casinos das Spielen lernen. *Gaming school* nennt sich das und kostet nichts, denn das Casino hofft, daß man später mit echtem Geld weitermacht – und natürlich verliert.

Postmodern und postägyptisch: Pyramide und »Sphinx« des »Luxor«

◁ Im Zeichen des Glücks: »Horseshoe Casino«, Las Vegas

Spielen hat Geschichte in Las Vegas. Phil Tobin, ein am Glücksspiel völlig desinteressierter Rancher, schlug 1931 dem Staatsparlament vor, das *gambling* in Nevada zu legalisieren, um mit den Steuereinnahmen die öffentlichen Schulen zu unterstützen. Damit hatte die Geburtsstunde des heutigen Las Vegas – vorher eine eher verschlafene Bahnarbeitersiedlung – geschlagen. Als auch noch die Heirats- und Scheidungsgesetze vereinfacht wurden, kamen bald die Besucher in Scharen.

Das erste Hotel-Casino öffnete 1940, und nach dem Zweiten Weltkrieg hatte die Mafia die Finger im inzwischen lukrativen Geschäft mit dem Glück. Benjamin »Bugsy« Siegel eröffnete 1946 das Flamingo Hotel und das erste der modernen Casinos. Den Rosengarten neben dem Swimmingpool des Flamingo soll Bugsy mit den Leichen dreier Rivalen aus der Unterwelt gedüngt haben. Bugsy wurde wenige Monate später in Beverly Hills mit einer Schrotflinte erschossen.

Die Verbindungen zum organisierten Verbrechen sind heute zumindest nicht mehr so auffällig, man munkelt aber immer noch von der Mafia. So schenkte eines der ganz großen Casinos noch vor wenigen Jahren einem seiner besten Kunden zum Geburtstag ein Mercedes-Kabriolett und reservierte ihm ganzjährig eine komplette Suite – nur weil er jedes Jahr mehrere Millionen Dollar im Casino verpulverte. Allerdings konnte der »gute Kunde« sein Kabrio nicht lange genießen, denn das FBI überführte ihn wenig später als Drogenhändler und lochte ihn ein.

Trotz der neuen Konkurrenz von Atlantic City an der amerikanischen Ostküste ist Las Vegas nach wie vor die Vergnügungshauptstadt der USA. Als Ende der 80er Jahre in fast allen Bundesstaaten

Vulkanausbruch als Entertainment: vor dem »Mirage«

Magical Mystery Tour: die Eingangshalle vom »MGM Grand«

und in vielen Indianerreservaten das Glücksspiel erlaubt wurde, und überall neue Spielcasinos aus dem Boden schossen, wurde Las Vegas schon totgesagt. Doch weit gefehlt: Vegas klotzte ran, baute spektakuläre neue Zockerpaläste und Vergnügungsparks, um auch die Mittelklasse und die Familien anzulocken. Man wollte nicht mehr nur Spielerstadt sein, sondern Urlaubsziel für alle werden.

Die Rechnung ging auf. Nach einigen mageren Jahren boomt Las Vegas wieder. Mehr als 20 Millionen Besucher lassen alljährlich etwa vier Milliarden Dollar in der Stadt. Außer Glücksmaschinen und grünen Spieltischen locken surreale Fantasiewelten, namhafte Shows und Künstler, preiswertes Essen und Wohnen die Leute an – die Einmal-Glücksritter und die Profispieler, die Familien mit Kindern und die Sightseeing-Touristen, die aufgedonnerten Hausfrauen und die Ladies, deren Finger ganz schwarz sind vom Abrieb der Münzen. Dazwischen die braungebrannten Sonnyboys, die ewig lächelnden, kurzberockten Bedienungsgirls und stoischen Dealer. Fast 11 000 Menschen werden allein am Riesenbuffett des Circus Circus täglich verköstigt – im Jahr sind das immerhin vier Millionen!

Ein eigenes Kapitel wären die unübertroffenen Shows von Vegas – glitzernde Paraden der Girls im Folies Bergère und perfekte Einzelauftritte der Superstars. In den Hotelbars treten viele Nachwuchs-Stars auf, kostenlos und oft mit genauso ausgefeilten Darbietungen wie die arrivierten Namen auf den großen Bühnen nebenan. So mancher heutige Star fing ganz klein in Las Vegas an. Präsident A. D. Ronald Reagan etwa trat 1954 in einer Kabarettaufführung des früheren Frontier Hotel auf. Auch er hat es geschafft. ■

2. Tag – Route: Las Vegas – Valley of Fire State Park – St. George – Zion National Park (344 km)

km/mi	Zeit	Route
0	9.30 Uhr	Abfahrt Las Vegas, S 147 (Lake Mead Blvd.), dann S 167 und S 169
105/65	11.00 Uhr	**Valley of Fire State Park** (Info-Zentrum, Aussichtspunkt Rainbow Vista, halbstündige Wanderung am Petroglyph Canyon Trail), dann Mittagspause auf dem Picknickplatz Seven Sisters
	13.00 Uhr	Abfahrt auf S 169 zur I-15 North
264/164	14.45 Uhr	Grenze zu Utah (Info-Center; Zeitumstellung: + 1 Stunde = 15.45 Uhr)
277/172	16.00 Uhr	**St. George** (kurzer Besuch im Visitor Center des Temple oder evtl. ein Bad in den heißen Quellen von Hurricane)
344/214	18.00 Uhr	**Zion National Park**

Abkürzung:
Falls man in Las Vegas später loskommt, kann man den Valley of Fire State Park auslassen und direkt auf der I-15 nach Utah fahren. Die Kilometerersparnis ist zwar nicht groß, aber zeitlich ist man auf der Autobahn etwa zwei bis drei Stunden schneller.

2. Tag – Informationen

Vorwahl: ✆ 801

Einkaufen fürs Mittagspicknick sollte man schon bei der Ausfahrt aus Las Vegas. Fünf Picknickplätze im Valley of Fire State Park stehen zur Wahl: Seven Sisters ist durch seine gelöcherten Felsen der interessanteste.

Wanderung: Der Petroglyph Canyon Trail ist etwa 500 m lang, einfach und auf flachem Sandboden zu begehen; nochmal 500 m weiter auf griffigem Fels ist Mouse's Tank, ein natürliches Wasserloch im roten Fels.

Mormon Temple St. George Visitor Center
450 South 300 East
Eintritt frei
Besucherzentrum und Ausstellungen über Utahs ältesten Mormonentempel.

Dick's Cafe
114 East St. George Blvd.
St. George
Historisches Lokal – prima für *coffee and pie* oder auch fürs frühe Abendessen. $–$$

Pah Tempe Springs
S 9 (ausgeschildert), Hurricane
✆ 635-2879
So–Do 9–22, Fr und Sa 9–23 Uhr
Erwachsene $ 10, Kinder $ 5
Idyllisch gelegene heiße Quellen am Virgin River; Reservierung sinnvoll.

Bit & Spur Saloon
Zion Park Blvd., Springdale
Mexikanisches Restaurant und Bar – rauh, aber herzlich. $–$$

Weitere Restaurants siehe nächster Tag, S. 87

Zion Lodge
Zion National Park
✆ Lodge direkt: 772-3213
Einziges Hotel im Nationalpark, schön gelegen und mit sehr großen Zimmern; mehrere Monate vorab reservieren, kurzfristig kann man nach stornierten Zimmern fragen. Restaurant. Für Reservierungen: TW Services Inc., P.O. Box 400, Cedar City, UT 84721, ✆ 586-7686, Fax 586-3157 $$–$$$

Best Western Driftwood Lodge
1515 Zion Park Blvd.
Springdale, UT 84767
✆ 772-3262, Fax 772-3702
Modernes Motel am östlichen Ortsrand von Springdale mit Blick über den Fluß. $$

Canyon Ranch Motel
668 Zion Park Blvd.
Springdale, UT 84767
✆ 772-3357
Nettes Motel nahe dem Parkeingang und dem Zentrum von Springdale. Swimmingpool. $$

Watchman und South Campground
Zion National Park
✆ 772-3256
Große staatliche Campingplätze am Südeingang des Nationalparks, keine Reservierung möglich.

Zion Canyon Campground
Springdale, UT 84767
✆ 772-3237, Fax 772-3844
Privater Campingplatz nahe dem Parkeingang; auch Hütten zu mieten. $–$$

Weitere Informationen (Feste u. ä.):

Color Country Information Center
906 North 1400 West
St. George, UT 84771-1550
✆ 628-4171, Fax 673-3540

Welcome Center
I-15 (an der Staatsgrenze vor St. George)
✆ 673-4542

2 In die Berge
Von Las Vegas in den Zion National Park

Nach vielleicht langer Nacht geht's nun weiter zum Nordufer des **Lake Mead**. Nach den letzten Shopping-Centers von North Las Vegas (übrigens auch die letzten gutbestückten *liquor stores* für die nächsten Tage) klettert der Lake Mead Boulevard (S 147) zwischen Sunrise und Frenchman Mountain über einen kleinen Paß und hinein in die Lake Mead Recreational Area.

Kurze Stichstraßen, oft nur geschottert und für Normal-PKWs nach Regenfällen nicht zu empfehlen, führen zum einsamen Seeufer. Vor hundert Jahren lagen dort unten kleine Örtchen der siedlungswütigen Mormonen. Callville Bay zum Beispiel. Mit dem Wasser des noch ungedämmten Colorado bewässerten sie ihre Felder und Plantagen. Und immer waren sie auf der Hut vor der Staatspolizei, die die weitverbreitete Vielweiberei der »Heiligen« zu unterbinden suchte (s. auch Seite 100 f.). Die Siedlungen sind inzwischen lange aufgehoben, ihre Ruinen unter dem Wasser des Stausees verschwunden.

Der **North Shore Scenic Drive** erlaubt nur gelegentliche Blicke auf die glitzernden Buchten des 180 Kilometer langen Lake Mead. Meist geht es durch breite Täler mit sparsamer Vegetation; dann ragen wieder rote, graue und weiße Felsen und Erosionskegel schroff am Straßenrand auf – Präludien zu den Farben Utahs.

Immer wieder wird vor *flashfloods* gewarnt, diesen völlig überraschenden

»Blitzüberflutungen« der Straße, die meistens im Winter und Frühjahr passieren. Irgendwo oben in den Bergen hat es heftig geregnet, und das Wasser schießt in den normalerweise ausgetrockneten Bachbetten zu Tal. Viele Kilometer weiter unten fährt bei strahlend blauem Himmel der nichtsahnende Autofahrer durch eine Senke – und steht unvermittelt buchstäblich bis zum Hals im Wasser. Sand und schweres Geröll in den braunen Fluten erledigen den Rest.

Abzweigung des Highways S 169. Kurz dahinter liegt der Eingang zum **Valley of Fire State Park**. Nun geht's farblich in die vollen. Man kurvt um rundgeschliffene rote Felsblöcke, fünfzig oder sechzig Meter hoch, in die Wind und Regenwas-

Im Valley of Fire State Park

ser seltsame Löcher gefressen haben: wie leere Augenhöhlen in Totenköpfen. Glatt, geriffelt, gelocht, zu den verschiedensten Formen hat der Zahn der Zeit den 150 Millionen Jahre alten Sandstein aus dem Jura erodiert. Manche der Felssäulen tragen sogar lustige kleine Käppchen aus Steinplatten.

Zwischen steilen roten Wänden geht es auf der Stichstraße vom Visitor Center zum **Rainbow Vista**. Von der nackten Felskuppe reicht der Blick weit über das zerrissene Felspanorama: ein richtiger Spielplatz mythologischer Riesen. Danach wandert es sich gut in dem etwas kühleren Seitental auf dem **Petroglyph Canyon Trail**. Für die Bildung ist auch gesorgt, denn der Parkservice hat ganz nach amerikanischer Manier Büsche und prähistorische Felszeichnungen lehrreich beschildert. Und mit etwas Glück kann man sogar eine der seltenen Wüstenschildkröten zwischen den im Frühjahr gelb blühenden Creosote-Büschen krabbeln sehen. Am Ende des Pfades erreicht man nach einer kurzen Kletterpartie Mouse's Tank, eine natürliche Zisterne, in der sich Regenwasser des Winters sammelt. Danach kommt die verdiente Mittagsrast an den Felssäulen der Seven Sisters.

Ein steiler Anstieg am Highway S 169 durch die nun schon wieder grauen Muddy Mountains, und man ist in einem desolaten Wüstental. Bald winkt am Rand der Autobahn I-15 die bunte Reklame eines Kasinos – die letzte, denn kurz dahinter beginnt im Tal des Virgin River der Staat Arizona. Diese nordwestliche Ecke des Grand-Canyon-Staates war lange Zeit von der Außenwelt abgeschnitten. Goldgräber und Silbersucher, Geächtete und Pferdediebe trieben sich im rauhen »Arizona Strip« herum. Gesetz und Ordnung herrschen erst seit 1930 in dieser unfruchtbaren Region. Bis heute blieb es eine öde Landschaft, nur in einigen der Flußniederungen vegetieren kleine Farmen, und ein paar Rinder und Pferde grasen am Ufer.

Noch karger wird die Szene etwas weiter stromaufwärts im Canyon des Virgin River, wo mit viel Dynamit und Geldaufwand die Highwaytrasse aus den steilen Wänden gesprengt wurde.

Schon 20 Meilen weiter erreichen wir die Staatgrenze von Utah, zugleich die Zeitgrenze zur *mountain time*. Doch in der Landschaft ändert sich nichts, bis dann unvermittelt hinter einer Kuppe **St. George** auftaucht. Weiß glänzt der massive Bau eines Tempels aus dem Tal herauf. Das hübsche und – mit Hilfe von Bewässerung – auch fruchtbare Tal ist altes Mormonensiedlungsgebiet.

Brigham Young, der energische und charismatische Anführer der Mormonen, der »Heiligen der letzten Tage«, sandte 1861 eine Gruppe von 700 Siedlern von Salt Lake City aus nach Süden. 1861 heißt, es herrschte Bürgerkrieg im Osten der USA, und der Handel mit den aufständischen Südstaaten war unterbrochen. Die Mormonen hatten entdeckt, daß das Klima am Virgin River für den Anbau von Baumwolle ideal war. So wurde St. George gegründet und die Region zum neuen »Dixie«. Sogar Brigham Young selbst legte sich bald ein Winterdomizil in dieser klimatisch so begünstigten Stadt zu.

Schon 1877 war ein Tempel fertiggestellt, der erste in Utah. Und St. George stieg durch seine milden Winter und die strategische Lage zur wichtigen Station der Mormonen auf. Es wurde bald Ausgangspunkt des Honeymoon Trail ins nördliche Arizona. Jungverliebte »Heilige« zogen vom Salt Lake aus los, ließen sich im Tempel von St. George trauen und folgten dem Pfad dann gemütlich mit langen Lagerfeuerabenden und gemächlichem Frühstück weiter zu ihrer neuen Heimat in Arizona.

Im Visitor Center des Tempels erfährt man von den freundlichen Mormonen

Näheres über ihre Religion und Geschichte. Es sieht fast so aus, als wollten sie einen gleich bekehren und dabehalten. Dann dürfte man wohl auch ins geheiligte Innere des massiven Steinbaus, denn der ist ausschließlich den Mitgliedern der Kirche vorbehalten.

In dem pieksauberen Ort kann man sich vor der Weiterfahrt noch stärken. Vielleicht in Dick's Cafe, einer Institution in Südutah. Seit bestimmt 40 Jahren hat sich hier drin nichts verändert. An dem langen Tresen haben sich einst schon John Wayne und andere Cowboys mit dem prima *pecan pie* schlechte Zähne geholt. Und als Fremder wird man nach guter alter Tradition von den *locals* erst mal kritisch beäugt.

Die Geschichte des Tals von St. George erzählt aber nicht nur von den Mormonen. Prähistorische Indianer durchquerten es auf ihren Völkerwanderungen von Kalifornien zum Rio Grande. 1776 folgten die spanischen Franziskanermissionare Escalante und Dominguez dieser Route als erste Weiße nach Norden. 1826 kam der unermüdliche Trapper und Entdecker Jedediah Smith. Die Siedler und Händler auf dem Weg ins gelobte Kalifornien, alle zogen sie auf dem Old Spanish Trail und später dem Mormon Trail hier durch.

Parallel zu den abweisenden Hurricane Cliffs folgt der Highway 9 den alten Trails ein Stück nach Norden. In **Hurricane** weist ein Schild in ein Seitental: nach Pah Tempe Springs. Schon Escalante und Dominguez stießen an diesem alten geologischen Graben auf die heiß sprudelnden Mineralquellen; heute besitzt eine etwas kauzige Familie das idyllische Fleckchen am Ufer des Virgin River. Gegen Gebühr ist es den Besuchern erlaubt, sich im heißen Wasser zu regenerieren.

Der Highway erklettert nun die Hurricane Cliffs und folgt treu dem Virgin River stromaufwärts. Obstgärten und kleine Felder umrahmen die Mormonendörfer am Flußufer. Dann rücken die roten Berge rechts und links enger zusammen, die Talsohle wird immer schmäler, in der Abendsonne leuchten die roten Zinnen der Berge auf: Der **Zion National Park** bereitet seinen spektakulären Empfang vor. ■

Trucker-Romantik an der Interstate 15

3. Tag: Zion National Park (25 km)

Zeit	Route
9.00 Uhr	Zion Visitor Center
9.30 Uhr	Fahrt auf dem **Zion Canyon Scenic Drive**; Wanderung auf dem **Angels Landing Trail** (ca. 3–4 Stunden) oder Ausritt
13.00 Uhr	Picknick (Grotto Picnic Area) oder Mittagespause in Springdale
15.00 Uhr	Wanderung am **Gateway to the Narrows Trail**, bei der Rückfahrt **Weeping Rocks** ansehen.

Hinweis:

Die Eintrittsgebühr zum Zion National Park beträgt – wie auch in den meisten anderen Parks entlang der Route – $ 5 pro Fahrzeug einschließlich aller Passagiere und gilt sieben Tage. Da während dieser Reise mehrere Nationalparks auf dem Programm stehen, lohnt sich der Kauf der Jahreskarte **Golden Eagle Passport**. Für $ 25 hat man freie Fahrt in allen Nationalparks und vielen anderen Schutzgebieten.

Mögliche Abstecher:

Statt für einzelne kürzere Wanderungen kann man den ganzen Tag für einen Ausritt verwenden oder eine – allerdings anstrengendere – Tageswanderung unternehmen: **Zion Narrows** (nur im Hochsommer oder Herbst möglich; die gesamte Strecke durch die Narrows dauert 2 Tage) oder die rund achtstündige Tour zum **Kolob Arch** im Nordteil des Parks. – Wer gar nicht wandern kann oder möchte, kann sich am Eingang des Parks den Zion-Film im **IMAX-Kino** ansehen, um einen Eindruck vom spektakulären Hinterland des Parks zu bekommen.

3. Tag – Informationen

Zion Park Visitor Center
Etwa 1 1/2 km vom Südeingang
Im Sommer tägl. 8–19 Uhr, sonst 9–17 Uhr
Ein kleines Museum und eine kurze Diaschau führen in die Naturgeschichte des Parks ein. Ausgezeichneter Buchladen (Führer für die Tageswanderungen).

Wanderung zu Angels Landing
Ausgangspunkt ist der Parkplatz der Grotto Picnic Area; auf einer Fußbrücke überquert man den Virgin River und wendet sich nach rechts. Der rund 4 km lange (einfache Strecke), teilweise recht steile Wanderweg ist sehr gut ausgebaut. Am Scout Lookout (3/4 der Strecke) hat man einen herrlichen ersten Überblick. Die restliche Strecke zum Gipfel Angels Landing ist mit fest verankerten Ketten und Felsstufen abgesichert, gutes Schuhwerk und Schwindelfreiheit sind allerdings vonnöten. Inklusive Zeit zum Gucken und Genießen sollte man etwa 4 Stunden einplanen (450 m Höhenunterschied).

Mittagessen kann man als Picknick im Park gestalten oder die wenigen Kilometer nach Springdale zurückfahren:

Pioneer Family Restaurant
828 Zion Park Blvd.
Bodenständiges Mormonenlokal mit einfacher Küche und Salatbar. $–$$

Zion Pizza & Noodle Company
868 Zion Park Blvd.
Nettes kleines Restaurant im alten Ziegelbau des Theaters (mit Holzveranda). $–$$

Worthington Gallery
Zion Park Blvd.
Töpferstudio im Ortszentrum von Springdale mit ungewöhnlicher Keramik.

Zion Canyon Scenic Drive
13 km lange Straße im engen, fast 800 m tiefen Zion Canyon mit vielen Aussichtspunkten vor allem im hinteren Teil.

Gateway to the Narrows Trail
1,5 km langer Wanderweg am Ende des Scenic Drive; vom Ende der ausgebauten Strecke kann man in der engen Schlucht nur im Bachbett weiter vordringen.

Weeping Rocks
Kurzer Pfad zur südlichen Canyonwand, an der Sickerwasser üppige hängende Gärten grünen läßt.

Bryce Zion Trail Rides
P.O. Box 128
Tropic, UT 84736
Reservierungsstelle in der Zion Lodge
✆ (801) 772-3967 oder 679-8665
Von Mai bis Oktober Ausritte für 1 Stunde (ca. $ 13) und 1/2 Tag ($ 40) im unteren Teil des Zion Canyon. In der Hauptsaison einige Tage im voraus reservieren.

Zion National Park

Größe: 595 km²

Gründungsjahr: 1919

Lage: 65 km westl. von St. George auf dem Markagunt-Plateau

Sehenswürdigkeiten: 13 km langer Scenic Drive im fast 800 m tiefen Zion Canyon, Narrows of the Virgin River, Checkerboard Mesa, Kolob Canyons und ca. 100 km Wanderpfade

Einrichtungen: Visitor Center mit Museum, Campingplätze, Lodge, Reitmöglichkeit

Info-Adresse: Superintendent, Zion National Park
Springdale, UT 84767
✆ (801) 772-3256

3 Wasserfälle und Schluchten
Im Zion National Park

Die Reise durch den Südwesten ist zugleich eine Reise in die geologische Vergangenheit des amerikanischen Kontinents. In Südwestutah beginnt der Abstieg durch die Jahrmillionen der »jüngsten« Vergangenheit. Im hochgelegenen Zion National Park – die Talsohlen liegen auf 1200–1400 Metern, die Berge reichen bis über 2600 Meter – blieben die jüngsten Gesteinsschichten des Südwestens erhalten. Schichten, die anderswo längst abgetragen sind.

Während der Trias vor 225 Millionen Jahren lagerten sich in einer Küstenebene und am Boden eines Binnenmeeres Schiefer, Sand- und Kalkgestein ab: die heutige Moenkopi-Formation, die ältesten Gesteine im Park, sichtbar in den unteren Schichten der Canyons. Nach Anhebung, Fluß- und Vulkanascheablagerungen lag die Region erneut am Rande eines Binnenmeeres. Damals wurden gewaltige Sanddünen aufgeschichtet, die heute als Navajo-Sandstein in einer Dicke bis zu 600 Metern die wichtigste Formation bilden.

Erst vor 13 Millionen Jahren begann die Anhebung des gesamten Markagunt-Plateaus, auf dem der Nationalpark liegt. Nun konnte der Virgin River sein spektakuläres Werk beginnen. Durch das erhöhte Gefälle grub sich der Fluß über 700 Meter tief in den recht harten Sandstein ein. Durch Zuflüsse entstanden Seitentäler, Regen und Frost taten ein übriges.

Heute zeigt der Zion Canyon eine atemberaubende Kombination leuchtendroter Felswände, schmaler Durchlässe und gewaltiger Bergkuppen. Doch ist dies nur ein Zwischenstadium, denn der Virgin River ist mit seinem Werk noch nicht zu Ende. Das Gefälle beträgt immer noch 10 bis 15 Meter je Kilometer, und der Fluß transportiert mit seinem besonders im Frühjahr sehr reißenden Wasser pro Jahr rund drei Millionen Tonnen Gestein und Sediment.

Die Zeitraffershow wird jetzt langsamer. Erst lange nach den geologischen Ereignissen kamen die ersten Menschen: Prähistorische Indianer der Fremont- und Anasazi-Kulturen siedelten zwischen 700 und 1200 unserer Zeitrechnung in den Canyons des Virgin River, bauten steinerne Hütten und ritzten ihre mysteriösen Zeichnungen in den Felsen. Nach ihrem Untergang um das Jahr 1250 kamen halbnomadische Paiute-Stämme in die Region. Ihnen war die Sackgasse des Canyon unheimlich, und sie betraten ihn fast nie.

So dauerte es bis zur Mitte des letzten Jahrhunderts, bis schließlich die ersten Weißen den Weg fanden. Die Heiligen der letzten Tage siedelten bereits um 1847 am Unterlauf des Flusses, doch erst 1858 führte ein Paiute-Indianer den jungen Mormonenmissionar Nephi Johnson an den Eingang der Schlucht. Später ließen sich sogar einige Mormonen als Bauern im Tal nieder. Der Name »Zion« wurde von einem dieser bibelfesten Siedler geprägt: Isaac Behunin sah in der grandiosen Naturschönheit mehr Ähnlichkeit mit dem himmlischen Zion als in allen Tempeln der Menschen.

Die roten Felsen laden zu einem sonnigen Alpintag ein: zuerst zum **Visitor Center**, das mit Ausstellungen und Multimediashow glänzt sowie durch seine von steilen Zinnen umringte Lage. Mit scharfen Augen kann man sogar hoch an der gegenüberliegenden Wand einen Felsbogen entdecken. Danach folgt man im **Zion Canyon** dem **Scenic Drive**. Bis zur Halsstarre kann der Blick des Betrachters führen, denn die Türme und Tempel rücken immer enger und steiler zusammen.

Die noch kühle Morgenluft lockt zu einer Bergwanderung, die zu fast allen Jahreszeiten machbar ist: **Angels Landing**. Der sehr gut befestigte Weg beginnt an der Grotto Picnic Area und klettert dann steil in ein enges und sogar im Hochsommer erfrischend kühles Seitental, den **Refrigerator Canyon**. Trotz der tapferen Grableistung des kleinen, nur im Frühjahr und nach Gewittern fließenden Baches ist der Canyon zu einem typischen »hängenden Tal« geworden: Der viel schneller erodierende Virgin River hat es buchstäblich an der Seite des Haupttales hängenlassen. Nun stürzt der Bach, wenn er denn mal fließt, in einem Wasserfall zum Fluß hinab.

In endlosem Zickzack müht sich der Weg zum Aussichtspunkt **Scout Lookout**, wo sich ein weites Panorama über den Zion Canyon auftut: glatte rote Wände im Vordergrund und im Blick talabwärts immer neue Bergspitzen, die sich in der Ferne verlieren. Ganz winzig fahren unten auf der Straße die Autos.

Das letzte Stück zur Felsspitze des »Landeplatzes der Engel« erfordert Schwindelfreiheit und Kondition. Gleich neben den Sicherungsketten und Felsstufen beginnt der 450 Meter tiefe

Nordwand am Eingang zum Zion Canyon

Abgrund. Wer es geschafft hat, wird mit einem grandiosen Panorama belohnt: Gegenüber ragt die massive Kuppe des Great White Throne auf, unten schimmert der Virgin River, der in weitem Bogen Angels Landing umfließt.

Nach einer Mittagspause am schattigen Grotto-Picknickplatz oder in Springdale, wo man an der Hauptstraße auch mal in den witzigen Lädchen stöbern kann, geht es auf dem Scenic Drive tiefer hinein in den Canyon. Am Ende der Straße beginnen die berühmten **Zion Narrows**, die fast unpassierbare Schlucht des Virgin River. Auf einer gewundenen Route von über 20 Kilometern hat sich der Fluß in das Markagunt-Plateau eingegraben – an manchen Stellen 600 Meter tief bei nur 7 Metern Breite! Nur im trockenen Hochsommer oder im September ist diese anstrengende Route begehbar, und man muß schon zwei volle Tage dafür einrechnen. Aber auf dem Spazierweg am Anfang der Narrows kann man ein bißchen von der Canyonluft schnuppern und ein belebendes Fußbad im Fluß einschließen.

Je nach Lust und Kondition kann man über den befestigten Weg hinaus im Flußbett noch weiter in die Klamm vordringen. An den senkrechten Felswänden tritt mancherorts an undurchlässigen Gesteinsschichten Wasser aus, das vom Plateau durch den Sandstein herabsickerte. Farne und Wildblumen nutzen diese Feuchtigkeit, haben richtige hängende Gärten an den Felswänden geschaffen. Dieses Phänomen läßt sich auch sehr gut an den **Weeping Rocks** beobachten, die am Ende eines kurzen Pfades im hinteren Teil des Scenic Drive liegen – ein lohnender Abstecher auf der Rückfahrt, ehe man den müden Beinen die verdiente Ruhe gönnt. ■

Schlucht des Virgin River im Zion National Park

4. Tag – Route: Zion National Park – Springdale – Panguitch – Bryce Canyon National Park (172 km)

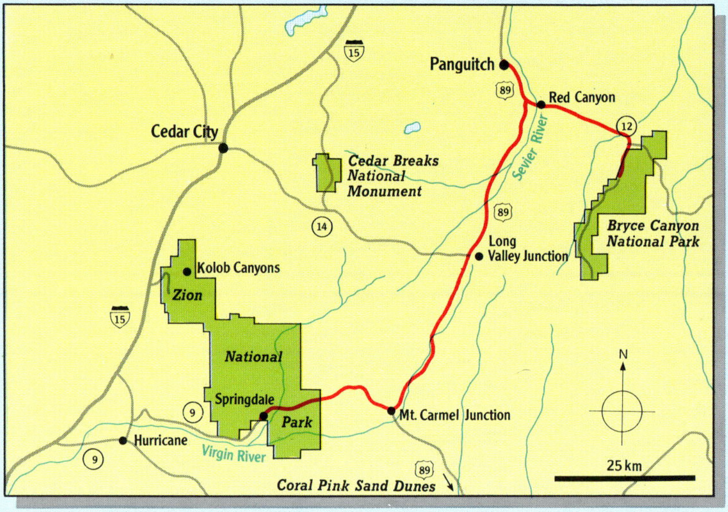

km/mi	Zeit	Route
0	9.00 Uhr	Abfahrt von Springdale auf S 9 nach Osten (Fahrzeuge mit Übergröße – höher als 11 ft 4 in – werden durch den Tunnel geführt, $ 10)
6/4	9.30 Uhr	Wanderung zum **Canyon Overlook** (ca. 1 Stunde)
19/12	11.00 Uhr	Aussicht auf **Checkerboard Mesa**
40/25	12.00 Uhr	Mt. Carmel Junction, auf US 89 nach Norden
126/78	13.00 Uhr	Panguitch (Mittagspause und evtl. im Hotel einchecken)
	15.00 Uhr	Abfahrt von Panguitch, über US 89 und S 12 zum
172/107	15.30 Uhr	**Bryce Canyon National Park**, Visitor Center und erste Aussichtspunkte: **Bryce Point** und zum Sonnenuntergang zum **Sunset Point**

Extratouren:
Im Sommer lohnt die alternative Route nach Panguitch: auf der I-15 nach Cedar City und auf Hwy. S 14 zum **Cedar Breaks National Monument** (Visitor Center 1,5 km vom Südeingang, tägl. 8–18 Uhr). Der Canyonrand der ca. 600 m hohen Felswände liegt auf rund 3000 m; Park nur von Mai bis Mitte Oktober geöffnet. Schönste Aussichtspunkte: Point Supreme und Chessman Ridge Overlook, die etwa einstündige Wanderung zum Spectra Point führt auch zu einem Hain uralter *bristlecone pines*. Picknickplatz nahe dem Visitor Center.
Coral Pink Sand Dunes: rosarote Dünen 20 km südlich von Mt. Carmel Junction.

4. Tag – Informationen

Vorwahl: ✆ 801

Wanderung zum Canyon Overlook
Der Weg beginnt am Parkplatz nach dem Tunnel. Im Visitor Center gibt es für diesen 1,6 km langen Naturlehrpfad ein erläuterndes Heft. Am Ende des leicht zu gehenden Weges ein grandioser Aussichtspunkt über das tiefeingeschnittene Tal des Pine Creek und den unteren Teil des Zion Canyon.

Flying »M« Restaurant
North Main St., Panguitch
Rustikales Mormonenrestaurant am nördlichen Ortsende, auch morgens fürs Frühstück zu empfehlen. \$–\$\$

Country Corner
100 North Main St., Panguitch
Burger und Steaks in einer ehemaligen Tankstelle. \$

State Liquor Store
33 North Main St.
Panguitch
Letzte Möglichkeit, Alkohol fürs Lagerfeuer der nächsten Tage zu tanken.

Abendessen in einer der Lodges am Bryce Canyon oder als Picknick am Canyonrand.

Bryce Canyon Lodge
Bryce Canyon National Park
✆ Lodge direkt: 834-5361
Hübsche kleine Blockhütten und historische Lodge am Canyonrand; nur Mitte Mai bis Ende September geöffnet. Reservierung bei: TW-Services Inc., P.O. Box 400, Cedar City, UT 84720, ✆ 586-7686, Fax 586-3157. \$\$

Best Western Ruby's Inn
Bryce, UT 84764
✆ 834-5341, Fax 834-526
Großes Motor-Hotel direkt am Parkeingang an der SR 63; mehrere Monate vorher reservieren; Restaurant, Fahrradvermietung und Souvenirladen; im Sommer tägl. außer So hausgemachtes kleines Rodeo. \$\$–\$\$\$

Bryce Canyon Pines
Bryce, UT 84764
✆ 834-5441, Fax 834-5330
Solides Motel einige Minuten nördlich des Parkeingangs am Hwy. 12, Restaurant und Laden. \$\$

Marianna Motel
699 North Main St.
Panguitch, UT 84759
✆ 676-8844, Fax 676-8340
Nettes, sauberes Motel am Nordrand des Ortes. \$\$

Zahlreiche weitere Motels entlang der Main Street.

Bryce Point B & B
61 North 400 West
Tropic, UT 84776
✆ 679-8629, Fax 679-8629
Familiäres Bed & Breakfast mit 5 Zimmern; ruhige Lage am Fuß der Pink Cliffs. \$\$

North und Sunset Campground
Zwei große, staatliche Campingplätze nahe dem Visitor Center und dem Canyonrand, keine Reservierung möglich.

Ruby's Inn RV Campground
Bryce, UT 84764
✆ 834-5341, Fax 834-5265
Großer Privatplatz am Parkeingang.

Bryce Zion Trail Rides
Postadresse s. Seite 87
Reservierungsbüro in der Bryce Lodge
✆ 834-5219 oder 679-8665
2-Stunden- (ca. \$ 25) und Halbtages-Ritte (\$ 40) durch die roten Felsschluchten des Canyon. Mitte Mai bis Ende September.

4 Durchs Reich der Mormonen
Zum Bryce Canyon National Park

Von Springdale folgt man dem Highway 9 nach Osten durch den Zion National Park. Nach der Brücke über den Virgin River biegt die Straße ins Tal des Pine Creek und erklimmt in engen Haarnadelkurven die Felswand. Immer luftiger wird der Blick, bis ihn schließlich das Schwarz eines Tunnels umnachtet. 1711 Meter führt die 1930 fertiggestellte Röhre parallel zur steil abfallenden Wand – damals wie heute ein Meisterstück der Ingenieure. Ab und zu kommt sogar ein »Fenster«, das im Vorbeiwischen den Abgrund zeigt. Beim Bau der Straße hat man das herausgesprengte Gestein einfach durch diese Fenster ins Tal geworfen. Schon ein Jahr später hatte der eher kümmerlich aussehende Bach alles abtransportiert.

Unmittelbar am Ausgang des Tunnels liegt ein kleiner Parkplatz, der Startpunkt des Weges zum **Canyon Overlook**. Der kurze und nur am Anfang sehr steile Wanderpfad führt durch die typische Vegetation des Hochplateaus zum Aussichtspunkt über dem Pine Creek: eine glatte, 300 Meter hohe Wand roten Navajo-Sandsteins zur Linken, der 2350 Meter hohe East Temple zur Rechten und vorn der Zion Canyon – und man steht direkt über dem großen Felsbogen, der vom Anfang der Straße aus hoch oben an der Felswand zu sehen war.

Der Highway 9 führt nun durch das zerrissene Hochplateau im 2000 Meter hohen Hinterland des Parks: bizarr erodierte, vielfarbige Schuttkegel, glattgeschliffene Bachbetten und einzelne gelb, weiß und rot gestreifte Felssäulen, die *Hoodoos*. Schön erkennbar sind oft die versteinerten Dünen des Navajo-Sandsteins, die in kreuzgeschichteten Lagen die ausgewaschenen Wände zieren.

Nun zeigt sich auch mehr Vegetation: Ponderosa- und Pinyonkiefern, verkrümmte Junipers (eine Wacholderart) und die im Herbst gelb leuchtenden Pappeln. Gut getarnt äsen im Unterholz oft *muledeers*, »Maultierrehe«, die sich diesen Namen durch ihre überdimensionalen Ohren eingehandelt haben. Die scheuen Tiere sind selten zu sehen; sicher aber werden einige Erdhörnchen über den Teer flitzen, auf der Flucht vor Autoreifen und kreisenden Falken.

Nahe dem Osteingang des Schutzgebiets ragt die **Checkerboard Mesa** über der Straße auf, eine der merkwürdigsten Gesteinsformationen im Park. Wasser- und Frosterosion haben in Jahrtausenden den Felskegel aus versteinerten Dünen an den natürlichen Spannungslinien angegriffen und ein verblüffendes Schachbrettmuster eingeritzt.

In langen, weiten Kurven am Bach entlang durchquert der Highway 9 das Markagunt-Plateau – keine ausgebaute Schnellstraße, sondern ein »blue Highway«, eine dieser verträumten, vergessenen Landstraßen Amerikas. Pappeln säumen den Weg, dazwischen wieder

Aus versteinerten Sanddünen ist die Checkerboard Mesa im Zion Nationalpark entstanden. Die senkrechten Linien stammen von der Erosion durch Regen; die waagerechten sind die Sandschichten der Dünen, die im Laufe der Zeit übereinandergeschoben wurden.

Junipers mit ihren harten, stacheligen Beeren. Die frühen Pioniere nannten diese Wacholderbäume häufig fälschlich »Cedars« und schrieben diesen Irrtum in mehreren Namen der Region fest.

Von Mt. Carmel Junction führt der Highway US 89 ins Tal des Sevier River: lichte Wälder, Rinderweiden und kleine Mormonensiedlungen. Das altertümliche **Panguitch** stellt sich mit großer Coca-Cola-Reklame und silbrig glänzenden Blechfassaden an der Hauptstraße vor. Von den 1500 Einwohnern sind noch gut 80 Prozent Mormonen, Nachkommen von Ziegelbrennern, die sich seit 1871 hier niederließen. Die mormonische Tradition macht sich allenthalben bemerkbar, so zum Beispiel daran, daß sich keine Bäckerei halten kann, denn die Frauen glauben fest an den Wert von Selbstgebackenem.

Beim Gespräch im Coffee Shop oder mit dem alten Herrn im Kramladen tauchen zwischen alten Fotos und Suppendosen Geschichten aus der guten alten Zeit auf. Früher, ja, da stand an der Ecke der Hauptstraße noch das kleine Hotel. Dort soll der Zugräuber Butch Cassidy seine alte Mutter zum letztenmal getroffen haben. Oder man erfährt, daß die

Cedar Breaks. Die »Cedars« sind in Wirklichkeit »Junipers«, und »Breaks« bedeutet »Badlands«.

Frau des Sheriffs immer dann, wenn die Staatspolizei nach Panguitch kam, eine Lampe ins Fenster stellte, damit die von den Ordnungshütern gesuchten Polygamisten rechtzeitig untertauchen konnten. Die damals praktizierte Vielweiberei hatte übrigens auch architektonische Konsequenzen. An zahlreichen älteren Häusern sieht man, anscheinend völlig zweckfrei, im ersten Obergeschoß Türen, die ins Nichts führen. So baute der kluge Mormone vor: Für die zweite oder dritte Frau konnte später am Haus angestückelt werden, und die Verbindungstüren waren schon da.

Zurück zur Abzweigung des Highway 12. Schon nach wenigen Kilometern wird's wieder bunt. Trotz der pastoralen Zwischentöne ist der **Red Canyon** mit seinen massigen Felssäulen eine gute Einstimmung auf den nächsten Nationalpark. Wahrscheinlich um die Ouvertüre noch zu verschönen, wölben sich dicht hintereinander zwei Felstore über der Straße.

Die Hochebene scheint kein Ende zu nehmen, bis dann plötzlich doch der Eingang des **Bryce Canyon National Park** folgt. Nach einem Kurzbesuch im Visitor Center am Parkeingang geht es los, am besten zuerst mit einem Blick vom **Bryce Point**. Im ganz buchstäblichen Sinne ein Überblick. Auf 2529 Metern steht man am Ostrand des Paunsaugunt-Plateau, der »Heimat des Bibers« in der Paiute-Sprache. Das dicht bewaldete Hochplateau fällt hier 300 Meter steil ab, und in weitem Halbrund stehen die Felstürme dicht gedrängt – ein überwältigendes Panorama.

Die **Pink Cliffs** gehören zur Wasatch-Formation, die im südlichen Utah häufiger zutage tritt: Kalk- und Sandsteine, feiner Schiefer und Konglomerate, die vor 60 Millionen Jahren an Ufer und Boden des urzeitlichen Lake Flagstaff abgelagert wurden. Vor 13 Millionen Jahren begann sich die Region anzuheben und zerbrach in mehrere Blöcke. Am Rand des Paunsaugunt-Blocks konnte dann die Abtragung tätig werden.

Hier oben wird auch deutlich, daß der Bryce Canyon eigentlich gar kein »Canyon« ist, denn die andere Talwand fehlt. Unterhalb des schüsselförmigen Amphitheaters fließt der Paria River, dessen kleine Zuflüsse neben Frost und Regen für die Erosion verantwortlich zeichnen. Die nächste Erhebung, eine graurote Bergkette, liegt erst viel weiter im Osten.

Prähistorische Indianer jagten in der Region des heutigen Parks, errichteten jedoch keine permanenten Dörfer. Nach ihnen folgten die Paiute, die die ungewöhnlichen Steinformen ganz nüchtern beschrieben: *Unka-timpe-wa-wince-pock-ich*, »rote Felsen wie stehende Männer in einem schüsselförmigen Canyon«.

Die Mormonen erforschten diese Gegend auf ihrer Suche nach Acker- und

Endstation der Erosion: die Carol Pink Sand Dunes

Weideboden in der Mitte des letzten Jahrhunderts. Um 1874 siedelten sich sogar einige von ihnen in der Nähe des Canyon an. Doch waren sie weniger von der Landschaft beeindruckt als vom Mangel an Wasser und fruchtbarer Erde. Enttäuscht zeigte sich auch der Rancher Ebenezer Bryce, nach dem der Park später benannt wurde. Von ihm stammt der berühmte Ausspruch, das Felsgewirr sei »ein schrecklicher Ort, eine Kuh zu verlieren«.

Ein oder zwei Stunden vor Sonnenuntergang – dies ist die schönste Zeit für die Farbenpracht des Bryce Canyon. Nach kurzer Fahrt vom Bryce Point steht man am **Sunset Point**, der die visuelle Nachspeise des Tages serviert: Die sinkende Sonne läßt in der Silent City Türme und Zinnen dieser Märchenlandschaft in dunklem Rot und Orange erglühen, ehe die Schatten fallen. Morgen wird gewandert! ■

Bryce Canyon National Park

Größe: 146 km²

Gründungsjahr: 1928

Lage: am Steilabhang der Pink Cliffs in Südutah, 40 km südöstlich von Panguitch

Sehenswürdigkeiten: vielfarbige Kalk- und Sandsteinsäulen im Bryce-Amphitheater, Sunset Point und Bryce Point, Wanderwege durch das Felslabyrinth

Einrichtungen: Visitor Center mit Museum, Campingplätze, Lodge, Reitmöglichkeit und Helikopterrundflüge

Info-Adresse: Superintendent, Bryce Canyon National Park, Bryce Canyon, UT 84717, ✆ (801) 834-5322

Blick in den Bryce Canyon

Gewußt wie
Laster und Genüsse im Mormonenstaat

Seit mehr als hundert Jahren schuften und kolonisieren die »Heiligen der letzten Tage« in widrigem Klima und – zumindest anfangs – unter großen Schwierigkeiten. Sie tun das in einer straffen religiösen Ordnung und unter einem strikten Verbot von Genüssen wie Alkohol oder Tabak. Nur eines gönnten sich die frühen Mormonen: die Polygamie, eine im wilden Westen, wo die Lebenserwartung der Männer besonders gering war, recht sinnvolle und praktische Einrichtung. Allein der verehrte Anführer der Mormonen, Brigham Young, hatte 27 Frauen und 56 Kinder. Doch schon gegen Ende des letzten Jahrhunderts änderten sich die Zeiten. Die Zentralregierung in Washington und schließlich auch die Kirche verboten die Vielweiberei, und die Mormonen fügten sich, allerdings widerwillig und nicht überall. Sogar heute wird von einigen – aus der offiziellen Kirche verstoßenen – Splittergruppen in abgelegenen Regionen noch die Mehrehe praktiziert.

Bereits seit 1900 und vermehrt in den letzten Jahrzehnten sind Nichtmormonen in Utah heimisch geworden. Tabak und Zigaretten gibt es in den Läden heute zu kaufen, aber Alkohol ist immer noch nicht gern gesehen. Im stillen Kämmerlein sieht's freilich oft anders aus; da wird ein kräftiger Schluck durchaus geschätzt.

Als Tourist findet man mittlerweile in den meisten Orten Südutahs Bars, in denen allerdings oft nur Bier kredenzt wird. Wer Härteres möchte, muß sich dies im staatlichen *liquor store* besorgen: zwischen 11 und 17 Uhr, aber nicht sonntags oder montags. Da kann man sich fürs Lagerfeuer eindecken oder den Barbedarf fürs Hotelzimmer am Abend besorgen. In den Restaurants dagegen wird übrigens Alkoholisches ausgeschenkt – oft sogar sehr guten kalifornischer Wein. Allerdings nur zum Essen und in Lokalen mit *liquor licence*. Doch dafür sind die Preise sehr zivil, denn die Lokale dürfen nur ganz begrenzt auf den staatlich festgesetzten Preis draufschlagen. Wenn schon im Mormonenland gebechert wird – so denken sich wohl die gottesfürchtigen Gesetzgeber – dann soll wenigstens niemand daran verdienen. Recht löblich, denn so kommt der Besucher preiswert an oft sehr gute kalifornische oder gar französische Tröpfchen.

Die Mormonen

Die »Kirche Jesu Christi der Heiligen der letzten Tage«, wie die Mormonen ihre Konfession bezeichnen, wurde 1830, einer Zeit des religiösen Umbruchs in den USA, von Joseph Smith gegründet. Der Bauernsohn aus dem Staat New York entdeckte durch göttliche Eingebung und mit Hilfe des Engels Moroni ein »verlorengegangenes« Buch der Bibel: das Buch Mormon. Innerhalb weniger Jahre schwoll die neue Sekte im Staat New York auf mehrere tausend Anhänger an.

Smith organisierte seine Gläubigen in straff geführten Gemeinschaften, regiert von der Kirchenobrigkeit. Trotz ihres wirtschaftlichen Erfolgs wurden die Mormonen heftig angefeindet und waren gezwungen, zuerst von New York nach Ohio, dann nach Missouri und schließlich nach Illinois zu flüchten. Dort wurde Smith 1844 in seiner neuen Kolonie Nauvoo von Gegnern der Mormonen ermordet.

Unter der Führung des charismatischen »Propheten« Brigham Young wanderten die »Heiligen« daraufhin in den noch fast unerschlossenen Westen aus. Um das neugegründete Salt Lake City suchten sie ihren Gottesstaat »Deseret« zu verwirklichen. Im Laufe der Jahrzehnte kolonisierten die Mormonen (heute fast vier Millionen Anhänger) weite Teile des Westens: Utah, Nordarizona, Nevada und Teile Kaliforniens. Jedoch erst als sie 1890 offiziell die Polygamie abschafften, ließen die USA den Eintritt Utahs als Staat in die Union zu.

Erwähnenswert sind die überwiegend sehr guten Beziehungen der Mormonen zu den Indianern, die sie für die Nachkömmlinge des verlorenen 13. Stammes Israel, der Lamaniten, halten. Nicht zuletzt deshalb erfolgte die mormonische Besiedelung des Westens größtenteils ohne Blutvergießen – ganz im Gegensatz zur sonst eher rücksichtslosen Expansionspolitik der USA.

Alte Handelsmünzen der Mormonen

5. Tag – Route: Bryce Canyon National Park – Boulder – Torrey – Capitol Reef National Park (202 km)

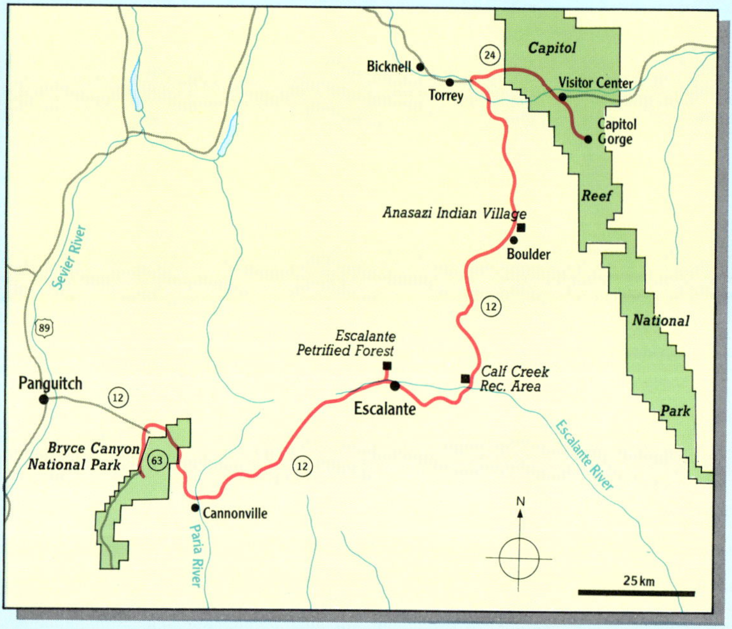

km/mi	Zeit	Route
		Sonnenaufgang am **Sunrise Point** oder **Inspiration Point**, danach Frühstück und, bevor es zu heiß wird, Wanderung oder Ausritt im Bryce Canyon (2 1/2 Stunden), danach Mittagspause
0	12.00 Uhr	Abfahrt auf S 12 nach Osten
101/63	14.00 Uhr	Aussichtspunkt über den **Escalante-Canyon**
124/77	14.30 Uhr	**Boulder** (Anasazi Museum)
167/104	16.30 Uhr	**Torrey**, Kreuzung mit S 24, Einchecken im Hotel oder Campground; danach Fahrt auf S 24 in den **Capitol Reef National Park** und auf dem Scenic Drive zur **Capitol Gorge** (kurze Wanderung); in der letzten halben Stunde vor Sonnenuntergang Rückfahrt auf dem
202/126		Scenic Drive

Extratouren:

Escalante Petrified Forest: Auf kleiner Seitenstraße westlich Escalantes zu erreichen, Parken am Campingplatz am Ende der Straße, ein 1,5 km langer Naturlehrpfad veranschaulicht die fossilen Baumstämme (ca. eine Stunde). Danach kann man sich im See abkühlen.

Calf Creek Falls Recreation Area (ca. 20 km östlich von Escalante hinter der Brücke über den Escalante River): Eine inklusive Hin- und Rückweg 8 km lange Wanderung im Tal (Parken am Campingplatz am Ende der Seitenstraße) führt zu 40 m hohen Wasserfällen; ca. drei Stunden.

5. Tag – Informationen

Vorwahl: ✆ **801**

Wanderung
Vom Sunrise Point läuft man direkt nach Sonnenaufgang und Frühstück auf den gut ausgetretenen Pfaden zwischen den bizarren Felssäulen; zunächst folgt man dem Queen's Garden Trail (2,5 km), macht dann einen kurzen Abstecher (600 m einfach) zur Wall Street, gelangt auf dem steilen Navajo Trail (1,1 km) wieder zum Canyonrand (Sunset Point) und folgt dem Rim Trail (800 m) wieder zum Sunrise Point zurück. Ca. 2 1/2 Stunden.

Bryce Canyon Helicopters
P.O. Box 41
Ruby's Inn, UT 84764
✆ 834-5341
Hubschrauberflüge über die Ostflanke des Canyon, 15 Minuten bis 3 Stunden. Preis: $ 45–120.

Das **Mittagessen** kann man entweder als Picknick am Canyonrand gestalten (Lebensmittelläden in Panguitch und am Südeingang des Parks, am besten auch schon für die nächsten Tage einkaufen), oder man geht essen in der Bryce Lodge oder in Ruby's Inn.

Boulder
Im Burr Trail Cafe an der einzigen Kreuzung im Ort gibt's Kaffee, Pies und Hamburger – und Kontaktmöglichkeiten mit den Einheimischen.

Anasazi Indian Village State Park
Im Sommer tägl. 8–18, sonst 9–17 Uhr
Erwachsene $ 1,50 Eintritt
Interessante Ausgrabungsstätte von mehr als 80 Räumen eines 800 Jahre alten Anasazi-Dorfes; manchmal Führungen von Archäologen durch die derzeitigen Grabungen.

Scenic Drive
Die knapp 20 km lange Schotterstraße vom Visitor Center zur Capitol Gorge führt immer am Fuß der Felswände entlang. Vom Ende der Straße, die nach Regenfällen wegen Überflutung manchmal gesperrt ist, kann man eine interessante Wanderung in die Schlucht unternehmen.

Sunglow Cafe
Bicknell
Salatbar und einfache Gerichte im Coffee Shop; Spezialität »pickle pie«, ein Kuchen aus Essiggurken! $

Capitol Reef Inn & Cafe
360 West Main St.
Torrey, UT 84775
✆ 425-3271
Witziger Buchladen mit verblüffend gutem, gemütlichem Restaurant (Forelle!); angeschlossen ist ein kleines, angenehmes Motel. $–$$

Skyridge B & B
P.O. Box 750220
Torrey, UT 84775
✆ und Fax 425-3222
Stilvoller, sehr gepflegter und mit moderner Southwest-Kunst gestalteter Country Inn an der Kreuzung der Hwys. 12 und 24; nur 5 Zimmer. $$–$$$

Wonderland Inn
P.O. Box 67
Torrey, UT 84775
✆ 452-3775
Kleines, neues Motel ca. 20 km westlich des Nationalparks an der Kreuzung der Hwys. 12 und 24; Restaurant. $–$$

Capitol Reef
✆ 425-3791
Kleiner, wunderbar gelegener Campingplatz im Nationalpark, keine Reservierung möglich, im Sommer meist voll.

An der S 12 gibt es etwa 10–15 km vor Torrey einige einfache, aber sehr schöne staatliche Waldcampingplätze (Single Tree, Pleasant Creek). Keine Reservierung möglich. Ein großer Privat-Campingplatz liegt am Westrand von Torrey.

5 **Land in Rot:** Bryce Canyon und Capitol Reef National Park

Auch wer kein passionierter Frühaufsteher ist, sollte sich vielleicht diesmal aufraffen. Das Schauspiel der ersten Sonnenstrahlen auf den roten Felsskulpturen im Bryce Canyon ist überwältigend. Als Aussichtspunkte dafür empfehlen sich **Inspiration** oder **Sunrise Point**. Danach ein kräftiges Frühstück und dann auf zur Wanderung.

Wer in der Gruppe und mit zwei Fahrzeugen unterwegs ist, kann eines davon am Sunset Point deponieren und dann vom Bryce Point aus sieben Kilometer durch den Canyon hinüberwandern. Mit nur einem Fahrzeug fährt man zum Sunrise Point und läuft von dort einen etwa sechs Kilometer langen Rundkurs. Auf dem Queen's Garden Trail geht es hinab in das Labyrinth, dann ein Abstecher zur »Wall Street« und auf dem Navajo Trail wieder hoch zum Rand beim Sunset Point. Von dort kehrt man über den Rim Trail zum Fahrzeug zurück. Mit Gucken, Fotografieren und Fantasieren sind zwei bis drei Stunden schnell herum.

Unterwegs lassen sich die spektakulären Resultate der Erosion bewundern. Wie eine verzauberte Stadt mit Fenstern, Bögen und Hochhauswänden stehen die roten und weißen Felsen da, eingestreut einzelne Skulpturen von Fabelwesen und übermenschlich große Soldatenregimenter in Reih und Glied. Nur ab und zu ein Baum, der waghalsig

am Abgrund balanciert oder sich aus tiefer Schlucht zum Licht reckt. Die Hänge sind zu abschüssig, die Erosion knabbert zu schnell, pflanzliches Leben kann sich kaum halten. Unten in den meist ausgetrockneten Bachbetten findet sich ein Kaleidoskop vielfarbiger Kiesel, dazwischen vielleicht mal ein Stück behauener Obsidian, also vulkanisches Glas, das die Indianer zur Herstellung von Pfeilspitzen verwendeten. Es lohnt sich, ins Detail zu gehen und die Winzigkeiten in Augenschein zu nehmen.

Wasser ist der wichtigste Erosionsfaktor im Nationalpark. Zwar regnet es nur selten, doch wenn ein Herbststurm oder ein sommerlicher Gewitterschauer über das Plateau fegt, wird die Kraft des Ele-

Im Bryce Canyon

Das »Amphitheater« des Bryce Canyon am Sunrise Point

ments deutlich. Der berühmte erste Bootsfahrer im Grand Canyon, Major Wesley Powell, der auch die Region des Bryce Canyon erforschte, hat es so

Wüstensteine

erlebt: »Es regnet! Schnell formen sich weiter oben kleine Rinnsale, und diese werden bald zu Bächlein, und die Bächlein werden zu Bächen und stürzen in unzähligen Kaskaden über die Felswände. Ihre wilde Musik spielt über dem Donnern des Flusses. Sobald der Regen endet, trocknen die Rinnsale, die Bächlein und die Bäche wieder aus«.

Highway 12: Die noch wenig befahrene, erst vor einigen Jahren eröffnete und geteerte Route durch die Badlands von Südutah folgt zunächst dem Tal des Paria River. Durch Bewässerung können die rührigen Mormonen in Winzlingsorten wie Tropic oder Cannonville dem Boden etwas Grün abgewinnen. Danach wird's wieder öd. Über den weichen Formen der schmutzigschwarzen Bentonithügel ragen dann plötzlich linker Hand die roten Säulen des Table Cliff Mountain auf.

Hinter dem zu Ehren des spanischen Missionars Sylvestre de Escalante benannten Örtchen steigt die Straße auf eine Hochebene. Kaum ein Grashalm vermag im nackten Fels hier zu bestehen. Kilometerweit brauchten die Straßenbauer nur einen Teerbelag auf den glatten Stein zu legen. Dann plötzlich wieder Canyonland: Abrupt steht man an der Kante des schmalen **Escalante Canyon**. Mächtige *cottonwoods*, eine Pappelart, begrünen die Talsohle, und sogar ein Bächlein wispert vorüber. Danach windet sich die Straße über mächtige Felsrücken und auf schmalem Kar entlang des Schluchtengewirrs. Sandstein, Lavafelsen: Gott sei Dank ist man hier nicht als erster Entdecker mit Maultier und ohne Landkarte unterwegs.

Der nächste Lichtblick heißt **Boulder**, ein versprenkelter Miniort im grünen Tal des Boulder Creek. Den fruchtbaren Talboden nutzten schon die prähistorischen Indianer vor 800 Jahren. Im **Anasazi Village State Park** sind die Überreste der damaligen Siedlung zu bewundern, die hier ausgegraben wird.

Schließlich kann man sich, falls die Sonne noch nicht zu tief steht, im herzlich-rauhen (und einzigen) Café des Örtchens stärken. Beim Klönschnack mit den Einheimischen bekommt die öde Wüstenei eine neue Perspektive. »Ich möchte nirgendwo anders leben als hier«, erzählt Mark Corson. »Im Sommer haben wir die Berge, ihre Bäche, stillen Wälder und kleinen Seen. Auf über 3000 Meter ist es dort auch im August schön kühl. Und im Winter gehen wir in die Canyons. Es gibt Hunderte Kilometer alter Trails und Jeeppfade. Mit dem Pferd ist es am schönsten. Ich bin selbst vor zehn Jahren aus Arizona hierherauf gekommen – nicht mit dem Auto! Mit zwei Maultieren

Herbststimmung im Escalante Canyon

bin ich auf den historischen Trails über den Grand Canyon und dann durch die Wüste bis hierher.« Tja, die Pionierzeit ist noch nicht zu Ende.

Vor der Tür des Cafés, einer umfunktionierten Tankstelle, zweigt der Burr Trail vom Highway 12 ab in die spektakuläre Wüstenlandschaft der Waterpocket Fold Cliffs. Die Regierung ist nun dabei, die Route zu teeren, Naturschützer und viele Bewohner der Region sind dagegen. »Wer dorthinaus will, muß auf die Bedingungen der Natur eingehen. Linienbus und Kabrio passen da nicht hin«, sagt Mark.

Das letzte Stück des Highway 12 überquert schließlich den **Boulder Mountain**.

Tatsächlich wird es bald kühler, oben auf 2800 Metern pustet sogar der Wind. Tief unten in der weiten Ebene sieht man die roten Felsen des Colorado-Plateaus in der Hitze flimmern. In langgezogenen Serpentinen taucht die Straße auf der Nordseite des Berges in die breite Senke des Fremont-River-Tals, wo schon in der Ferne die ersten Formationen des Capitol Reef winken.

Am besten checkt man schon jetzt am Nachmittag im Motel oder Campingplatz in Torrey ein, um dann den Rest des Tages bis zum Sonnenuntergang in aller Ruhe im Nationalpark zu verbringen.

Im fruchtbaren Tal des Fremont River, der nach einem der großen Entdecker und Vermesser des Westens benannt wurde, reihen sich die kleinen Mormonensiedlungen mit ihren sauberen Vorgärten und großen Feldern, über die die Bewässerungsräder rollen. Doch bald schon wird es wieder massiv steinig, die ersten Steilwände des **Capitol Reef National Park** tauchen auf. Ein Hügelrücken, dann grüßt der Eingang des zwar wenig bekannten, aber um so schöneren Parks. Dahinter ragen bereits die mächtigen Formationen des »Riffs« auf. Der seltsame Name hat mit Korallen nichts zu tun, sondern stammt aus dem Sprachgebrauch australischer Prospektoren, die oft goldhaltige Bergzüge als *reefs* bezeichneten. Um 1900 schürften die Goldsucher auch in dieser Ecke der Welt, fanden aber nicht viel. Nach dem Zweiten Weltkrieg stieß man auf uranhaltiges Gestein, das einige Jahre lang den Abbau lohnte.

Der Namensbestandteil »Capitol« ist ähnlich schwer nachzuvollziehen: Eine Felskuppel am Nordufer des Fremont River, der Capitol Dome, ähnelt durch ihre weißen Felssäulen dem Kapitol in Washington. Na ja. Die übergreifende Bergformation im Nationalpark ist die 160 Kilometer lange Waterpocket Fold, eine vor 70 Millionen Jahren entstandene Faltung der Sedimentschichten. Durch großen seitlichen Druck hob sich damals der Westteil des heutigen Parks und schuf eine gewaltige Geländestufe. Der Höhenunterschied zwischen West- und Ostseite der Verwerfung beträgt heute noch 800 Meter. Wie eine große Welle, deren Kamm in nordsüdlicher Richtung verläuft, zieht sich die Faltung durch den Park.

Die schönste Route führt vom Visitor Center auf dem **Scenic Drive** nach Süden – parallel zum steil aufragenden Capitol Reef. Tiefroter Schiefer und glatter, gelber Navajo-Sandstein sind zu imposanten Schlössern und Zinnen erodiert. Sogar ein »Ägyptischer Tempel« ist darunter. Dazwischen auch einige graue Bänder: Vulkanasche und gelblichgraue, uranhaltige Flußsedimente.

Der letzte Teil der Straße führt kurvenreich durch die Sohle der eindrucksvollen **Capitol Gorge**. Rechts und links schieben sich die polierten Steilwände näher zusammen, wachsen die beklemmenden Überhänge höher und höher in den Himmel. Wie Marmormuster laufen senkrechte Streifen die Felsen herab, da, wo seit Jahrhunderten das Regenwasser sickert. Seltsame Löcher, die Zeichen von Überflutungen, starren aus dem nackten Stein.

Die Oberfläche der Klippen sieht oft schwarzglänzend aus: *desert varnish*. Dieser »Wüstenlack« entsteht durch langsame Oxydation der im Sediment eingeschlossenen Eisen- und Manganspuren. Im Lauf von Jahrtausenden dringen die Metalle an die Oberfläche und überziehen den Stein mit einem harten Panzer. *Desert varnish* war ein beliebtes Medium für die prähistorischen Indianer, die darin ihre Petroglyphen einritzten – Kunst für die Ewigkeit.

Am Ende der Straße liegt, profan, aber hübsch, ein Picknickplatz. Einst ging die

»The Castle« am Scenic Drive im Capitol Reef. Wingate-Sandstein ragt aus der Chinle-Formation heraus.

Straße noch weiter: Bis 1962 war dies die einzige Verbindungsstraße über das Capitol Reef. Ochsenkarren und Model-T-Fords, Händler und Viehtreiber benutzten sie.

Den alten Reisenden sollte man es gleichtun und einen Blick zum Himmel werfen. Blau, also alles in Ordnung. Ziehen dunkle Wolken auf, heißt es, die Schlucht schleunigst verlassen oder gar nicht erst betreten. Innerhalb weniger Minuten kann die Klamm dann nämlich meterhoch unter schmutzigbraunem, reißendem Wasser stehen.

Die Rückfahrt auf dem Scenic Drive legt man am besten in die letzte halbe Stunde vor Sonnenuntergang, um im letzten Licht des Tages die flammend roten Felswände genüßlich auskosten zu können. ■

6. Tag – Route: Capitol Reef National Park – Hanksville – Goblin Valley – Dead Horse Point State Park – Moab (274 km)

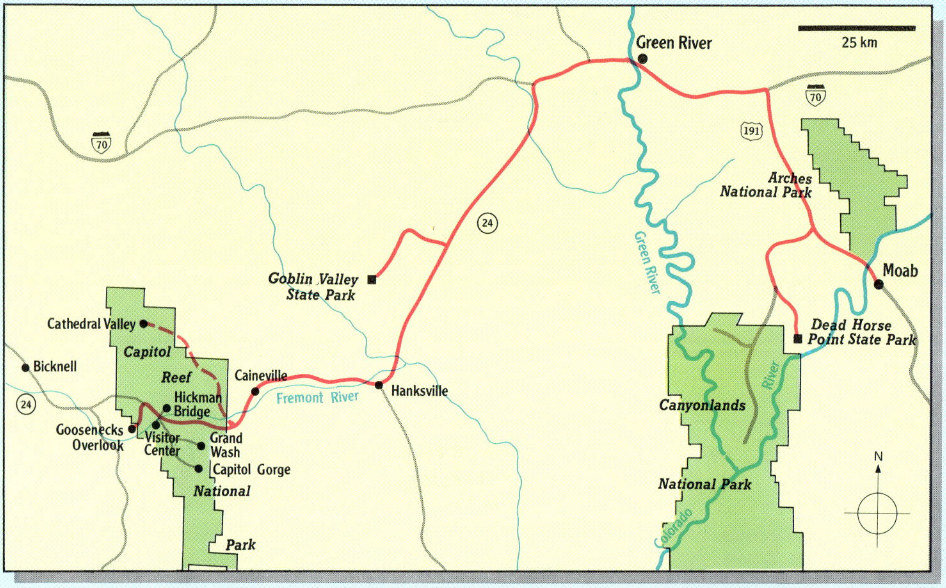

km/mi	Zeit	Route
0	9.00 Uhr	**Goosenecks Overlook**
5/3	9.45 Uhr	**Visitor Center**, Capitol Reef National Park
7/4	10.15 Uhr	Wanderung zur **Hickman Bridge** (1 1/4 Stunden)
64/46	12.30 Uhr	Hanksville
113/70	13.00 Uhr	**Goblin Valley State Park** (Mittagspause und kleine Wanderung)
187/116	15.30 Uhr	Green River (evtl. Besuch im J. W. Powell River History Museum)
290/180	17.00 Uhr	**Dead Horse Point State Park** (am Ende der S 313)
274/170		Nach Sonnenuntergang Ankunft in Moab

Extratour:
Im Capitol Reef National Park gibt es eindrucksvolle Seitenstraßen, z. B. ins **Cathedral Valley**, die nur mit hochbeinigen Jeeps oder Pick-up-Trucks befahrbar sind. Möglich wäre eine Weiterfahrt bis Moab (s. u.), dort Jeepmiete und dann einige Tage Exkursionen im Arches und im Canyonlands National Park. Empfehlenswerte geführte Tagestouren ins Cathedral Valley bietet in Torrey »Hondoo Rivers and Trails«, ✆ (801) 425-3519 oder (800) 332-2696.

Abkürzung:
Am Nachmittag über Hanksville auf der S 95 über den Lake Powell fahren und weiter bis Cortez (ca. 400 km, 6 Stunden Fahrt), schon sind zwei Tage eingespart – allerdings auf Kosten der herrlichen Nationalparks Arches und Canyonlands.

6. Tag – Informationen

Goosenecks Overlook
Eine kurze Staubstraße westlich des Visitor Centers führt zum Aussichtspunkt über den tiefen Sulphur Creek Canyon.

Visitor Center
Capitol Reef National Park
Etwa 10 km östl. des Parkeingangs
Im Sommer tägl. 8–19 Uhr, im Winter bis 16.30 Uhr
Kleine Ausstellung und Diaschau über die Naturgeschichte des Parks, Landkarten und Wanderinformationen.

Wanderung zur Hickman Bridge
Ausgangspunkt ist der Parkplatz an der S 24 kurz vor der Brücke über den Fremont River. Der etwa 1,5 km lange, gut ausgebaute Weg führt zu einem natürlichen Felsbogen; einige Schritte weiter sehr schöner Ausblick vom Rand des Abhangs über das Tal des Fremont. Bei gemütlichem Wandern und Fotografieren ca. 1 1/4 Stunden.

Goblin Valley State Park
Auf Schotterstraße nördl. von Hanksville zu erreichen. Hunderte kleiner Steinmännchen warten darauf, entdeckt zu werden.

J. W. Powell River History Museum
885 East Main St.
Im Sommer tägl. 8–20 Uhr; moderne Ausstellungen zeigen die Taten der Entdecker und Pioniere am Green und Colorado River. Info-Center für die Region.

Dead Horse Point State Park
Großartiger Aussichtspunkt am Ende der S 313 über die Mäander des Colorado River.

Pack Creek Ranch
P.O. Box 1270, Moab, UT 84532
✆ (801) 259-5505, Fax 259-8879
Gemütliche Ferienranch mit breitem Angebot: Ausritte in die Canyongebiete, Wanderungen, Schlauchbootfahren. Besonders für mehrtägigen Aufenthalt gut geeignet; möglichst einige Wochen vorher reservieren. Essen und Aktivitäten inklusive. Daher $$$$

Cedar Breaks Condos
Center St. 400 East, Moab, UT 84532
✆ (801) 259-7830, Fax 259-4278
Kleines, gepflegtes Apartment-Motel, ideal für 2–4 Personen; inkl. Frühstück. $$–$$$

Super 8 Motel
889 North Main St., Moab, UT 84532
✆ (801) 259-8868, Fax 259-8968
Einfaches, günstiges Kettenmotel am Nordende der Stadt. $–$$

Devils Garden
Arches National Park
Staatlicher, einfacher Platz am Ende der Straße im Nationalpark; keine Reservierung möglich.

Slickrock Campground
1301 1/2 Hwy. 191 North, Moab, UT 84532
✆ (801) 259-7660, Fax 259-9402
Gepflegter Privatcampingplatz am Nordrand von Moab, auch Hüttenvermietung; einige Tage im voraus reservieren.

Capitol Reef National Park

Größe: 979 km²

Gründungsjahr: 1971

Lage: umfaßt die 160 km lange Bergformation Waterpocket Fold im Colorado-Plateau Südutahs

Sehenswürdigkeiten: 20 km langer Scenic Drive, Capitol Gorge, Hickman Bridge und Cassidy Arch

Einrichtungen: Visitor Center, ein Campingplatz, mehrere kurze Wanderwege sowie Schotterstraßen für Allradfahrzeuge

Info-Adresse: Superintendent, Capitol Reef National Park, Torrey, UT 84775, ✆ (801) 425-3791

6 Die Steinmännchen des Goblin Valley
Von Capitol Reef nach Moab

Die **Goosenecks** des Sulphur Creek nahe dem Parkeingang bilden die erste Attraktion des Tages. Nach kurzem Fußweg steht man atemberaubend hoch über dem Bächlein, das sich in jahrtausendelanger Wühlarbeit seine »Gänsehals«-Mäander gegraben hat. Durch die Faltung der Region treten nun die ältesten Schichten im Westen des Parks zutage. Ganz unten im Canyon liegt die vor 250 Millionen Jahren entstandene Cutler-Formation, darüber die 100 Meter dicke Lage des Kaibab-Kalksteins. Auf der Reise durch den Südwesten dringt man hier schon tiefer in die Geologie. Von den rosa Felsen der Wasatch-Formation im Bryce Park ist nichts mehr zu sehen. Später auf der Reise werden wir den Kaibab-Kalkstein – hier alt und ziemlich unten – wieder treffen: Er bildet am Grand Canyon die oberste und jüngste Schicht!

Nach kurzem Besuch im Visitor Center fährt man im engen Tal des Fremont River weiter. Die halbverwilderten Obstplantagen der Mormonen säumen die Ufer, ein merkwürdig zivilisiertes Einsprengsel in der kahlen Felsumgebung. Zwischen 1880 und 1970 florierte hier eine Siedlung der »Heiligen«, genannt Fruita. Die rund zehn Familien, die das Örtchen in seiner Blütezeit um 1900 hatte, pflanzten in dem geschützten Tal Obst an und brannten schwarzen Schnaps – beides Delikatessen im Wilden Westen.

Vom Parkplatz neben dem tosenden Fremont stapft man den Pfad bergauf in ein hübsches Seitental. Nur selten fließt der Bach, doch an den glattgewaschenen Felskuhlen und ausgehöhlten Stufen im roten Schiefer und blassen Sandstein wird die Gewalt des Wassers deutlich. Zwischendurch findet man tiefe, durch Strudel aus dem Stein geschliffene Löcher im Bachbett: *waterpockets*, in denen manchmal noch Wasser vom letzten Regenguß steht. Diese Wasserlöcher, die im Sandstein der ganzen Region eingefressen sind, haben der Bergkette ihren Namen gegeben: Waterpocket Fold.

Hinter dem nächsten Hügel ist das Ziel in Sicht. 40 Meter breit spannt sich die **Hickman Natural Bridge** in der roten Wand. Ein kleines Rinnsal hat, durch Gewittergüsse und Schmelzwasser

Moenkopi-Formation im Capitol Reef

immer wieder zum reißenden Sturzbach angeschwollen, in Jahrtausenden die schmale Felsrippe ausgehöhlt und schließlich durchbrochen. Gravitation und Frosterosion haben die Öffnung vergrößert und einen großen Bogen, eine natürliche Brücke, geschaffen. Dahinter gelangt man linker Hand zu einer von Mutter Natur gemeißelten Aussichtsplattform: direkt an der Steilkante über dem Fremont River.

Danach geht es auf der Ostseite der gekippten Berge auf dem Highway 24 am Unterlauf des Fremont River weiter. Lehmige, blaugraue Bentonithügel geben der Landschaft bald ein unirdisches Gepräge. Wenn es regnet, saugt der Lehm das Wasser auf, die konischen Schutthügel schwellen sichtbar auf und erodieren schnell zu neuen Formen. Doch meist ist es trocken, und das buschbestandene Flußufer zeigt das einzige Grün weit und breit. Die ausgeglühte

Cathedral Valley am Nordende des Capitol Reef. Eine harte Kappe aus Sandstein der Curtis-Formation schützt den weicheren Entrada-Sandstein vor der Erosion. So blieben die Türme der »Kathedralen« während der Jahrtausende stehen, während der Sandstein um sie herum langsam zerbröselte und weggewaschen wurde. ▷

Diese drei steinernen Gesellen bewachen den Eingang zum Goblin Valley, Utah

Oberfläche der Kuppen steht mit der Vegetation auf Kriegsfuß. In langer Reihe ragen graue Felsspitzen wie Schiffe einer halbversunkenen Kriegsflotte an der Straße auf. Desolat sieht das aus, und auch im Radio ist nicht viel los: Drei Stationen teilen sich eineinhalb Frequenzen, und man versteht rein gar nichts.

Caineville, Hanksville: alles Namen früher Siedler. Nach der Überquerung einer weiten Hochebene folgt die Abzweigung zum **Goblin Valley**, zum »Tal der Zwerge« – eine sandige Staubstraße. Sogar erste Ansätze von Dünen sind zu erkennen. Nach dem Parkeingang ein kleiner Campingplatz, dahinter klettert die Straße über den letzten Hügel. Schon stehen linker Hand die ersten drei tapferen Männlein aus Stein. Der rote Schiefer und der feine Sandstein der vor 150 Millionen Jahren entstandenen Entrada-Formation haben wechselnde Härte und wurden deshalb durch Wind und Wasser zu den hübschen Zwergentürmchen gemodelt.

Im Goblin Valley, das einige hundert Meter weiter wie in einer großen Schüssel vor dem Betrachter liegt, drängen sich die putzigen Figuren dicht an dicht. Steht dort nicht eine Gruppe diskutierender Schlümpfe? Eine Elefantenparade? Die bauchigen Steinpilze regen die Fantasie an und sind menschlich viel faßbarer als die überdimensionalen Naturwunder der umliegenden Parks – ein lustiges Intermezzo, in dem man stundenlang fantasierend herumlaufen könnte.

Der hier stationierte junge Ranger Tim liebt seinen Park heiß und innig. »Seit einem Jahr lebe ich jetzt hier, Sommer wie Winter. Alle drei Wochen fahre ich nach Green River zum Einkaufen, oder jemand bringt mir Vorräte. Im Sommer habe ich genügend Besuch durch die Camper. Aber ich mag auch den Winter, die Einsamkeit und die Natur hier draußen sind für mich das Schönste. Außerdem leisten mir ja meine Zwerge Gesellschaft«. Ganz ohne Zivilisation muß Tim trotzdem nicht leben, denn moderne Solartechnik versorgt ihn immerhin mit Strom.

Eine scheinbar endlose Ebene, dann ein kurzes Stück Autobahn I-70, danach der Highway US 191. Wie mit dem Lineal gezogen führt die Straße durch das wüstenhafte Plateau nach Süden. Rote Hügelzüge am Horizont, eine trostlose Landschaft – und da soll noch mal was Interessantes kommen? Rechter Hand ein winziger Landestreifen mit einem kleinen Hangar: Moab Airport! (Die Charterflieger bieten hier sehr lohnende Rundflüge über die nahen Nationalparks.)

Wenig später zweigt der Highway 313 zum **Dead Horse Point State Park** ab. Die Felswände des spärlich bewachsenen Flußtales verwehren zunächst jede Aussicht, doch dann haarnadelt die Straße die Wand hoch, und bald kommt auf einem öden Hochplateau die Parkgrenze. Im roten Spätnachmittagslicht bietet der Aussichtspunkt über den gewaltigen Schleifen des Colorado River einen optischen Leckerbissen, der den Tag spektakulär enden läßt. ■

Diese Mesa bei Caineville in der Nähe vom Capitol Reef ist schon sprichwörtlich geworden. ▷
Sie gilt als »wertlosestes Baugrundstück der Welt«.

7. Tag – Route: Moab – Arches National Park – Moab (130 km)

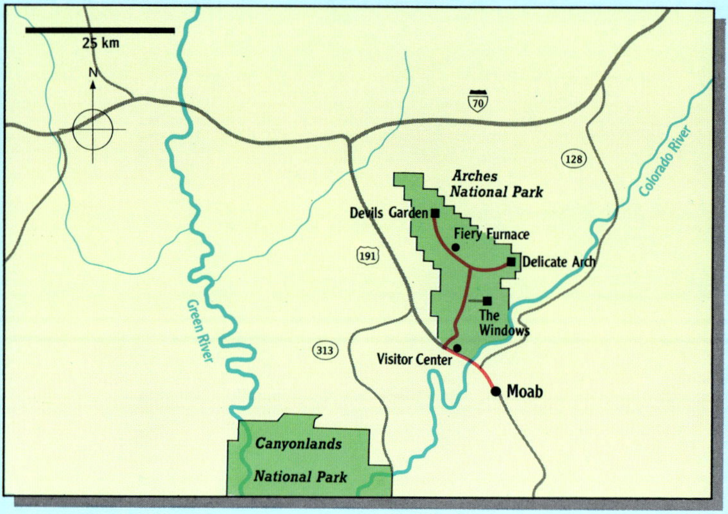

km/mi	Zeit	Route
0	8.30 Uhr	Abfahrt von Moab
10/6	8.45 Uhr	**Arches National Park**, Visitor Center
35/22	9.30 Uhr	Vom Ranger geführte Wanderung (Fiery Furnace; möglichst schon am Abend vorher im Visitor Center reservieren)
45/28	12.00 Uhr	Mittagspause beim **Devils Garden** (oder in Moab); danach Wanderung in Devils Garden zum **Landscape Arch** (ca. 1 1/2 Stunden Hin- und Rückweg; die gesamte Strecke bis zum **Double-O-Arch** erfordert ca. 3 1/2 Stunden)
95/59	14.30 Uhr	Rückfahrt durch den Park bis **Courthouse Towers**; Stopp bei der **Windows Section**
	17.00 Uhr	Wanderung zum **Delicate Arch**
130/80		Moab

Alternativtour:
Im heißen Hochsommer ist es sinnvoller, vormittags eine **Rafting-Tour** auf dem Colorado River oder frühmorgens eine **Radtour** zu unternehmen (Slickrock Bike Trail), mittags am Hotelpool zu entspannen und erst gegen 15 Uhr zur Besichtigung in den Arches Park zu fahren. Dann bleibt noch Zeit für zumindest eine Wanderung: gegen Sonnenuntergang zum Delicate Arch.

7. Tag – Informationen

Vorwahl: ✆ **801**

Honest Ozzie's Café
60 North 100 West, Moab
Nettes Lokal mit Terrasse. Gut zum Frühstück – aber auch sonst. $–$$

Arches National Park
Visitor Center, am Parkeingang
Das kleine Museum ist eine gute Einstimmung. Hier erfährt man auch den genauen Treffpunkt für die von Rangern geführten Wanderungen im Park (besonders zu empfehlen ist die Wanderung im Felslabyrinth des Fiery Furnace, die im Sommer meist um 9.30 Uhr stattfindet).

Mittagspause macht man am besten auf dem Picknickplatz am Anfang des Devils Garden Trails; Einkaufen morgens noch in Moab. Wer keinen Tisch braucht, kann auch zum Delicate Arch Viewpoint nahe der Wolfe Ranch wandern (ca. 20 Min.) und sich dort auf die Felsen setzen – rustikal, aber mit tollem Blick.

Wanderung im Devils Garden. Der nur am Anfang gut ausgebaute, rund 6 km lange Pfad führt durch ein Gewirr von Felsrippen, in denen immer wieder riesige Bögen Durchblick erlauben.

Wanderung zum Delicate Arch. Der 2,5 km (einfach) lange Pfad ab Wolfe Ranch steigt steil über den nackten Fels an, aber jeder Schritt ist es wert! (ca. 2 Stunden).

Rim Cyclery
94 West First North, Moab
✆ 259-5333
Mountainbike-Vermietung, Landkarten und Tips für geführte Touren (tägl. geöffnet).

North American River Expeditions
543 North Main St., Moab, UT 84532
✆ 259-5865, Fax 259-2296
Halb- und ganztägige Bootstouren auf dem Colorado mit Jet-Booten, Kajaks und Schlauchbooten.

Tag-A-Long Expeditions
452 North Main St., Moab, UT 84532
✆ 259-8946, Fax 259-8990
Halb- und ganztägige Schlauchbootfahrten und Jeeptouren im Canyonlands National Park; auch mehrtägige Expeditionen im ganzen Canyongebiet. Längere Touren vorab reservieren (auch im Reisebüro in Europa möglich), Tagestrips können auch noch am Vorabend gebucht werden.

Center Cafe
92 East Center St., Moab
✆ 259-4295
Das beste Restaurant in Moab; hervorragende Southwest-Cuisine. $$$

Grand Old Ranch House
1266 North Highway US 191, Moab
✆ 259-5753
Gemütliches Restaurant in einem historischen Haus, von Steaks bis zu deutschen Gerichten ist alles zu haben. $$

Poplar Place
100 North Main St., Moab
Pub und einfaches Restaurant im ältesten Haus Moabs; manchmal Live-Musik. $–$$

Eddie McStiff's
57 South Main St., Moab
Treff der jungen Mountainbiker-Szene bei Pizza und selbstgebrautem Bier. Oft Live-Musik. $–$$

Feste und weitere Informationen:
Am Osterwochenende treffen sich jedes Jahr in Moab die Offroad-Fans zur **Jeep-Safari**, Mitte Juni kommen die Rodeo-Cowboys zu den **Butch Cassidy Days** und in der letzten Novemberwoche die Mountainbiker zum **Fat Tire Festival**.

Canyonlands Visitor Center
P.O. Box 550, Center St./Main St
Moab
✆ 259-8825, Fax 259-4386
Großes Besucherzentrum mit Buchladen und Multimedia-Show.

7

Wanderlust
Im Arches National Park

Der Arches National Park ist mit Sicherheit einer der Höhepunkte der ganzen Tour! Berühmt ist das Schutzgebiet vor allem wegen seiner einzigartigen natürlichen Felsbögen – die meisten der Welt auf so kleinem Raum. Mehr als 200 hat man bisher entdeckt: winzige, kaum einen Meter breite Fensterchen und mächtige steinerne Torbögen, durch die schon fast ein Flugzeug hindurchfliegen könnte.

Im **Visitor Center** gleich am Eingang des Parks holt man sich zunächst das geologisch-historische Rüstzeug für den Rest des Tages. So ist zu erfahren, daß unter der gesamten Region von Südwestutah eine gewaltige Salzschicht liegt, die beim Austrocknen eines Urzeitmeeres vor 300 Millionen Jahren entstand – in einer Dicke von 1000 Metern und mehr. Als später Sandstein- und Schieferablagerungen darübergeschichtet wurden, begann sich das Salz unter dem hohen Druck zu verschieben. Wie ein zähflüssiger Brei formte es Blasen und Löcher, die in den Schichten darüber zu Verwerfungen führten. Besonders der Entrada-Sandstein, eine Jura-Formation, krümmte und verzerrte sich, wurde durch die Verschiebung rissig. Jahrtausendelange Erosion verbreiterte die Längsrisse in diesem weichen, leuchtendroten Gestein, und langgezogene »Flossen« entstanden. Diese dünnen, frei stehenden Felsrippen höhlte die Wind- und Kälteerosion aus – Fenster und Bögen wurden geschaffen: Der Arches National Park war fertig.

Der wohl berühmteste der pittoresken Steinbögen: »Delicate Arch«

Vom Visitor Center folgt man der einzigen Parkstraße hinauf aufs Plateau des Entrada-Sandsteins. Wie Orgelpfeifen flankieren bald die rotleuchtenden Steinsäulen den Weg. Nackte, senkrechte Felswände ragen über den kleinen Seitentälern auf. Danach sind rechter Hand in der Ferne die ersten Fenster in den Felsblöcken zu erkennen. Prekär balanciert ein tropfenförmiger Sandsteinbrocken drohend über der Straße. Er soll immerhin 3500 Tonnen wiegen, haben die Ranger ausgerechnet, und ist allein durch das Sandstrahlgebläse des hier

»Balanced Rock« im Arches National Park

fast unablässig wehenden Wüstenwindes entstanden.

Eine ausgezeichnete Gelegenheit, mehr über die Naturgeschichte des Parks zu erfahren, sind die jeden Morgen von Park Rangers durchgeführten Wanderungen, zum Beispiel der **Fiery Furnace Walk**. Der grünberockte *naturalist* erzählt auch von der Flora und Fauna in diesem Wüstenstrich, denen der ewig wehende Sand das Leben schwermacht. Die winzigen Körner sind rund geschliffen, bleiben deshalb locker und bilden kaum Erde. In manchen Bachbetten am Parkrand gibt es sogar veritable Treibsandlöcher, wie man sie aus den Wildwestfilmen kennt. Sie haben so manches Stück Vieh der Pionierrancher verschluckt.

Tot ist die Wüste deshalb nicht. Besonders in den Sanddünen kann man die Spuren von Käfern, Känguruhratten oder Füchsen sehen. Auch Eidechsen und, so unwahrscheinlich es klingen mag, eine Krötenart leben hier: Die *spadefoot toad* buddelt sich in den Trockenzeiten einen halben Meter tief in den Sand der kleinen Bachbetten ein und wartet monatelang auf den nächsten Regen.

Faszinierend ist auch die Zusammensetzung der dünnen Bodenkrume in dieser Region. *Cryptogamic soil* nennen die Biologen die Erde hier, in der winzige Algen und Bakterien eine nur wenige Millimeter oder Zentimeter dicke Lebensschicht auf dem sonst öden, unfruchtbaren Sandboden bilden. Diese verhärtete Biomasse bietet wiederum Halt für Gräser und kleine Büsche. Bei genauem Hinsehen entdeckt man darin seltsam wuchernde Formen, kleine Säulen und Knubbel. Wie Miniblumenkohl sieht es manchmal aus. Es dauert Jahrhunderte, bis sich diese *cryptogamic soil* entwickelt, und deshalb achten die Ranger

»Doppelbogen« im Arches National Park

hier auch besonders streng darauf, daß die Besucher nicht von den Pfaden schweifen.

Nach der Mittagspause wird die Beinmuskulatur weiter beansprucht: **Devils Garden**. Gott sei Dank findet man in den engen Schluchten des teuflischen Gewirrs riesiger Felsrippen immer wieder Schatten vor der glühenden Sommerhitze. Trotzdem kann es nicht schaden, etwas Trinkbares bei sich zu haben. Acht »Arches« stehen direkt am Pfad, insgesamt gibt es mehr als 60 in diesem steinernen Labyrinth. Richtige kleine Sanddünen, vom Wind angehäuft, umringen den Fuß der Felsen, und nur sparsame Vegetation kann sich hier halten. Wacholderbäume, *squawbush* und Eschen klammern sich in die Ritzen.

Etwa auf halber Strecke auf dem Devils Garden Trail steht der **Landscape Arch** hoch oben vor einer Wand; mit 89 Metern Spannweite hält er den Größenrekord für Felsbögen weltweit. Wenn man den Hang hinaufklettert unter den in der Mitte ganz prekär dünnen Bogen, kann einem schon mulmig werden: Hält er oder hält er nicht? Oder kommen gleich einige Hundert Tonnen roter Fels aus dem Himmel gepoltert? Er hält.

Danach wird der Weg etwas schwieriger und klettert über abgerundete Sandsteinrippen hoch in die Felsen. Oben öffnet sich dann ein weites Panorama auf die in Reih und Glied angeordneten Steinfinnen, die darauf zu warten scheinen, daß die Erosion auch sie zu Bögen macht.

Am Ende des Pfads steht das Doppelfenster des **Double-O-Arch** offen: eine riesige Öffnung in der schmalen Felsrippe, seitlich versetzt darunter ein kleines Loch. Der beste Blick bietet sich, wenn man durch den Bogen klettert und am Hang auf der anderen Seite eine Pause einlegt. Ringsum gehen die Felsspalten weiter, und man kann auf dem unmarkierten Weg über die Stufen eines ausgetrockneten Bachbettes im Kreis wieder zum Pfad zurückkehren. Aber Vorsicht, man hat sich in diesem Labyrinth schnell verlaufen!

Auf der Rückfahrt vom Devils Garden locken weitere Felsen und Fenster zum Fotostopp: die **Courthouse Towers** oder die **Windows Section** zum Beispiel, wo hoch über dem Tal des Colorado River weitere riesige Öffnungen in den Monolithen auf die staunenden Besucher warten.

Den krönenden Abschluß des Tages bildet jedoch am späten Nachmittag der Pfad zum **Delicate Arch**, einem der schönsten – und sicherlich dem meistfotografierten – Bogen des Parks. Der Anfang des Weges ist noch leicht, doch dann klimmt er stetig und steil über den nackten Fels bergauf. Schweißtreibend ist das, und die stativschleppenden Fotografen, die sich dieses Motiv natürlich nicht entgehen lassen dürfen und am Wegesrand nach Luft schnappen, können einem leid tun. Aber der Anblick am Ziel hoch über dem Plateau läßt jede Erschöpfung vergessen: Völlig allein steht der zierliche, im Abendlicht tiefrot leuchtende Bogen vor dem Abgrund einer Schlucht, dahinter die oft schneebedeckten La Sal Mountains in Colorado. ■

Arches National Park

Größe: 297 km^2

Gründungsjahr: 1971

Lage: am Fuße der La Sal Mountains in Südostutah nahe Moab

Sehenswürdigkeiten: Mehr als 200 natürliche Felsbögen sind durch Winderosion im roten Entrada-Sandstein entstanden; 30 km lange Straße in den Park; Wanderpfade im Devils Garden und zum Delicate Arch

Einrichtungen: Visitor Center, Campingplatz

Info-Adresse: Superintendent, Arches National Park, P.O. Box 907, Moab, UT 84532, ✆ (801) 259-8161

Zerklüftet und knorrig: Juniper im Arches National Park

8. Tag – Route: Moab – Canyonlands National Park – Cortez (370 km)

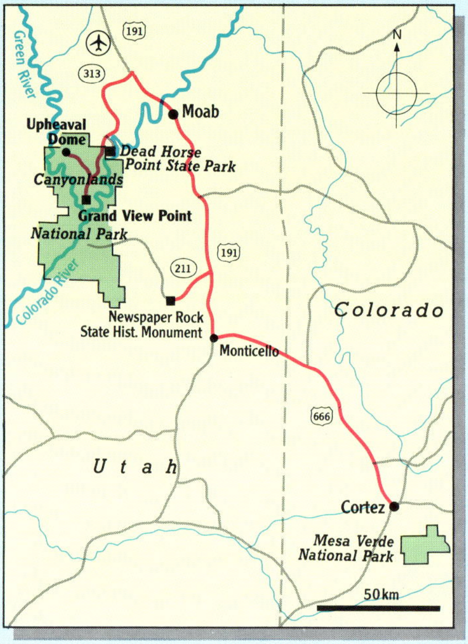

km/mi	Zeit	Route
0	9.00 Uhr	Abfahrt von **Moab** (morgens kann man eventuell einen sehr lohnenden **Rundflug** ab Moab Airport unternehmen, Reservierung am Vorabend bei Redtail Aviation, ✆ (801) 259-7421)
76/47	11.00 Uhr	**Grand View Point Overlook**
	12.30 Uhr	Mittagspause am Picknickplatz des **Dead Horse Point State Park** oder in Moab
151/94	14.00 Uhr	Abfahrt von Moab
233/145	16.00 Uhr	**Newspaper Rock Monument**
275/171	17.00 Uhr	Monticello
370/230	18.15 Uhr	Cortez

Extratouren:
Die SR 128 führt östlich von Moab entlang dem Colorado durch eine tiefrote Schlucht zu den **Fisher Towers**, mächtigen Monolithen, die schon oft Kulisse für Westernfilme und Marlboro-Werbecowboys waren (Zeitbedarf etwa 3–4 Stunden). Eine Karte mit den Drehorten gibt es in der »Hollywood Stuntmen's Hall of Fame« in Moab.
Ein Extratag zum **Mountainbiking** im Canyongebiet um Moab lohnt sich: Radvermietung und Trailkarten in Moab, auch geführte Touren werden angeboten. Solange man auf den nackten Felsplateaus und Schotterwegen der Parks bleibt, ist das Biking wohl auch ökologisch unbedenklich.

8. Tag – Informationen

Canyonlands National Park
Im kleinen Visitor Center nahe dem Eingang gibt es Landkarten und Tips. Danach folgt ein großartiger Aussichtspunkt dem anderen – bis zum Ende der Straße zum **Island in the Sky** am Grand View Point.

Griffith Expeditions
P.O. Box 1324
Moab, UT 84532
✆ (801) 259-8229, Fax 259-2226
Mehrtägige Schlauchbootfahrten auf dem Colorado River. Vorab reservieren.

Mittagspause
In Moab kann man am Morgen noch einkaufen und speist dann auf dem kleinen Picknickplatz nahe Grand View Point oder am Dead Horse Point Overlook. Im Sommer bekommt man beim Visitor Center auch Wasser – alles andere muß mitgebracht werden.

Newspaper Rock Monument
An der riesigen Felswand haben prähistorische Indianer viele Petroglyphen hinterlassen. Der Highway 211 führt vom »Zeitungsfelsen« tief hinein in den Südteil des Canyonlands National Park zum **Needles District** (Gesamtdistanz 55 km), wo mehrere Lehrpfade und Aussichtspunkte warten. Auf dem gut ausgebauten Netz von Wanderwegen läßt sich mühelos ein zusätzlicher Tag verbringen.

Homesteaders
45 East Main St., Cortez
Zum knuffigen Futterbunker dekorierte Scheune: Steaks, Rippchen. \$–\$\$

Far View Lodge
P.O. Box 277
Mancos, CO 81328
✆ (970) 529-4421
Einzige Lodge im Mesa Verde National Park; in fabelhafter Lage mit Blick über die Canyons. Mehrere Monate im voraus reservieren; geöffnet von Mai bis Mitte Oktober. \$\$\$

Holiday Inn Express
2121 East Main St.
Cortez, CO 81321
✆ (970) 565-6000 oder 1-800-626-5652
Fax (970) 565-3438
Zuverlässige Unterkunft mit *indoor pool*, Fitneßzentrum, Bar und kleinem Frühstück. \$\$

Bel Rau Lodge
2040 East Main St.
Cortez, CO 81321
✆ (970) 565-3738
Solides kleines Motel am Ostausgang der Stadt, Pool. \$–\$\$

Morefield Campground
Mesa Verde National Park
Riesiger staatlicher Platz südl. des Parkeingangs; keine Reservierung möglich.

Mesa Verda KOA
P.O. Box 1257
Cortez, CO 82321
✆ (970) 565-9301
Großer Privatcampingplatz etwa 3 km östl. von Cortez; Swimmingpool.

Weitere Privatcampingplätze liegen an der US 160 in der Nähe des Parkeingangs.

Zusätzliche Tips:
Trinkwasser oder andere Getränke auf dieser Strecke mitnehmen, da es im Canyonlands Park keine Läden und auch kein Wasser gibt.

Versteck der Banditen
Im Labyrinth des Canyonlands National Park

Nach gemütlichem Frühstück und kurzem Einkaufsstopp fürs Mittagspicknick geht es zuerst auf der US 191 ein Stück nach Norden und dann wie schon bei der Anfahrt nach Moab vor zwei Tagen auf die S 313 in Richtung Dead Horse Point State Park. Bevor man den Park jedoch erreicht, zweigt die Zufahrtsstraße zum **Canyonlands National Park** ab.

In langen Geraden führt die Straße scheinbar endlos über eine karge Hochebene südwärts. Doch dann fällt urplötzlich am Aussichtspunkt **The Neck** der Boden aus dem flachen Land – das gewaltige Panorama eines riesigen Canyons tut sich auf. Auch hier im Oberlauf hat der Colorado River seit Millionen Jahren an den rotbraunen Sedimentschichten gemeißelt und geschürft.

Einige hundert Meter sind es zu Fuß auf dem schmalen »Hals« bis zum Aussichtspunkt – mit einem Blick, der den Panoramen am Grand Canyon durchaus das Wasser reichen kann. Tief unten in dem weiten Tal zeichnet sich die eigentliche, innere Schlucht des Colorado ab. Auf dem breiten Zwischenplateau zeugen die dünnen Fahrspuren des **White Rim Trail** von der unermüdlichen Entdeckerfreude der Allradler. Mit Jeeps und *dune buggies* kurven die modernen Aktivurlauber den steilen Trail hinab – man sieht ihn rechter Hand im Seitental – und tummeln sich tagelang im Labyrinth der Canyonlands. Wen hier solche Lust ankommt, der kann in Moab einen Jeep mieten, eine Tagestour oder auch mehrtägige Fahrten buchen. Wer nicht herumkutschieren, sondern trotz der im Sommer glühenden Hitze ein Stück laufen möchte, sollte zum **Upheaval Dome** fahren. Vom Aussichtspunkt aus kann man dort eine halbe Stunde zum Rand des durch einen Salzaufbruch entstandenen Kraters wandern.

Panoramablicke reihenweise – bis man am Ende der Straße zum **Grand View**

Canyonlands National Park

Größe: 1366 km²
Gründungsjahr: 1964
Lage: in Südostutah etwas westlich von Moab um den Zusammenfluß von Colorado und Green River
Sehenswürdigkeiten: gewaltige Canyonlandschaft um den Oberlauf des Colorado; die S 313 führt zu eindrucksvollen Aussichtspunkten im Island in the Sky, die S 211 zum Felsgewirr des Needles District; Wanderweg zum Upheaval Dome
Einrichtungen: kleine Info-Zentren am Eingang zu den beiden Straßen in den Park; zahlreiche Wildnisstraßen für Allradfahrzeuge; Schlauchbootfahrten und Jeeptouren
Info-Adresse: Superintendent, Canyonland National Park, Moab, UT 84532, © (801) 259-7164

Wie lockere Zähne ragen die Felsen im Monument Basin empor: Blick vom Grand View Point in den Canyonlands National Park ▷

Aussicht auf den Canyonlands National Park vom Dead Horse Point State Park. Im Vordergrund der Colorado River

Point kommt, dem absoluten Höhepunkt, in Metern wie in Aussicht. Hier ist das äußerste Ende des **Island in the Sky**, wie das große Felsplateau zwischen Green und Colorado River heißt, und tatsächlich fühlt man sich wie im Himmel über dem roten Felsenmeer.

Unten an der Spitze des Zwischenplateaus stand vor 130 Jahren Major Powell. Der erste Bootsfahrer auf dem Colorado kletterte an der Mündung des Green River in den Colorado (der damals übrigens noch Grand River hieß) aus der engen Schlucht hoch, um einen besseren Überblick zu haben: »Eine großartige Welt breitet sich vor uns aus. Unten ist die Schlucht, durch die der Colorado fließt. Wir können seinen Kurs meilenweit verfolgen und manchmals auch das Wasser selbst sehen. Aus dem Nordwesten kommt der Green River in einer schmalen, gewundenen Schlucht, aus dem Nordosten der Grand … Wohin wir auch schauen, nichts als Felswildnis – tiefe Schluchten, in denen sich die Flüsse unter Klippen und Türmen und Zinnen verlieren, und zehntausend seltsam geschnittene Formen in jeder Richtung und darüber die Berge, die sich mit den Wolken vereinen.«

Das Panorama hat sich seit den Tagen Powells nicht verändert. Ein paar Rancher haben in kleinen Seitencanyons ihr Vieh zur mageren Weide getrieben, ein paar Banditen wie Butch Cassidy und seine *wild bunch* in dem Felslabyrinth Unterschlupf vor dem Gesetz gefunden, sonst nichts. Allerdings war vor vierzig Jahren kurz mal der Teufel los: Uran war entdeckt worden, und einige tausend Prospektoren stürmten die Felsfestung der Canyonlands. Moab verdoppelte seine Bevölkerung über Nacht, und die Miners steckten wie wild ihre Claims ab – insgesamt dreimal soviel Landfläche, wie dieser Regierungsbezirk überhaupt besaß. Aber schon wenige Jahre später war alles wieder vorüber und die Bergarbeiter auf und davon. Der nächste Boom kam erst Ende der 80er Jahre: Mountainbiker und andere Aktivurlauber entdeckten die Canyonlandschaft, seither ist die Region um Moab zum Freizeitmekka aufgestiegen.

Die fantastische Aussicht von der »Himmelsinsel« läßt einen zwar kaum los, doch der Magen rumort vielleicht schon. Man kann vielleicht gleich nahe dem Grand View Point Overlook die Tischdecke ausbreiten oder auch zurückfahren zum **Dead Horse Point State Park**. Wer lieber klimagekühlt speisen will – im Hochsommer durchaus ratsam –, begibt sich zurück nach Moab.

Am Nachmittag führt die Route vom inzwischen schon vertrauten Moab weiter auf der US 191 durch das breite Hochtal am Fuße der La Sal Mountains nach Süden. Der kurze Abstecher zum **Newspaper Rock Monument** an der S 211 lohnt: Auf einer Felstafel im Canyon des Indian Creek haben die prähistorischen Anasazi ihre künstlerischen Spuren hinterlassen. Der Stein sieht tatsächlich fast wie eine Zeitungsseite aus, so dicht ist er mit Ritzzeichnungen bedeckt: dicke, gehörnte Menschen, mysteriöse Schlangenlinien und Gruppen von Bergschafen.

Monticello, natürlich eine Mormonengründung, ist Zentrum der Landwirtschaft im Hochland der Abajo Mountains. Entsprechend nimmt der Verkehr spürbar zu. Felder am Straßenrand, Restaurants, Häuser, Indianerschmuck wird verkauft – welch ein Kontrast zu dem menschenleeren Vormittag! Gleich einige Kilometer weiter südlich liegen das Kohle- und Ölfördergebiet des riesigen Navajo-Reservats. Man erkennt die Navajo auch gleich: meist im Pick-up-Truck mit Kindern und vielen Verwandten und Freunden. Die Weißen sitzen meist allein im Wagen.

Danach folgt man der US 666 über die Grenze nach Colorado und gelangt bald nach **Cortez**, das gleich wie eine Großstadt aussieht. Lichter und Neonreklamen blinken, und es gibt sogar richtige Gehsteige. Aus der Mondlandschaft Südutahs sind wir auf die Erde zurückgekehrt. ■

Newspaper Rock

Alternativroute: Moab – Telluride – Durango (565 km)

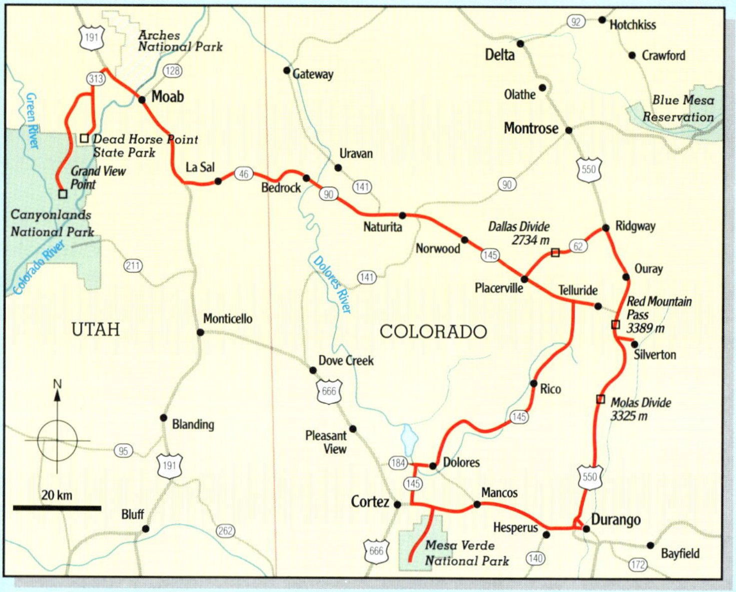

Alternativroute – 1. Tag: Moab – Canyonlands National Park – Telluride (365 km)

km/mi	**Zeit**	**Route**
0	9.00 Uhr	Abfahrt von Moab zum **Canyonlands National Park** und zum
76/47	11.00 Uhr	**Grand View Point Overlook**
	12.30 Uhr	Mittagspause am Picknickplatz des **Dead Horse Point State Park** oder in Moab
151/94	14.00 Uhr	Abfahrt von **Moab**. Auf US 191 nach Süden, dann auf SR 46/90 ostwärts über die La Sal Mountains und von
282/175		**Naturita** auf der SR 145 weiter bis
365/227	17.00 Uhr	**Telluride**

Alternativroute – 2. Tag: Telluride – Ouray – Durango (200 km)

km/mi	**Zeit**	**Route**
		Vormittags Wanderung zu den **Bear Creek Falls** oder **Mountainbike-Tour**
0	12.00 Uhr	Abfahrt von Telluride. Auf SR 145 und SR 62 nach Ridgway, dann auf US 550 nach Süden bis
85/53	13.00 Uhr	**Ouray** zur Mittagspause. Danach Baden in den heißen Quellen

Alternativroute: Moab – Telluride – Durango (565 km)

		und/oder Besuch der Bachelor-Syracuse Mine. Nach einem kurzen Spaziergang im **Box Canyon** auf US 550 über den Red Mountain Pass weiter nach
122/76	16.00 Uhr	**Silverton**. Bummel entlang Greene und Blair Streets, danach weiter nach Süden bis
200/125	18.30 Uhr	**Durango**. Am nächsten Morgen dann auf US 160 nach Westen zum **Mesa Verde National Park** und weiter wie bei Tag 9 (s. Seite 140 ff.)

Abkürzung:
Wenn man von Telluride gleich morgens auf der SR 145 nach Süden fährt, kann man noch am selben Tag den **Mesa Verde National Park** (ca. 130 km) besichtigen und dann nach Durango weiterfahren. So kostet der Abstecher in die Rockies keinen Zusatztag in der Route – aber man kommt auch nicht in die fotogenen Westernstädtchen Ouray und Silverton. – ***Extratouren:*** Ein **Extratag** in Telluride oder Ouray bietet sich an: zum Wandern in den Rockies, zum Mountainbiking oder für eine Jeep-Tour zu Geisterstädten und alten Bergwerken (Rad- und Jeep-Vermietung in Telluride; auch geführte Touren). Für Westernfans oder einfach zum Ausspannen lohnt sich ein Aufenthalt auf einer der **Ranches** in den San Juan Mountains, zum Beispiel auf der sehr gemütlichen, familiär geführten **Skyline Guest Ranch** bei Telluride (P.O. Box 67, Telluride, CO 81435, © (970) 728-3757, Fax 728-6728).

Alternativroute – 1. Tag – Informationen

Vorwahl: © 970

Canyonlands National Park
s. Tag 8, Seite 125

Bedrock General Store
Bedrock
Herrlich nostalgischer Laden mit allem Krimskram, den man als Rancher in der Wildnis so braucht.

New Sheridan Bar
225 West Colorado Ave.
Telluride
Urige Bar im ältesten Hotel der Stadt.

Swede Finn Hall
437 West Pacific Ave.
Telluride
© 728-2085
Ideenreiche Southwest-Cuisine in einem historischen Versammlungssaal der Bergleute; viele regionale Biersorten an der Bar. $$

Floradora
103 West Colorado Ave.
Telluride
© 728-3888
Legeres historisches Lokal mit mexikanisch angehauchter Kost und beliebter Bar. $–$$

Alternativroute – 1. Tag – Informationen

Telluride Central Reservations
666 West Colorado Ave.
Telluride, CO 81435
✆ 1-800-525-3455 (gebührenfrei)
Zentrale Reservierungsstelle für alle Hotels in der Stadt; gut für eine kurzfristige Buchung. Auch Verkauf von Tickets für die Festivals.

The Ice House
San Juan/Fir Sts.
P.O. Box 2909
Telluride, CO 81435
✆ 728-6300, Fax 728-6358
Luxuriöses Hotel am Rande des Ortszentrums; sehr große, im Southwest-Stil eingerichtete Zimmer. $$$$

Bear Creek B & B
221 East Colorado Ave.
P.O. Box 2369
Telluride, CO 81435
✆ 728-6681
Familiäre, recht gepflegte Pension im Ortszentrum. $$

Town Park
500 East Colorado Ave.
Telluride
✆ 728-3071
Einfacher städtischer Campingplatz.

Feste und zusätzliche Tips:
Es vergeht kaum ein Wochenende im Sommer, an dem in Telluride nicht irgendein Festival oder ein Mountainbike-Rennen stattfindet. Die berühmtesten Ereignisse sind das **Bluegrass Festival** am 3. Wochenende im Juni, das **Jazz Festival** Anfang August und das **Telluride Film Festival** Anfang September. Weitere Informationen bei:

Telluride Chamber Resort Association
666 West Colorado Ave.
P.O. Box 653
Telluride, CO 81435
✆ 728-3041, Fax 728-6475

Alternativroute – 2. Tag – Informationen

Vorwahl: ✆ 970

Bear Creek Falls
Telluride
Rund 4 km langer Wanderweg (einfach) in einem ruhigen Seitental; alternativ kann man auch den 3 km langen, steilen Trail zu den Bridal Veil Falls gehen.

Free Wheelin'
101 East Colorado Ave.
Telluride
✆ 728-4734
Vermietung von Mountainbikes und geführte Radtouren.

Bon Ton Restaurant
426 Main St.
Ouray
✆ 325-4951
Gepflegtes italienisches Lokal in den Gewölben des historischen St. Elmo Hotel. $$

The Outlaw
610 Main St.
Ouray
✆ 325-4366
Rustikales Steak-Lokal mit großer Western-Bar. $–$$

Ouray Hot Springs Pool
US 550, am Nordende der Stadt
Ouray

✆ 325-4746
Im Sommer tägl. 9–21 Uhr
Eintritt $ 7
Riesige städtische Pool-Anlage mit Fitneßcenter rings um die Mineralquellen (26–40 °C).

Bachelor-Syracuse Mine
County Rd. 14
Ouray
✆ 325-4500
Ende Mai bis Mitte September täglich 8.30–16.30 Uhr
Eintritt $ 8.95
Knapp einstündige Führungen in ein altes Bergwerk; Touren jeweils zur vollen Stunde.

Box Canyon
US 550, am Südende der Stadt
Ouray
Eintritt $ 1.25
Knapp 70 m tiefe Klamm, die mit Brücken und Wegen zugänglich gemacht wurde.

Palace Grill
Main Ave., am Bahnhof
Durango
✆ 247-2018
Hervorragende Steaks und Fisch in elegantem Southwest-Ambiente. $$–$$$

Francisco's
619 Main Ave.
Durango
✆ 247-4098
Großes mexikanisches Restaurant mit stimmungsvoller Atmosphäre. $$

Sweeney's Grubsteak
1644 Animas View Dr./Hwy. 550
Durango
✆ 247-5236
Großes, rustikales Steaklokal am Nordende der Stadt. $$

Gazpacho
431 East 2nd Ave.
Durango
✆ 259-9494
Hübsches kleines Lokal mit neumexikanischer Küche. $–$$

Old Tymers Cafe
1000 Main Ave.
Durango
Szene-Kneipe im Wildwest-Look mit riesigen Hamburgern, guten Salaten und anderen Kleinigkeiten. Beliebter Treff ist außerdem – auch schon zum Frühstück – gleich nebenan das »Carver's Bakery and Brew Pub«. $

General Palmer Hotel
567 Main Ave.
Durango, CO 81301
✆ 247-4747, Fax 247-1332
Stilvoll restauriertes Hotel aus dem Jahre 1890 mit schöner alter Bar. $$–$$$

Landmark Motel
3030 North Main Ave.
Durango, CO 81301
✆ 259-1333, Fax 247-3854
Freundliches, sauberes Motel am Nordende der Stadt. Swimmingpool. $–$$

KOA Durango North
US 550, Exit Rd. 250
Durango, CO 81301
✆ 247-4499
Gepflegter Privatplatz 15 km nördl. von Durango.

Feste und zusätzliche Tips:
Sowohl Ouray wie auch Silverton leisten sich am 4. Juli herrlich nostalgische Paraden. Durango veranstaltet von Mitte Juni bis Ende August zweimal pro Woche ein Rodeo. Info bei:

Durango Chamber Resort Assocition
111 South Camino del Rio
P.O. Box 2587
Durango, CO 81302
✆ 247-0312, Fax 385-7884

Goldgräberstädte und Viertausendergipfel
Abstecher in die Rockies: von Moab über Telluride nach Durango

Alternativroute

Vor allem im Hochsommer ist die Fahrt durch die kühleren Bergregionen im Südwesten Colorados eine attraktive Alternative zur vergleichsweise eintönigen Wüstenfahrt von Moab nach Cortez. Aber auch schon ab Mitte Mai und noch bis Anfang Oktober, wenn die Pappeln und Birken der Bergwälder im *Indian Summer* farbenprächtig leuchten, ist diese Route machbar und sehr lohnenswert. Man bekommt einen kleinen Einblick in die Gipfelwelt der Rocky Mountains und kann einige stimmungsvolle, historische Westernstädtchen entdecken, wie sie sonst auf dieser Reise nicht zu finden sind. Besonders Aktivurlauber sollten sich überlegen, hier etwas mehr Zeit einzuplanen, denn die Bergpfade und Montainbike-Trails um Telluride und Ouray haben noch kaum einen sportlichen Naturfan enttäuscht.

Nach dem Vormittag im **Canyonlands National Park** (s. Tag 8, S. 126 ff.) geht es von Moab aus zunächst nach Süden und dann auf der S 46 ostwärts in die Berge. In weiten Schwüngen steigt der Highway die Flanke der **La Sal Mountains** hinauf und läßt die rote, ausgedörrte Erde des Colorado-Plateaus hinter sich. Bald beleben grüne Bergwiesen und Wäldchen die Landschaft, vereinzelt lugt eine Scheune oder ein Ranchhaus hinter den Büschen hervor. Die La Sals sind der westlichste Ausläufer der Rocky Mountains in dieser Region – und ein recht stattlicher dazu: Der massive Gipfel linker Hand ist der Mount Peale mit 3877 Metern Höhe.

Aber noch sind die eigentlichen Rockies nicht erreicht, an der Grenze zu Colorado steigt der Highway erst noch einmal steil bergan. Daß Colorado seit den Tagen der ersten weißen Pioniere der Staat der Silbergräber und Gold-Digger ist, zeigt sich hier gleich ganz deutlich. An den Hängen des schmalen Tales zeugen alte Stollen und Abraumhalden von früheren Bergwerken. Silber, Zink, Blei und viele andere Metalle wurden in dieser erzreichen Region schon abgebaut.

Im breiten, schon wieder wüstenhaft anmutenden Paradox Valley folgt das nächste Zeichen der Zivilisation: **Bedrock**. Das verstreute Ranchernest am Dolores River wäre kaum der Erwähnung wert, wäre da nicht direkt am Highway der alte **Bedrock General Store**, ein Kolonialwarenladen wie aus den besten Wildwest-Tagen. Seit 80 Jahren hat sich hier drin kaum etwas verändert, nur der Kühlschrank läuft jetzt mit Elektrizität. Aber es kommt immer noch vor, daß ein Cowboy sein Pferd draußen anbindet, um Vorräte für sein Camp zu holen. Im Frühjahr und Herbst trifft man entlang des Highway oft auf Rinderherden, die von den Kuhjungen hoch zu Roß gehütet werden: Im Frühjahr treiben sie die Herden hinauf in die Berge, im Herbst geht's zurück zur Ranch im geschützten Tal. Echtes Cowboy-Country.

Shopping wie anno dazumal: der Bedrock General Store

Es geht immer weiter nach Osten, wo schon am Horizont die Schneegipfel der Rockies grüßen. Der nächste Ort, **Naturita**, ist ebenfalls nur ein kleines Häufchen Häuser in einem bewaldeten Tal. Heute gibt es hier nicht viel zu sehen, doch das Örtchen kann mit verblüffender Historie aufwarten: In den Hügeln ringsum wurde Ende des letzten Jahrhunderts Carnotit entdeckt, ein uranhaltiges Metall – was man damals natürlich noch nicht ahnte. Einige Tonnen des Erzes wurden 1898 nach Paris verschifft, wo Madame Curie daraus ein neues Element herstellte: Radium. Naturita wurde so zum Wegbereiter der modernen Atomindustrie, und aus den Bergwerken der Stadt kam bis in die 20er Jahre fast die Hälfte der Weltförderung an Radium. Die Blütezeit der Minen ist allerdings längst vorbei, und hier wie auch in den anderen kleinen Orten der Region hat man sich auf die Farmwirtschaft spezialisiert.

Der Highway 145 folgt dem Tal des San Miguel River hinauf in die **San Juan Mountains**. Sie sind die westlichste Kette der Rockies in Colorado, eine nur spärlich besiedelte, bis heute kaum erschlossene, hochalpine Wunderwelt mit über 4200 Meter hohen Gipfeln, die oft noch im Hochsommer von Schnee bedeckt sind. Der dunkle Schiefer, Gneiss und Granit der Berge hier stehen in deutlichem Kontrast zu den roten Felsen Utahs. Dichte Wälder bedecken die Hänge, die Straße schlängelt sich an munter sprudelnden Bächen entlang.

Am Ende eines von steilen Wänden umrahmten Hochtales liegt dann auf fast 2700 Metern Höhe das Tagesziel: **Telluride**, ein hübsches Westernstädtchen mit viktorianischen Fassaden, das sich in den letzten Jahren zum Trendziel und schicken Erholungsort gemausert hat. Mountainbiker im neuesten Outfit flitzen die Straßen entlang, auf den Gehsteigen drängelt sich junges Volk.

Nach den verschlafenen Farmorten zuvor ist die bunte Szene eine angenehme Überraschung. Beim Bummel an der

Hauptstraße, die in Telluride »Colorado Avenue« heißt, kann man stilvolle Restaurants, Shops und urige Bars entdecken. In Nebenstraßen, wie der Pacific Avenue, stehen prächtig restaurierte viktorianische Villen. Noch vor 20 Jahren konnte man so ein Haus für 5000 oder 10 000 Dollar kaufen – Telluride war auf dem Weg zur Geisterstadt. Heute muß man für solch ein historisches Haus mindestens eine halbe Million Dollar hinblättern.

Kein Zweifel, Telluride liegt im Trend – nicht zuletzt wegen des ausgezeichneten Skigebietes, das im Winter die Brettlfans von New York bis Los Angeles anzieht. Sogar die Hollywood-Szene läßt sich blicken, und immer mehr junge Leute und betuchte Aussteiger lassen sich hier nieder.

Der Aufschwung der letzten Jahre ist nicht der erste Boom, den Telluride erlebt hat. Das Bergnest entstand, nachdem Prospektoren im Jahre 1875 hier Silber entdeckt hatten. In den folgenden Jahrzehnten wurden noch Gold, Zink, Blei und Kupfer gefunden, und mit jeder Entdeckung boomte das Städtchen erneut. Große Bergwerke wie die Smuggler Mine, die Tomboy Mine oder die Liberty Bell Mine brachten ihren Besitzern gewaltige Vermögen ein. Allein die Liberty Bell Mine förderte zwischen 1897 und 1917 Gold im Nettowert von 16 Millionen Dollar. Gut 500 Kilometer Stollen und Tunnel wurden in die Berge rings um den Ort gedrillt, ehe nach dem Zweiten Weltkrieg die Erzvorkommen aufgebraucht waren.

Gut 5000 Menschen lebten zur Jahrhundertwende hier. Die Ingenieure und Bergwerksbesitzer bauten sich herrschaftliche Villen im Ort und leisteten sich sogar ein Opernhaus (das bis heute als Kino fortbesteht). Bei soviel Reichtum war es kein Wunder, daß auch hin und wieder finstere Figuren auftauchten: Butch Cassidy und seine *wild bunch*

raubten 1889 die Bank aus und erbeuteten 30 000 Dollar.

Benannt wurde das heute wieder 1300 Einwohner zählende Städtchen übrigens nach dem tellurhaltigen Erz dieser Region. Als im Jahr 1890 die erste Bahnlinie den Ort erreichte, wurde der Name schnell verballhornt: Der Schaffner rief bei der Abfahrt immer »To hell you ride«, »Ab geht's in die Hölle«. Was für die finni-

Ein viktorianisches Bergwerksstädtchen par excellence: Silverton

schen und schwedischen Bergleute, die hier für ein paar Dollar am Tag in den Gruben schufteten, wohl eine recht zutreffende Prophezeiung war.

Nach einem Zug durch die Westernbars wird am nächsten Morgen die frische Luft gut tun. Bei einer zwei- bis dreistündigen Wanderung zu den **Bear Creek Falls** zum Beispiel oder – ganz im Stil des neuen Telluride – bei einer Mountainbike-Tour. Die Sportläden im Ort helfen mit Trail-Karten und Tips weiter.

Vor der Weiterfahrt lohnt sich noch ein kurzer Abstecher ans Ende des Tales von Telluride: Von der Steilwand sprudeln dort die höchsten Wasserfälle Colorados, die 111 Meter hohen **Bridal Veil Falls**. Winzig klein kann man hoch oben am Anfang der Fälle ein Generatorhäuschen stehen sehen. Es ist das älteste Kraft-

Kein Cowboy ohne Lasso …

werk Colorados – unter der Anleitung von Nikola Tesla wurde um die Jahrhundertwende hier die erste größere Wechselstromanlage der Welt gebaut. Telluride war die weltweit erste Stadt, die komplett elektrisch beleuchtet wurde.

Zurück aus dem engen Tal von Telluride führt die Route weiter ostwärts, überquert an der Dallas Divide die San Juan Mountains und führt dann vom Winzort **Ridgway** aus nach Süden wieder zurück in die Berge. Nächster Stopp: **Ouray**. Noch so ein Bergwerksort im Wildwest-Look. Viktorianische Fassaden an der Main Street, bis weit hinauf von dichtem Grün bedeckte Gipfel rundherum. Aber das urige Ouray – benannt übrigens nach einem Häuptling der Ute-Indianer – ist noch nicht so schick durchsaniert wie Telluride. Die vielen historischen Bauten sehen etwas angestaubt und damit nostalgischer aus, das alte Beaumont Hotel etwa an der Ecke 5th Avenue und Main Street oder das Opernhaus mit seiner Metallfassade schräg gegenüber.

Die Geschichte von Ouray liest sich ganz ähnlich wie die von Telluride: Silberfunde um 1875, ein Goldboom in den 90er Jahren des letzten Jahrhunderts, danach langsamer Verfall. Zu seiner Blütezeit war Ouray aber sogar noch reicher als sein Nachbarort – allein die Camp Bird Mine brachte ihrem Besitzer Thomas Walsh jährlich sagenhafte 700 000 Dollar.

Doch die großen Zeiten sind längst vorüber. Heute versuchen die verbliebenen 600 Einwohner von Ouray mit dem Tourismus etwas Geld zu verdienen. Schotterstraßen zu alten Bergwerken und Geisterstädten locken die Jeep- und Mountainbike-Fans an. Eines der alten Bergwerke, die **Bachelor-Syracuse Mine**, ist sogar zu besichtigen. Ein Bähnchen fährt hier gut 1000 Meter weit in den Berg hinein, wo die Führer dann die Bergbautechniken erläutern.

Den Staub der Grube kann man sich danach im **Hot Springs Pool** am Nordrand des Städtchens wieder abwaschen. Das riesige Badebecken über den heißen Mineralquellen wurde bereits 1926 angelegt und ist bis heute eine der beliebtesten Attrationen Ourays. Danach ist man sicher wieder fit für den Spaziergang in den **Box Canyon**, eine spektakuläre, nur sieben Meter breite Klamm, die der Canyon Creek ins Granitgestein geschnitten hat.

Der kleine Canyon liegt bereits am Hang auf der Südseite von Ouray, unmittelbar am Anfang des *Million Dollar Highway* (US 550), der nun als kurvige Panoramastraße hoch hinauf in die Berge führt. Bereits im Jahre 1882 wurde die Straße hier angelegt – warum wird schnell klar, wenn man die vielen Bergwerksruinen am Wegesrand sieht. Und der Name des Highway wird auch einsichtig, wenn man bedenkt, daß der Kies, auf dem die Fahrbahn gebaut wurde, goldhaltig ist. In engen Serpentinen klettert der Highway über den Red Mountain, einst einer der erzreichsten Berge des Minenbezirks. Am Red Mountain Pass ist auf 3390 Metern schließlich der höchste Punkt unserer ganzen Route erreicht. Es verblüfft, daß sogar hier oben noch Bäume wachsen. Dank der südlichen Lage ist die Baumgrenze in den Rockies weit höher als in den Alpen.

Noch einige Kurven, einige Berge, einige weite Panoramablicke über die San Juans, dann kommt das nächste viktorianische Bergbaunest in Sicht. Der Ort **Silverton** war vor hundert Jahren das Zentrum eines reichen Bergbaudistrikts; vier Eisenbahnen führten von hier zu den Minen und zu den Schmelzwerken nach Durango. Zwar schloß die letzte Grube erst im Jahr 1991, doch schon zuvor waren die meisten Bewohner aus dem kahlen und kargen Bergtal abgezogen.

Das einzige, das Silverton heute vor dem Schicksal einer Geisterstadt rettet, ist die Schmalspurbahn nach Durango. Im Sommer bringen die Ausflugszüge der historischen **Durango & Silverton Railroad** tagtäglich am Morgen einige hundert Besucher, die in den Cafés an der Greene Street essen und einige Dollars in den kleinen Souvenirläden lassen. Doch um vier Uhr, wenn die letzte Bahn wieder abgedampft ist, versinkt das Städtchen in den allabendlichen Dornröschenschlaf. Dann ist die richtige Zeit für einen nostalgischen Bummel und – im späten Nachmittagslicht – auch für die stimmungsvollsten Fotos von den alten Fassaden der Silberstadt.

Noch rund eine Stunde Fahrt muß man von Silverton auf dem gut ausgebauten Highway 550 bis **Durango** rechnen. Ein kleinerer Paß, ein steiler Abstieg hinab ins Tal des Animas River, dann wird es nach der Einsamkeit der Berge plötzlich wieder zivilisiert. Farmen und Felder umrahmen den Fluß, der Verkehr nimmt zu. Durango empfängt seine Besucher mit einer langen Reihe von neonschimmernden Motels, Tankstellen und Supermärkten. Aber keine Angst, die Altstadt läßt nichts an Westernflair vermissen – und die Saloons sind auch authentisch. ■

Banditen in Öl – Butch Cassidy und seine Gang im Sundance Saloon, Durango

9. Tag – Route: Cortez – Mesa Verde – Durango – Farmington (220 km)

km/mi	Zeit	Route
0	8.00 Uhr	Abfahrt von Cortez
45/28	8.45 Uhr	Visitor Center, **Mesa Verde National Park**; Besuch des Museums und kleine Wanderung zur Spruce Tree Ruin, danach Rundfahrt auf der Mesa und Besuch von Cliff Palace
	12.00 Uhr	Abfahrt vom Visitor Center und über die US 160 ostwärts nach
142/88	13.15 Uhr	**Durango** Mittagspause und Stadtbummel
	17.00 Uhr	Abfahrt auf US 550 nach Süden
220/137	18.00 Uhr	Farmington

Abstecher:
Eisenbahnfans können bei einem Zusatztag in Durango eine Tagesfahrt mit der berühmten **Durango & Silverton Railroad** unternehmen; die Fahrt ($ 37) und die dann notwendigen Übernachtungen möglichst einen Monat im voraus buchen: Durango & Silverton Railroad, Ticket Office, 479 Main Ave., Durango, CO 81301, ✆ (970) 247-2733.

9. Tag – Informationen

Earth Song Heaven
33 West Main St.
Cortez
Fantasievoller »Book Garden« mit Pflanzen und Vögeln: gut geeignet für Frühstück und Lunch. $

Mesa Verde National Park
Visitor Center und Museum
Tägl. 8–18.30, Okt.–Mai 8–17 Uhr

Dem Visitor Center angeschlossen ist das ausgezeichnete »Chapin Mesa Museum«, das die Entwicklung der Anasazi-Kulturen nachzeichnet. Von dort folgt man dem kurzen Pfad ins Tal zur »Spruce Tree Ruin«, der Ranger dort beantwortet Fragen (Sept.–Mai nur mittels Führungen zu besichtigen). Wieder zurück auf der Mesa, fährt man zu den Aussichtspunkten (weitere Ruinen am Weg) und zum Parkplatz für

»Cliff Palace«, zu dem ein kurzer, steiler Weg führt (im Sommer uneingeschränkt offen, im Spätherbst und Frühjahr nur mit Führungen zu besichtigen). Die Fahrt zu den Aussichtspunkten kann man auch mit dem Fahrrad unternehmen – Vermietung bei Spruce Tree Terrace.

Henry's (im Strater Hotel)
Durango, 699 Main Ave.
✆ (970) 247-4431
Guter Mittagstisch in gepflegter viktorianischer Atmosphäre. $$

Wer keinen großen Hunger hat, kann auch in einem der kleinen **Cafés** oder **Delis** an der Main Avenue eine Pause einlegen, weitere Tips siehe Zusatztage, S. 133).

Vor der Abfahrt kann man (außer dem Fahrer natürlich) noch in einer der gemütlichen Bars einen Drink nehmen: in Carver's Brew Pub oder der viktorianischen Eckbar im Strater Hotel (beide Main Ave.).

Eine Reise zurück in die 50er Jahre ist ein **Abendessen** im **Drive-in** (nach Sonnenuntergang). In Farmington sollte man es genauso machen wie die örtlichen Navajo: An den großen Einfahrtsstraßen gibt es allüberall die Sonic Drive-Ins (z. B. gleich am Ortseingang von Aztec kommend), komplett mit Neonbeleuchtung und Hamburgern. Mahlzeit!

The Trough
Flora Vista, Aztec Blvd. (Hwy. 550)
✆ (505) 334-6176
Seafood und Steaks, gleich nebenan ist der »Country Palace Niteclub«. $–$$

K. B. Dillons
Farmington, 101 East Broadway
Gemütliche rustikale Bar und Steakrestaurant. So. geschl.

La Quinta
675 Scott Ave.
Farmington, NM 87401
✆ (505) 327-4706, Fax 325-6583
Modernes, hübsch angelegtes Motel am Westende des Orts (US 64). Einige Tage vorher reservieren. 24-Stunden-Restaurant gegenüber. $$

Zahlreiche weitere recht preiswerte Motels gibt es an den Haupteinfahrtsstraßen, in denen man auch im Sommer meist ohne Reservierung unterkommt.

Bloomfield KOA
1900 East Blanco Blvd., US 64
Bloomfield, NM 87413
✆ (505) 632-8339
Privater Campingplatz 20 km östl. von Farmington.

Pinon Acres KOA
30090 US 160
Durango, CO 81301
✆ (970) 247-0783
Privater Campingplatz 8 km östl. von Durango, man kann am nächsten Morgen gleich zu den Aztec Ruins weiterfahren (und abends noch in die Bars von Durango gehen).

Feste und zusätzliche Tips:

In einem natürlichen Amphitheater wird in Farmington von Mitte Juni bis Mitte August jeden zweiten Abend »Anasazi, the Ancient Ones«, eine Art indianisches Historienspiel, aufgeführt.

Durango veranstaltet den Sommer über zahlreiche kleine Kunstfestivals, und in Cortez, Farmington und dem nahen Shiprock finden im Herbst häufig indianische Rodeos statt, Info bei:

Farmington Convention & Visitors Bureau
203 West Main St.
Farmington, NM 87401
✆ (505) 326-7602, Fax 325-0279

Bauen im Fels
Die Ruinenstädte von Mesa Verde

Die berühmten Ruinen von Mesa Verde sind besonders im Sommer gut besucht, und wer sie ohne allzu viele Mitmenschen genießen möchte, muß sich zeitig auf die Beine machen.

Der Highway US 160 führt zunächst durch ein weites Hochtal nach Osten. Schon bald erkennt man rechter Hand den waldreichen Abhang der Mesa. Dieser gewaltige, rund 20 auf 40 Kilometer große Tafelberg aus Sandstein und Schiefer wurde vor 50 Millionen Jahren als Block angehoben. Da die Tafel leicht geneigt ist, konnten die Wasserläufe sich an der Südseite schneller und tiefer in das weiche Gestein einfressen als an der Nordseite. Am Südhang von Mesa Verde entstanden deshalb tiefe Canyons, die später die Heimat prähistorischer Indianer werden sollten.

Steil klettert die Stichstraße vom Parkeingang zum Plateau hinauf. Lichter Kiefern- und Juniperwald, dazwischen kleine Wiesen: Hier hat sich in den letzten hundert Jahren kaum etwas verändert, seit die Pionierrancher aus dem Tal des weiter östlich gelegenen Mancos River ihr Vieh auf der welligen Hochfläche weideten. 1888 war es, am 18. Dezember, als zwei Cowboys, Richard Wetherill und sein Schwager Charlie Mason, einige verlorene Kühe aufzuspüren suchten. Ein Sturm trieb dicke Schneeschwaden von Norden her. Da erreichten sie den Rand eines Canyons und sahen durch das Gestöber schemenhaft die Umrisse einer steinernen Stadt auf der anderen Canyonseite. Aufgeregt kletterten sie die Felswand hinab und an der anderen Klippe wieder hoch: Tatsächlich, vor ihnen lag unter der überhängenden Felswand eine ganze Stadt mit Türmen und Häusern, Plätzen und Wegen! Töpfe und Werkzeuge lagen herum, als seien die Bewohner nur für einige Stunden ausgeflogen. Doch die Asche im Herd war kalt – schon seit 700 Jahren. Vergessen und unberührt, waren die Siedlungen der Anasazi über die Jahrhunderte erhalten geblieben.

»Cliff Palace« nannten die Wetherills ihren Fund, und neugierig geworden, entdeckten sie in den folgenden Jahren noch zahlreiche weitere Ruinenstädte der Anasazi. Die Rancher erzählten von den wundervollen Palästen und führten Reporter, Touristen und Archäologen in das Canyonlabyrinth. Kaum einer, der nicht irgendein »Souvenir« mitgehen ließ. Bald fielen sogar regelrechte Grabräuber über die historische Indianersiedlung her. Hunderte von Töpfen wurden mitgenommen, manche der Ruinen umgegraben und zerstört. Erst 1906, nachdem ein Aufschrei der Entrüstung über diese Grabschänder durch die Öffentlichkeit gegangen war, wurde Mesa Verde als Nationalpark geschützt.

Mehr als 200 Räume hatte der »Cliff Palace«, dessen Ruinen hier im Mesa Verde National Park zu sehen sind ▷

Auf der Chapin Mesa liegt heute das **Parkmuseum**, der sinnvollste Beginn eines Besuchs im Nationalpark. Detailgenaue Modelle und zahlreiche Ausgrabungsstücke erläutern die Siedlungsepochen, Lebensweise, Krankheiten und das Kunsthandwerk der Anasazi.

Der Analyse der Archäologen zufolge kamen die ersten prähistorischen Indianer um das Jahr 550 unserer Zeitrechnung in das heutige Gebiet des Parks. Das kühlere Klima und die höhere Feuchtigkeit auf dem Plateau boten dem seßhaften Bauernvolk bessere Lebensbedingungen als die südlich gelegenen Wüstengebiete. Mais, Bohnen und Kürbisse gediehen auf ihren Feldern. Die Indianer dieser frühen Korbflechterkultur, die Basketmakers, kannten noch keine Töpferei und wohnten in kleinen, halb in die Erde gebauten Grubenhäusern *(pit houses)* auf dem Plateau. Im Laufe der nächsten Jahrhunderte perfektionierten sie ihre Überlebenskünste: Sie entwickelten Pfeil und Bogen für die Jagd, zähmten die wilden Truthähne, flochten immer bessere Körbe.

Im 8. Jahrhundert begannen die Anasazi, nun bereits die Basketmaker-II-Kultur, größere, oberirdische Siedlungen zu errichten. Um einen freien Platz erbauten sie nach außen abgeschlossene, viereckige Häuserkomplexe, die Pueblos. Auf dem zentralen Platz lagen eine oder mehrere Kivas, kreisrunde unterirdische Räume für Zeremonien. Viele dieser Dörfchen waren winzig klein mit nur fünf oder sechs Räumen. Doch mit steigender Bevölkerung wurden ab etwa 950 große Bewässerungsanlagen mit Dämmen und Kanälen angelegt und zentrale Städte mit umliegenden Dörfern errichtet.

Etwa um das Jahr 1100 unserer Zeitrechnung begann die klassische Pueblo-Periode, die Blütezeit der Anasazi-Kultur in Handwerk und Kunst. Die Steinmetzen und Architekten bauten nun mehrstöckige Wohnhäuser, massiv und genau gearbeitet. Die Astronomen konnten exakt die Daten der Sonnenwenden vorhersagen. Möglicherweise aus Gründen der besseren Verteidigung begannen die Anasazi dann um 1200 ihre Wohnungen in die geschützten Höhlen der überhängenden Sandsteinwände zu verlegen. Städte mit über 100 Räumen, mit Türmen und zahlreichen Kivas wurden unter hohem Arbeitsaufwand in ein paar Jahrzehnten fertiggestellt. Doch schon wenig später, 1276, begann eine mehr als 20 Jahre andauernde Trockenperiode in der Mesa-Verde-Region, die vermutlich die Anasazi dazu zwang, ihre Städte aufzugeben und nach neuen Siedlungsstätten zu suchen. Kleine Gruppen zogen bis weit ins heutige New Mexico und Arizona, vermischten sich vermutlich mit der dortigen Bevölkerung und wurden die Vorfahren der modernen Pueblo-Stämme und der Hopi.

Mesa Verde National Park

Größe: 211 km²

Gründungsjahr: 1906

Lage: Südwestcolorado

Sehenswürdigkeiten: ausgezeichnetes Chapin Mesa Museum, zahlreiche prähistorische Ruinen (50–1300 n. Chr.), darunter Cliff Palace, Balcony House, Spruce Tree Ruin und Sun Temple, Ruins Road mit Blicken auf über 40 Ruinen

Einrichtungen: Far View Visitor Center, Lodge, Campingplatz, Führungen durch die Ruinen

Info-Adresse: Superintendent, Mesa Verde National Park, CO 81330, ✆ (303) 529-4543

Klippensiedlung Mesa Verde

Vom Chapin Mesa Museum ist der Weg nicht weit zum ersten Einblick in die Ära der Anasazi: **Spruce Tree Ruin**, eine der am besten erhaltenen Ruinenstädte. Nahe einer kleinen Quelle fanden die Indianer hier in der Canyonwand einen idealen Siedlungsplatz. Die nach Südwesten weisende, windgeschützte Höhlung bot im Sommer Schatten und ließ die im Winter tiefer stehende Sonne am Mittag und am Nachmittag die Terrassen vor den Häusern erwärmen.

Ein guter Fußweg führt hinab zur Ruine. Unten wartet der Ranger, der daran erinnert, daß man nicht auf die Hauswände steigen darf. Erlaubt ist es aber, in eine rekonstruierte unterirdische Kiva hinabzuklettern, um die geheimnisvolle Atmosphäre der uralten Kultstätte nachzuerleben. Wieder zurück auf dem Plateau, lernt man auf den beiden Rundstraßen der Chapin Mesa weiteres kennen: Da gibt es unterirdische Grubenhäuser der Basketmakers, Pueblo-Ruinen der Basketmaker-II-Kultur und die riesige Kultstätte des **Sun Temple**.

Ein Höhepunkt ist sicherlich **Cliff Palace**, die erste damals von den Wetherills entdeckte steinerne Stadt. Ein kurzer Weg, zwei Leitern, und man steht in der exzellent abgeschirmten »Festung«. 217 Zimmer, mehrstöckige Türme und 23 Kivas gibt es in dieser berühmtesten Ruine von Mesa Verde. 200 bis 250 Menschen haben um 1250 hier gelebt. In manchen der unteren Zimmer sind die alten Deckenbalken noch gut zu erkennen. Die Stämme ermöglichen es den Archäologen, die Bauzeit der Siedlung genau zu bestimmen. Durch die unterschiedliche Dicke der Jahresringe in feuchten und trockeneren Perioden läßt sich für eine bestimmte Region ein exakter Kalender erstellen. Cliff Palace wurde dieser Bestimmung zufolge im 13. Jahrhundert gebaut, die letzten Stämme wurden sogar erst um 1270 gefällt, also wenige Jahre bevor die Indianer ihre Städte verließen.

Für Schwindelfreie bietet sich noch der Besuch des **Balcony House** an, das jedoch nur mit einer Führung besichtigt werden kann. Felsstufen, eine Leiter und einen Tunnel gilt es zu überwinden, ehe man die hoch über dem Canyon gelegene Ruine erreicht.

Souvenirladen am Highway 160

Zurück am Parkeingang wendet man sich auf dem Highway US 160 nach Osten, wo denn auch gleich die Indianer vermarktet werden. Bedrohliche Pfeile weisen auf einen Souvenirladen hin. Sogar Totempfähle stehen dort, die ja nun im Südwesten gar nichts zu suchen haben. Aber Kitsch gehört wohl auch dazu.

Durch weite Hochtäler schlängelt sich die Straße in die Hügel Colorados, des Staates der Goldgräber und der Rocky Mountains. Die pferde- und kuhbestückten Weiden der Ranches haben etwas Almwiesenhaftes, und auf dem Paß warten die leeren Sitze der Skilifte auf den nächsten Winter.

Bewaldete Hügel ziehen vorbei, und man erreicht das nächste Tal an der Westflanke der Rocky Mountains. Während des Gold- und Silberbooms vor hundert Jahren beschloß die Denver-&-Rio-Grande-Eisenbahngesellschaft, von hier Schienen in die reichen Bergwerksgebiete um Silverton zu legen. 1879 wurde die Bahnstation **Durango** gegründet, und schon zwei Jahre später hatte das Wildweststädtchen über 2000 Einwohner, zwanzig Saloons, Kasinos und einen anerkannt rauhen Lebensstil. Silbererz im Wert von über 300 Millionen Dollar wurde in den folgenden Jahrzehnten aus den Bergen geholt und in den Schmelzwerken von Durango weiterverarbeitet. Kohleförderung und Uranabbau kamen später hinzu. Auf der Main Avenue hat das Flanieren und Schieben der Touristen das Gedränge der Bergarbeiter und Prospektoren mittlerweile abgelöst, aber die hübschen Kunsthandwerksläden und die historischen Fassaden lohnen allemal einen Bummel.

An der Ecke der 7th Street steht noch das 1887 erbaute **Strater Hotel** – damals der Mittelpunkt des gesellschaftlichen Lebens. Einige Schritte weiter wurde in

Wildwestidylle an der Wand: in Durango, Colorado

der 9th Street Henry Moorman im Jahre 1881 gelyncht. Er war am 10. April, einem Sonntag, in einen Saloon marschiert und hatte erklärt, heute noch jemanden umzubringen! Was er auch tat. Noch am gleichen Abend knüpfte der Mob ihn selbst auf.

Am Nordende der Main Avenue biegt man rechts auf die 12th Street. Zwei Straßen weiter, in der **3rd Avenue**, stehen im Nobelviertel einige der schönsten alten Wohnhäuser von Durango. Verspielter viktorianischer Stil, Queen-Anne-Architektur und steilgieblige Neugotik mit Lebkuchenhäuschenfassaden sind in bunter Mischung zu bewundern. An manchen Randsteinen sind noch die Eisenringe erhalten, an denen man weiland sein Pferd festband.

Am späten Nachmittag kann man unten am alten Depot, der Bahnstation, die von schwarzen Rauchwolken eingehüllte Dampflok der **Durango & Silverton Railroad** von der ganztägigen Ausflugsfahrt in die Berge nördlich der Stadt zurückkehren sehen.

Zur Verschnaufpause vom touristischen Treiben draußen empfehlen sich Kaffee und *muffin* in einem der kleinen Cafés oder ein Drink in einer historischen Bar. Die Theken, Buffets und Spiegel wurden damals aus England und Frankreich eingeführt, reizende Ladies ergötzten die Bergleute, zogen ihnen ihr Strumpfband über den Kopf und das Geld aus der Tasche. Die Spiegel sind längst nicht mehr original: Zu oft wurden sie von der gut bewaffneten Kundschaft in Scherben geschossen.

Nach den Wildwestreminiszenzen geht es noch ein Stück durchs Tal des Animas River bis **Farmington**, wo im Gegensatz zum oft überfüllten Durango immer ein Plätzchen für den Reisenden frei ist. ■

10. Tag: Farmington – Aztec Ruins – Chama – Taos (425 km)

km/mi	Zeit	Route
0	8.30 Uhr	Fahrt zu den Trading Posts am Rande des Navajo-Reservats
80/50	10.30 Uhr	Abfahrt von Farmington
103/64	11.00 Uhr	**Aztec Ruins National Monument** (1 Std.)
275/161	14.00 Uhr	Chama
407/253	16.30 Uhr	Brücke über den Rio Grande (Gorge)
425/264	17.00 Uhr	Taos

10. Tag – Informationen

Vorwahl: ✆ 505

Westl. von Farmington beginnt das Navajo-Reservat, in dessen Nähe mehrere historische Trading Posts liegen, die Decken und Schmuck der Navajo in ausgezeichneter Qualität anbieten (alle an US 550). Neben Bob French's und Foutz Trading Post besonders sehenswert:

Hogback Trading Co.
Waterflow, NM
✆ 598-5154

Linker Hand, auf halber Strecke zwischen Farmington und Shiprock; eigens kleines Museum im Obergeschoß mit alten Decken und Schmuck aus dem Familienbesitz des Traders.

Aztec Ruins National Monument
Geöffnet tägl. 8–17 Uhr, im Sommer länger
Dem Visitor Center ist ein kleines Museum angeschlossen, danach geht man auf einer vorgezeichneten Route durch die Ruinen. Besonders eindrucksvoll: die rekonstruierte riesige Kiva.

10. Tag – Informationen

Chama
Das alte Eisenbahnstädtchen hat noch seinen – etwas staubigen – Charme der Jahrhundertwende bewahrt, ein Kaffee oder eine *bowl of chili* im historischen Foster's Hotel gehören dazu.

The Historical Taos Inn
125 Paseo del Pueblo Norte
Taos, NM 87571
✆ 758-2233 und 1-800-826-7466
Fax 758-5776
Renommierter Adobebau im Ortszentrum; gemütliche Zimmer mit offenen Kaminen; gepflegtes Restaurant (**Doc Martin's** $$–$$$). Die schöne Lobby dient spätestens nachmittags der Erweiterung der beliebten **Adobe Bar**. $$$–$$$$

Best Western Kachina Lodge
413 Paseo del Pueblo Norte
Taos, NM 87571
✆ 758-2275 und 1-800-528-1234
Fax 758-9207
Modernes Hotel im Pueblo-Ranch-Stil, 5 Blocks von der Plaza, Restaurant, Cafeteria, Pool; im voraus reservieren. $$–$$$

Casa Benavides
137 East Kit Carson Rd.
Taos, NM 87571
✆ 758-1772
Eleganter B & B mit geschmackvoll im Stil des Südwestens eingerichteten Räumen (28) mit offenem Kamin. Nachmittagstee mit selbstgebackenem Kuchen, heiße Bäder, opulentes Frühstück. $$$–$$$$

Weitere **Motels**:
Von der Hauptkreuzung in Taos (Plaza) auf der Kit Carson Rd. (z. B. **Casa de Milagros** ($$), ✆ 758-8001 und **El Monte Lodge** ($$) ✆ 758-3171 und 1-800-828-TAOS und an der S 68 am südlichen Stadtausgang (Ramada u. a. Hotelketten).

Taos Valley RV Park
P.O. Box 200
Ranchos de Taos, NM 87557
✆ 758-4469
Privater Campingplatz 4 km südwestl. des Ortes an S 68. März–Sept. Ca. $ 11–14.

Apple Tree Restaurant
123 Bent St., Taos
✆ 758-1900
Am schönsten sitzt man an den Tischen unter dem Apfelbaum im Innenhof. $$

Lambert's
309 Paseo del Pueblo Sur, Taos
✆ 758-1009
Tägl. Lunch (außer Sa) und Dinner
Schlichte Räume, überdurchschnittliche Küche. Hauptgerichte auch als halbe Portionen erhältlich. $$

Silver and Sand Trading Company
Taos Plaza
Gutes Sortiment an indianischem Kunsthandwerk: Kachinas, Keramik, Schmuck.

John Dunn House Shops
Bent Street, Taos
Sie bilden eine kleine attraktive Mall mit Läden, Restaurants sowie zum Sitzen und Schauen – eine Alternative zur Plaza, die in letzter Zeit durch T-Shirt-Läden und Souvenirkrempel gelitten hat.

Taos Book Shop
122 D East Kit Carson Rd., Taos
Im Sommer 9–17 Uhr. Labyrinthische und älteste Buchhandlung in New Mexico: Regionalia, vergriffene Exemplare. (Das **Caffè Tazza** liegt gleich nebenan.)

Far Flung Adventures
P.O. Box 707
El Prado, NM 87529
✆ 758-2628 und 1-800-359-2627 (in Taos)
Veranstalter für Wildwasserfahrten auf den Flüssen im Norden von New Mexico, u. a. Taos Box Canyon (ca. 6 Std., ca. $ 90, Lunch eingeschlossen). Telefonische Voranmeldung erforderlich.

10 **Lichtdurchflutet:** Durch den Norden von New Mexico nach Taos

Dieses Farmington ist kein aufgeputztes Touristenstädtchen, eher ein ehrliches, hart arbeitendes Handelszentrum am Rand des riesigen Navajo-Reservats. Wildwestnostalgie ist nirgends zu finden, dafür aber ein Einblick in das heutige Zusammenleben von Weiß und Rot.

Überall im Ort sind die von rotbraunem Sand überkrusteten Pick-up-Trucks (Autowaschtag ist am Samstag!) der Navajo zu sehen. Man kommt aus dem nahen Shiprock oder den unterversorgten Reservatsdörfern, um die Schuhe reparieren zu lassen, einen neuen Sattel, Jeans oder Kinderspielzeug zu kaufen und um »einfach mal 'nen Stadtgang zu machen«. Meist reist man im Familienclan an, es sollen ja alle vom Ausflug etwas haben. Die alten Navajofrauen tragen ihre traditionellen schillernden Samtröcke und schweren Silberschmuck, die Männer oft noch die hohen schwarzen »Indianerhüte«.

Der berühmte Felsen von Shiprock

Interessant sind die **Trading Posts**, eine Institution des Südwestens seit über hundert Jahren. Ursprünglich waren die Handelsposten Supermarkt, Kaufhaus und gesellschaftlicher Treffpunkt der Indianer – und oft der einzige Kontakt mit der Welt der Weißen. Seit dem Zweiten Weltkrieg hat ihre Bedeutung nachgelassen, und sie haben sich mehr und mehr auf indianisches Kunsthandwerk spezialisiert. In der Stadt gibt es Galerien, die sich auf die moderne Kunst der Navajo konzentrieren; die alten Trading Posts an der Grenze des Reservats westlich von Farmington handeln mit traditioneller Kunst: handgewebte Decken, Silberschmuck und Körbe. Für die Kunstgalerien der Städte sind sie die Großhändler, für die Navajo, die oft seit Generationen mit einem bestimmten Händler arbeiten, die persönlichen Ansprechpartner in guten wie schlechten Zeiten.

Tom Wheeler vom **Hogback Trading Post** stammt aus einer der alten Händlerfamilien. Sein Urgroßvater hat 1871 den

Planwagen und Marktstände in Farmington gegen Ende des vorigen Jahrhunderts. Ursprünglich hieß der Ort Farming Town.

Schuster in Farmington

Laden an einer kleinen, baumumstandenen Quelle westlich des Reservats gegründet. Im Obergeschoß seines modernen Postens, der die traditionelle Hoganform der Navajo nachempfindet, hat Tom ein kleines Museum mit alten Familienstücken eingerichtet. Viele der jungen Navajo holen sich hier Anregungen für Webmuster, und manchmal kommt auch eine ganze örtliche Schulklasse, der Tom dann in einer Geschichtsstunde aus den Tagen seines Urgroßvaters erzählt.

»Es war sicherlich nicht leicht, sich als erster Weißer hier inmitten der Navajo anzusiedeln«, meint er. »Aber nach einigen Jahren begannen sie ihm zu vertrauen. Die Navajo konnten nur nicht verstehen, wieso dieser Mann, der ihr Freund sein wollte, sein Gesicht vor ihnen verbarg – er trug nämlich nach Pionierart einen dichten Vollbart. Die allesamt bartlosen Indianer hatten ihn wohl einige Male darauf hingewiesen, aber nichts passierte, er ›zeigte ihnen nicht sein Gesicht‹. Da lauerten sie ihm eines Tages auf, warfen ihn auf den Boden, hielten ihn fest und rissen ihm in dicken Büscheln den Bart aus! Nun konnte er ihr Freund sein! Mein Urgroßvater war von dieser Minute an täglich bestens rasiert, und sein Posten florierte.«

Der Westteil des 65 000 Quadratkilometer großen Navajo-Reservats ist reich an Bodenschätzen. Die Navajo Mine bei Kirtland etwa fördert im Tagebau Kohle, die in der Four Corners Power Plant zu Strom verfeuert wird. Die Industrie schafft damit einige Arbeitsplätze im Reservat, aber auch dicke, schweflige Rauchwolken: ein vielbeklagtes Übel.

Der Highway US 550 zurück nach Farmington ist eine einzige lange Geschäftsstraße: Flohmärkte, Autofriedhöfe, Handelsposten, Gemüsestände und viele andere versuchen vom Geschäft mit den Navajo zu profitieren. Östlich von Farmington wird es bald ruhiger, und man steigt wieder in die Geschichte ein: **Aztec Ruins National Monument**.

Im Tal des Animas River entdeckte der spanische Missionar Escalante 1776 einige mysteriöse Ruinen. Spätere Siedler schrieben sie den Azteken Mexikos zu, mit denen die steinernen Wälle natürlich nichts zu tun haben. Anasazi der Basketmaker-Kultur hatten sich hier vor 1500 Jahren, ähnlich wie im Gebiet von Mesa Verde, angesiedelt und später eine hochentwickelte Bauernkultur geschaffen.

Der Nationalparkservice der USA ließ als Arbeitsbeschaffungsmaßnahme während der Weltwirtschaftskrise der 30er Jahre einen großen Zeremonienraum originalgetreu auf den alten Fundamenten rekonstruieren, die **Great Kiva**. Im Halbdunkel des riesigen, kreisrunden Raumes ist der Sprung zurück in die Vergangenheit nicht schwer. Auf dicken Fellen saßen hier drüben an der Wand wohl die alten Männer, für die die Kiva der Treffpunkt und oft auch Schlafplatz war; dort erzählten sie den Jungen von früheren Kriegen, der Entstehung der Welt und den Heldentaten der Götter; bei den zahlreichen Zeremonien dröhnten die Trommeln und suchten die Tänzer Jagdglück und fruchtbarkeitsbringenden Regen zu beschwören.

Draußen in der gleißenden Sonne sehen die Ruinen nüchterner aus. Doch liegt über den vor 800 Jahren in mühsamer Handarbeit behauenen Steinen eine geheimnisvolle Ruhe. Etwa 500 Anasazi lebten damals hier, pflanzten Mais und Kürbisse und trieben intensiven Handel mit den über 100 Kilometer weiter südlich gelegenen Pueblos der Chaco-Kultur. Um 1200 unserer Zeitrechnung verließen sie aus bisher ungeklärten Gründen die Siedlung: Vielleicht blieb der Regen mehrere Jahre lang aus, vielleicht änderte der Animas River seinen Lauf.

Doch schon wenige Jahrzehnte später, um das Jahr 1225, zogen neue Mieter ein, Anasazi der Mesa-Verde-Kultur. Sie besserten die Wände aus, bauten neue Wohn- und Zeremonienräume an und errichteten ein weiteres großes Dorf nahebei. Mit dem Untergang der Mesa-Verde-Kultur im ausgehenden 13. Jahrhundert verschwanden auch die Bewohner von Aztec aus ihrer steinernen Stadt.

Durch die historisch restaurierte Main Street des Ortes Aztec geht es nach Süden zum Highway US 64. Ein kurzer Abstecher führt zum großen Stausee

Kundenfang: Schaufenster eines Kaufhauses in Farmington

Am Chama River

Oberlauf des Rio Grande

Navajo Lake, in dem man die staubige Hitze abwaschen kann.

»Welcome to the Homeland of the Jicarilla Apache« heißt es später. Winnetouland! Und es erinnert tatsächlich etwas an die Karstlandschaft Jugoslawiens, die man aus dem Film kennt. Nur reiten hier keine federgeschmückten Krieger umher.

Die modernen Apachen leben, gar nicht so darbend und hungernd, auf Ranches und in kleinen Dörfern. Die Gasvorkommen im Südteil des Reservats bringen Einkommen für den Stamm, und bei Bedarf vermietet man Fischerei- und Jagdrechte an die reichen Weißen.

In **Dulce** stehen die sonntags gut besuchten Missionskirchen am Straßenrand, und im Restaurant wird man von Apachenmädchen bedient. Sonst ist von indianischem Leben wenig zu sehen. Nur beschauliches Ranchland mit kleinen Flüßchen und Seen, während sich die Straße zur kontinentalen Wasserscheide über die Rocky Mountains hinaufwindet.

Die Renommiermarken Harley Davidson und Porsche haben den Highway US 64 zur schönsten Fahrstraße Amerikas gewählt – verständlich angesichts seines Reichtums an Abwechslung und Szenerie. Lichtdurchflutete Bergrücken, Pässe, Serpentinen, gut ausgebaute, langgezogene Kurven in den Flußtälern und endlose Geraden über die Plateaus erwarten die passionierten Motorrad- und Sportwagenfahrer.

Bei **Chama** erreicht man den Siedlungsraum am oberen Rio Grande. Das fast 400jährige spanisch-mexikanische Erbe zeigt sich sogleich in Orts- und Straßennamen.

Das etwas verlassen wirkende Chama entstand erst während des Silberbooms vor gut einhundert Jahren als Endpunkt einer Schmalspureisenbahn in die erzreichen Berge Colorados. Die rußigen Dampfloks stehen noch unten am Depot und heizen im Sommer ihre Kessel zu ganztägigen Ausflugsfahrten auf der historischen Bahnlinie an. Auf der Anhöhe über dem Bahnhof thront das etwas altersschwache Foster's Hotel, wo man bei einer Schale Chili das elektrische Klavier klimpern lassen kann.

Noch ein bewaldeter Bergrücken: schöner Blick zurück, schöner Blick nach vorn. Noch einige langgezogene Bergtäler mit idyllischen Viehweiden, und dann geht's von Tres Piedras schnurgerade durch das karge Hochplateau des Rio-Grande-Tals. Endlos zieht sich der Highway bis zum Horizont. Doch plötzlich tut sich eine tiefe Spalte auf; in weitem, schneeweißem Bogen springt die Straße über die Schlucht des **Rio Grande**.

Da unten fließt er nun, der Strom mit dem berühmten Namen! Aber was für ein Rinnsal! Und das bleibt er im wesentlichen auch über Hunderte von Kilometern auf seinem Weg nach Süden, denn die Nutzung für die Landwirtschaft sorgt mit Dämmen und Staus für eine dauernde Abmagerungskur. Übrigens: Wie kaum ein anderer US-Bundesstaat leidet gerade New Mexico unter chronischem Wassermangel, der den Farmern ebenso wie dem Bergbau und den wachsenden Städten zusetzt.

Noch einige Kilometer bis zum Fuß der Berge, dann ist man im Pueblo-Land: in **Taos**, wo die Nachmittagssonne die Adobewände in warme Erdfarben taucht.

Um sich nach eines langen Tages Reise die Beine zu vertreten, dafür ist **Taos Plaza** gerade recht. Eine Fülle von kunstgewerblichen Shops und Galerien ringsum und in den Seitenstraßen lädt zum Bummel ein, die Restaurants oder die buntbemalten Bänke zur abendlichen Siesta. ■

Festliche Kulisse: Taos Plaza während der Fiesta

Alternativroute: Farmington – Cuba – Bandelier National Monument – Taos (538 km)

> ***Alternativen:***
> Statt der Rast am Rio (Embudo Station) kann man schon heute **San Ildefonso Pueblo** besuchen, das am morgigen Tag auf dem Programm steht (vgl. S. 166 u. 178 f.), heute aber gleich am Weg liegt.

Alternativroute – 1. Tag: Farmington – Aztec Ruins – Bloomfield – Chaco Canyon – Cuba (250 km)

km/mi	Zeit	Route
0	9.00 Uhr	Von Farmington US 550 nach Aztec und dem
22/14	9.30 Uhr	**Aztec Ruins National Monument** (ausgeschildert). Rundgang ca. 1 Std. – Weiterfahrt über S 544 nach
38/24	11.00 Uhr	Bloomfield, dort geradeaus weiter über S 44 und am Blanco Trading Post die S 57 rechts ab über den Schotterweg zum
134/84	12.30 Uhr	Visitor Center im **Chaco Culture National Historical Park**. Rundfahrt zu den Pueblos: z.B. Chetro Ketl, Pueblo Bonito, Kin Kletso, Pueblo del Arroyo, Casa Chiquita (ca. 4 Std.). – Gleicher Weg zurück, aber diesmal die County 7800 rechts ab zur S 44 (Nageezi); diese nach Süden bis
250/156	18.00 Uhr	Cuba

Alternativroute – 2. Tag: Cuba – San Ysidro – Jemez Springs – Bandelier National Monument – Taos (288 km)

km/mi	Zeit	Route
0	9.00 Uhr	Von Cuba S 44 nach Süden bis San Ysidro, dort S 4 über **Jemez Springs** und weiter auf der S 4 bleiben (nicht die Straße nach Los Alamos wählen) und dem braunen Schild BANDELIER folgen zum
157/98	11.00 Uhr	**Bandelier National Monument** (Visitor Center). Klettern, Wandern und evtl. Picknick (ca. 3 Std.)
	14.00 Uhr	Abfahrt von Bandelier: am Parkausgang der S 4 und dem Schild SANTA FE folgen, dann S 502 *east* und über den **Rio Grande**, an der Black Mesa und dem San Ildefonso Pueblo vorbei, bis zur Kreuzung der US 84/285, diese nach Norden Richtung Taos über Velarde nach
245/153	15.00 Uhr	**Embudo Station** Restaurant am Rio Grande (Pause und evtl. spätes Lunch, ca. 1 Std.), danach weiter nach
288/180	17.00 Uhr	**Taos**

Alternativroute: Informationen

Vorwahl: ✆ 505

Aztec Ruins National Monument vgl. S. 148

Chaco Culture National Historical Park
S 57, New Mexico
✆ 786-5384, tägl. 8–17 Uhr
(Auskunft über Straßenzustand: ✆ 786-7014 und 786-7060.) Die Ruinen selbst sind von Sonnenauf- bis Sonnenuntergang zugänglich: **Casa Chiquita** (1100–1126), **Kin Kletso** (1100–1126), **Pueblo del Arroyo** (1074–1110), **Chetro Ketl** (1005–1105), **Pueblo Bonito** (850–1145).

Frontier Motel
6474 Hwy. 44, Cuba, NM 87013
✆ 289-3474
Einfaches Motel. $

El Bruno's
Hwy. 44 in Cuba, ✆ 289-9429
Cantina y Ristorante: hübsches neumexikanisches Lokal (auch zum Draußensitzen im Schatten) mit überdurchschnittlich guter Küche, einer Boutique und einer Bar mit Live-Musik am Wochenende. Tägl. Lunch und Dinner (bis 22 Uhr). $–$$

Bobby and Margie's Cuban Cafe
Hwy. 44 in Cuba (am Südende des Städtchens)
Herzhaftes Frühstück – meist frequentiert von Truckern und Beamten der Highway Patrol. $

Bandelier National Monument
S 4 (südl. von Los Alamos)
✆ 672-3861
Tägl. 8–18 Uhr, im Sommer länger
Historische Felsensiedlung und Kiva im Tuffstein (über Leitern zugänglich); außerdem Bauten aus Steinschutt am Felsen; Grundmauern von Tyuonyi, einem Anasazi-Pueblo aus dem 14./15.Jh.: Diese um eine Plaza mit mehreren Kivas gebaute Rundanlage hatte einmal 3 Stockwerke und 400 Räume. Dia-Schau, Filme, handwerkende Indianer und ein kleines sehenswertes Museum im Visitor Center. Campingplatz: Juniper Campgroun (März–Nov.) auf *first-come, first-served* Basis.

San Ildefonso Pueblo vgl. S. 166
Embudo Station vgl. S. 166
Taos vgl. S. 165 f.

Steinerne Stille: Chaco Canyon

Alternativroute

Nach Tagen voller natürlicher und historischer Bilder gerät in **Farmington** wieder US-Boden des 20. Jahrhunderts unter die Räder. Geschäft ist Geschäft bedeuten die Schilderwälder, der grelle *commercial pop* und die *Drive-Ins*, die hier nie aus der Mode gekommen sind. Selbst die Geschichte möchte man nicht nur den Ruinen überlassen. Ein Billboard wirbt für den Besuch von »Anasazi«, einem *outdoor drama* (einer Art Freilichtoperette), die im Sommer die Siedlungskunst der indianischen Vorfahren als Entertainment vorführt.

Dagegen wirkt das bereits erwähnte **Aztec Ruins National Monument** wie eine Oase (vgl. S. 152 f.), denn die restaurierten Reste eines alten Anasazi-Dorfs vertrauen lediglich auf die Ausstrahlungskraft der Steine. Tatsächlich helfen in der grandiosen Kiva nur ein paar indianische Trommeln (vom Band), die alte Zeit wieder aufleben zu lassen, während die Vögel draußen Flieder und Pusteblumen umschwärmen. »Wie heißt der Vogel, der so aussieht wie Orca«, fragen die TV-geschulten Kinder einer Schulklasse und zeigen dabei auf die schwarzweißen *magpies*, die Elstern. Dieses **Aztec** ist übrigens, zumindest an seiner Hauptstraße, ein hübscher kleiner Ort, der sogar ein Klasse-Hotel aufweisen kann.

Südlich von Bloomfield beginnt dann die Anfahrt zum abgelegenen Chaco

Canyon ein bißchen wie eine Geduldsprobe, denn ringsum sieht es ziemlich nichtssagend aus: grüne Alfalfa-Felder anstelle spannender Bergsilhouetten. *Checkerboard area* heißt diese Gegend, weil das Land sehr unterschiedlich verteilt ist, zwischen Indianern, Anglos und dem Staat. Außer *sagebrush*, Rindern und ein paar Pferden springt dabei für Touristen nicht allzu viel heraus, so daß man sich bald ganz auf die rappeligen Rillen und *cattle guards* im Schotter der *dirt road* (S 57) konzentrieren kann, die vom einsamen Blanco Trading Post auf den Canyon zuführen, der sich bis zum letzten Augenblick versteckt. Obwohl auf bundesstaatlichem Grund und Boden (*federal land*), dulden und respektieren die Indianer, so hört man, die Enklave ihrer Vorfahren.

Kunst am Stein: Pueblo Bonito im Chaco Canyon

Casa Chiquita ist die erste Ruine, die man im **Chaco Culture National Historical Park** zu Gesicht bekommt, in diesem archäologisch so reichhaltigen und zugleich geheimnisvollen Canyon, dessen natürliche Eigenschaften sich alles andere als kulturfördernd anhören: lange Winter, kurze Wachstums- und Reifezeiten und wenig Regen bestimmen das Wüstenklima. Holz, Nahrung und Türkise lagen zu keiner Zeit vor der Haustür, sondern fernab. Umso erstaunlicher daher die Leistung der sogenannten *Chacoan Culture* der Anasazi vor etwa tausend Jahren. In der Vierländerregion des Colorado-Plateaus (Utah, Colorado, New Mexico, Arizona) war sie vergleichsweise am weitesten entwickelt, in puncto Architektur, kulturellem Niveau und sozialer Organisation.

Die Mega-Anlage der zwölf Pueblos für mehrere tausend Einwohner muß um das Jahr 1000 einem prähistorischen Los Angeles des Südwestens ähnlich gesehen haben. Dabei waren die Siedlungen im Canyon nur der Teil eines Komplexes von 400 weitverstreuten, durch ein Straßennetz miteinander verbundenen Pueblos waren. Chaco, nimmt man an, war so etwas wie das versorgende und beherrschende Zentrum eines wirtschaftlichen, sozialen und politischen Satellitensystems (sowie ebenso dessen religiöse Mitte angesichts der auffälligen Fülle von Kivas). Auch Aztec war ein Teil davon.

Zahlreiche Keramikfunde deuten darauf hin, daß die meisten Stücke gar nicht an Ort und Stelle gefertigt wurden, sondern wie andere Güter (rohe Türkise, Muscheln, Kupfer) importiert waren. Den Niedergang der *Chacoan Culture* schreibt man (wie oft) einer Dürreperiode zu, die das San Juan Becken 1130–1180 heimsuchte.

Es ist völlig egal, in welcher Reihenfolge man sich die zahlreichen steinernen

Mit dem Rücken zur Felswand: Ruine »Pueblo Bonito«

Fenster zum Himmel: im Mauerwerk des Pueblo Bonito

Überreste ansieht. Vielleicht ist es sinnvoll, zuerst ganz durch bis zum Visitor Center zu fahren, um sich mit zusätzlichen Karten und sonstigem Informationsmaterial zu versorgen und dann von dort aus, gewissermaßen rückwärts, das Tal zu erkunden. Mit Sicherheit zählen Pueblo Bonito und Pueblo del Arroyo zu den Höhepunkten von Chaco, sieht man von der höhergelegegen Casa Rinconada (etwa 1100) ab, die die größte Kiva des Südwestens zu bieten hat.

Pueblo del Arroyo, gegen 1075 mit fast 300 Räumen und mehr als 20 Kivas in D-Form dicht am Chaco Wash errichtet, zeigt die typischen Merkmale der *great houses*: große Maßstäbe, kunstvolles Mauerwerk und fortgeschrittene Bautechnik. Die Steine kamen, wie die aller Pueblos hier, aus den Sandsteinklippen der Canyonwände; Wasser, Sand, Ton und Schlamm aus dem Fluß, der übrigens heute erheblich breiter fließt als noch im vorigen Jahrhundert und dessen Ufer am Pueblorand auch befestigt ist, um weitere Ausspülungen zu vermeiden. Die Überbeanspruchung der Weideflächen (*over-grazing*) gilt als die Hauptursache der Bodenerosion.

Zu den imposantesten Ruinen des Südwestens zählt der **Pueblo Bonito**, dicht am Fuß der Sandsteinklippen der Canyonwand gelegen. Seinen Namen erhielt das »schöne Dorf« von dem Indianer-Scout Carravahal aus dem San Juan Pueblo am Rio Grande, der 1849 eine Militärexpedition in diese Gegend führte. Auf einer hypothetischen Rekonstruktionszeichnung ähnelt das Riesenhaus einem gewaltigem Ufo: ein vierstöckiges Halbrund mit 600 Raumparzellen und 40 Kivas. Zwischen 900 und 1200 Menschen sollen hier einmal gelebt haben. Beachtlich auch hier die Kunst des Mauerwerks: im Kern bestehend aus dickeren, in Mörtel eingelegten Sandsteinbrocken und verkleidet mit ebenso sorgfältig ausgesuchten wie geformten Steinen an beiden Seiten der Außenhaut.

Stundenlang kann man sich durch das Labyrinth der steinernen Räume bewegen und die Baukunst der Fenster- und Türausschnitte bewundern. Am besten natürlich frühmorgens oder ab dem späten Nachmittag, je später, je besser – wegen des Lichts, der abwesenden Besucher, der Stimmung. Tagsüber und an Wochenenden kann es nämlich mitunter unschön werden. Im Gewimmel der Stimmen drängt sich dann letztlich nur noch das Layout der kleinen Täfelchen vor, die eine stumme Führung vorschreiben: bitte hier nicht gehen, dort abbiegen, hier nicht sitzen, nichts berühren, umkehren – Eiertänze zwischen sensibler Früh- und trampeliger Zeitgeschichte. Erst wenn die Hasen und Mauersegler sich vorwagen, bringen das warme Spätlicht und die Stille die Steine zum Sprechen. Dann erwacht die nüchterne Archäologie zum Leben und wird zu einer persönlichen Erfahrung.

Der Rückweg geht wieder über Schotter, vorbei an graugrünem *sagebrush* und Ziegen, manchmal auch an einem Indianerjungen auf einem Mountainbike. Je nach Wetterlage tun sich unterwegs nach Cuba im Rückspiegel Farben wie bei einem riesigen Waldbrand auf: ein Sonnenuntergang, der sich mit schweren Gewitterwolken zu einem spektakulären Lichtspiel vermischt und der einmal mehr für jenen magischen Mehrwert sorgt, den New Mexico mit Recht für sich in Anspruch nimmt.

Reichlich umhegt von satten Weiden und lieblicher Landwirtschaft, macht **Cuba** dagegen einen recht schlichten Eindruck. Doch für ein unerwartet gutes neumexikanisches Abendessen und eine ruhige Motelnacht ist es allemal gut.

Je weiter man nach Süden kommt, umso unterhaltsamer werden die von zahlreichen *washes* zerfurchten Landschaftsbilder, auf deren Farbpalette Rotgrün dominiert. Mal sind es die von Büschen grünbetupften Felsen, mal hellgelbe Erdfarben, die durch tiefhängende Wolkenklumpen schön inszeniert werden.

Ab **San Ysidro** kommt zum ersten Mal die für dieses Land typische Lehmbauweise ins Spiel und (nach langer Zeit) eine Kirche, die sich sehen lassen kann, weiß getüncht und spanischer Abstammung. Die erste Möglichkeit, sich einen indianischen Pueblo anzusehen, bietet Jemez Pueblo, dessen Adobehäuser sich linker Hand im bewässerten und begrünten Tal des Jemez River hinziehen.

Jemez Springs sieht gut aus. Im Ort scheinen sich die Kontakte zum Jenseits und irdische Lebenslust die Waage zu halten. So jedenfalls wirkt die bunte Mischung aus Espresso Bars und Zen-Zentrum, Boutiquen und Galerien, Badehäusern (heißen Quellen) und einer Kirche mit auffällig rotem Dach, das an das Blut Christi erinnern soll. Danach wird es schluchtig, und während der Jemez River auf Tuchfühlung mit der Straße geht, verkriecht diese sich immer mehr in den Wald, der hier den Namen **Santa Fe National Forest** trägt. Ab und an blickt man auf kleine Oasen am Fluß, Picknickgruppen und Angler. Erst allmählich weiten sich die Blicke, unter anderem auf eine riesige grüne Wanne, die einst ein Krater zurückgelassen hat.

Das **Bandelier National Monument**, 1916 gegründet, wurde nach Adolph Bandelier benannt, einem anthropologischen Pionier, der das Gebiet Ende des 19. Jahrhunderts erforschte. Nähere Auskünfte über Trails, Ausrüstung, Ge- und Verbote gibt das Visitor Center, wo man sich bei längeren Touren (z. B. über den Falls Trail) übrigens eintragen sollte. Der Juniper Campground läßt keinen einschlägigen Wunsch offen; oft werden dort am abendlichen Feuer Tips und Informationen gegeben.

Wer die Höhlenwohnungen kennenlernen möchte, sollte schon mindestens eine Stunde Zeit haben. Mit Kindern und anderen Neugierigen kann daraus leicht ein Tagesprogramm werden, denn es gibt einige ehemalige Höhlenklausen in den weichen Tuff-Felsen, in die man über Leitern klettern kann, um von dort aus einen besonders schönen Blick über das Tal und auf die Ruinen des Pueblos zu werfen. Vielfältig und oft überraschend sind die Felszeichnungen, die man, je nach Sonnenstand, oft nur nach längerem Hinsehen entdeckt. Höhepunkt, auch im wörtlichen Sinn, ist der letzte Aufstieg zur Kiva über mehrere steile Holzleitern. Der Weg durch das Tal, den El Rito de los Frijoles Creek entlang, ist meist schattig; dasselbe gilt für den Picknickplatz beim Besucherzentrum.

Auch wenn die Route den Ort links liegen läßt, kann man an **Los Alamos** nicht einfach kommentarlos vorbeifahren. Denn hier, im »Oppenheimer Country«, wurde die erste A-Bombe entwickelt, die im Juli 1945 an der »Trinity Site« in der Journada del Muerto Wüste gute 200 Kilometer südlich von Los Alamos (in der Nähe von White Sands) gezündet wurde. Das Ganze begann streng geheim im Zuge des »Manhattan Project«, bei dem die Nationallabors von Los Alamos als »Project Y« fungierten. Hier brüteten Wissenschaftler unter Leitung von J. Robert Oppenheimer jene »Fat Man« genannte Bombe aus, deren Nachfolger den Zweiten Weltkrieg in Hiroshima und Nagasaki beendeten. In dem zunächst in einer Schule untergebrachten und später erheblich erweiterten »Lab« arbeiteten außer Oppenheimer auch Niels Bohr, Hans Bethe und Edward Teller, der später Oppenheimer als Kommunisten denunzierte, um sich dann selbst maßgeblich am Bau der Wasserstoffbombe zu beteiligen.

Die Top-Secret-Adresse Los Alamos oder »Atomic City«, wie es heute selbstbewußt auf den Ortsschildern heißt, öffnete sich 1957 zu einer jedem zugänglichen adretten Provinzstadt von rund 20 000 Einwohnern, doch bei der Frage, was denn heute so alles im »Lab« abläuft, trifft man auf allgemeines Schulterzucken. Die meisten wissen es wirklich nicht, andere sagen es nicht. Über die Arbeit wird geschwiegen, niemand will sich die Zunge verbrennen, schon gar nicht, seit die Höhe der Rüstungsetats zur

Höhlenforscher: im Bandelier National Monument

Disposition steht. Einige der Anwohner klagen zur Zeit gegen das Atomlabor wegen radioaktiver Emissionen, die bisher verschwiegen wurden. Rund um Bandelier sieht man hin und wieder blaue Schilder: TECH AREA. Was dort passiert, darf nur vermutet werden. Gleichwohl, die »Lab«-Leute leben selbst nicht schlecht. Noch immer verwaltet diese Form der Wissenschaft stolze Millionenetats, bei denen auch die Angestellten nicht leer ausgehen. Die ortsüblichen Gehälter liegen doppelt so hoch wie sonst in den USA.

Im Handumdrehen wechselten die Welten einander ab: erst die Anasazi-Kultur, dann die Atomszenerie. Und das bleibt so, wenn links die **Black Mesa** auftaucht, das Wahrzeichen in Sichtweite vom **San Ildefonso Pueblo**.

Mit der Überquerung des **Rio Grande** rücken die lange ins Jahr hinein verschneiten Kuppen der Sangre de Cristo Mountains näher. Wenn sie das richtige Sonnenuntergangslicht erwischt, färben sie sich tatsächlich blutig rot. Daher der Name. Schließlich biegt der Highway nach Norden, um sich **Española** zu nähern, jener Stadt die sich zwar fest in hispanischer Hand befindet, die aber nicht gerade zu den Augenweiden dieser ansonsten so traumhaften Region des Großen Flusses zählt – kommerzieller Wildwuchs, ausnahmsweise. Abends muß man in Española mindestens auf zweierlei zugleich achten: auf die strengen und in martialisches Schwarz gekleideten Sheriffs, die von Amts wegen auf die Einhaltung des Tempolimits achten und auf jene, die, um am beliebten *cruising* teilzunehmen, unversehens aus den Seitenstraßen schießen und es mit dem Gesetz nicht so genau nehmen.

Fiesta-Stimmung: Taos Plaza

Der Spuk ist bald vorbei und schon bei **Velarde** rücken anstelle von Reklameschildern wieder Büschel roter Chilischoten *(ristras)*, Obst und Gemüse ins Blickfeld. Zur jährlichen *Apple Fiesta* belebt sich hier die Früchteszene mit unzähligen *locals*, die außer Äpfeln nur eines im Sinn haben: *having a good time*.

Kurz hinter Velarde beginnen Highway und Rio ihren Paarlauf durch die immer enger werdende Schlucht, die ein ebenso schattiges wie einladendes Shangri-La auf der gegenüberliegenden Flußseite zu bieten hat: **Embudo Station**, eine jener *boutique breweries*, die sich, weil wohlschmeckend, neuerdings zunehmend erfolgreich gegen das fade amerikanische Standardbier behaupten.

Einige Kurven führen zur Hochebene hinauf und plötzlich sieht man, was der bisher so unscheinbar vor sich hin gurgelnde Rio Grande über die Jahre geleistet hat: eine enge Kerbe, die einer gewaltigen Erdbebenspalte ähnelt, die bei rechtem Licht besehen ein eindrucksvolles Naturschauspiel aufführt und vor allem ein Fressen für das *white river rafting* der Kanu- und Schlauchbootfreunde ist, die nichts lieber tun, als im Frühjahr durch diesen engen Canyon zu jagen, *to shoot the box*, wie sie das nennen. Dem Autofahrer bleibt dagegen nur der trockene Endspurt übers Plateau nach Taos. ■

11.Tag – Route: Taos – Ranchos de Taos – Las Trampas – Chimayo – San Ildefonso Pueblo – Santa Fe (170 km)

km/mi	Zeit	Route
0	9.00 Uhr	Abfahrt zum **Taos Pueblo**. (ca. 1 Std.) – Zurück in den Ort, an Kit Carson Road links zur
11/7	10.30 Uhr	Recycling-Architektur. Über US 68 nach Süden nach
19/12	11.30 Uhr	**Ranchos de Taos** (Missionskirche) und am Rio Grande entlang, bei Embudo die S 75 links über **Las Trampas** (Kirche) und **Truchas** nach
110/69	13.00 Uhr	**Chimayo** (Lunchpause ca. 2 Std.). – Abfahrt in Richtung Nambe zur US 84, diese links und gleich auf die S 502 rechts (Richtung Los Alamos) zum
138/86	15.30 Uhr	**San Ildefonso Pueblo**
170/106	16.30 Uhr	Santa Fe

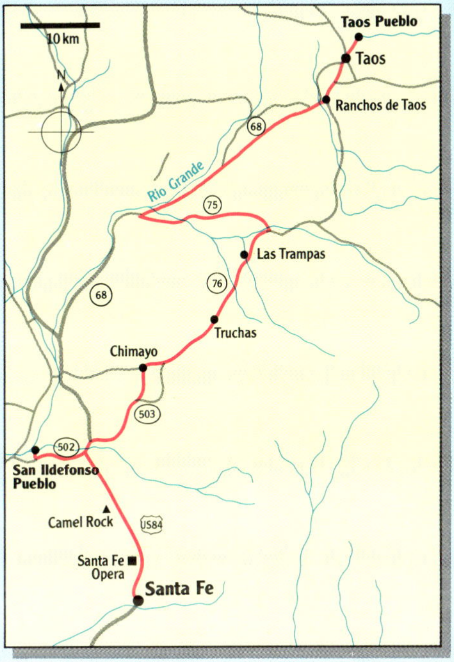

Alternativen:
der zusätzliche Besuch des sehenswerten **Millecent Rogers Museum** (s. u.). Eine kürzere, direktere Route nach Süden (S 68/US 84/US 285) bietet südlich des Abbiegers der S 75 rechter Hand Gelegenheit, eine Pause im einzigen Restaurant (und Biergarten!) am gurgelnden Rio Grande zu machen: **Embudo Station** (s. u.)

11. Tag – Informationen

Vorwahl: ✆ 505

Michael's Kitchen
Paseo del Pueblo Norte
Taos
Rustikaler Coffee Shop und soziales Zentrum, ideal zum Frühstück oder Lunch. $

Taos Pueblo
(3 km nördl.von Taos)
P.O. Box 1846
Taos, NM 87571
✆ 758-9593 und 758-8626

Im Sommer tägl. 8–17 Uhr. Fotogebühr
Einer der architektonischen Höhepunkte des Südwestens: fünfstöckige Puebloanlage, gebaut ca. 1000–1450 und schöne San Geromino Kirche von 1850. Besondere Festtage und Zeremonialtänze: Pueblo-Fest (29./30. Sept.), Turtle Dance (1. Jan.), Deer and Buffalo Dance (6. Jan.), Corn Dance (3. Mai, 13. Juni, 24. Juni), Pow-Wow (10.–12. Juli), Santiago's Day (25. Juli), Deer Dance (25. Dez.).

Millecent Rogers Museum
P.O. Box A, Taos, NM 87571
6 km nördlich von Taos auf S 522, dann scharf links an der Tankstelle den Museumsschildern folgen
✆ 758-2462, tägl. 9–17 Uhr
Landschaftlich reizvoll auf der Hochebene gelegen: sehenswerte Sammlung der gleichnamigen Öl-Erbin – indianische und spanische Kunst der Region in verwinkelten Adoberäumen einer Privatvilla (Schmuck, Kachinas, Textilkunst, Flechtkörbe, Möbel, Tafelbilder, Keramik, zeitgenössische Plastik). Viele der Keramik-Schätze stammen von Maria Martinez, der berühmten Töpferin von San Ildefonso.

San Francisco de Asis Church
Ranchos de Taos
6 km südl. von Taos Plaza ein Block östl. der S 68
Eine der eindrucksvollsten (und nicht restaurierten) spanischen Missionskirchen in New Mexico von 1710–1755, bekannt von vielen Bildern Georgia O'Keeffes und Fotos von Anselm Adams. Tägl. 6–18 Uhr

Embudo Station
am Highway am Rio Grande
Di–So 12–21 Uhr
Lauschiges und schattiges Gartenrestaurant, Brauerei und Kunstgalerie. Stolz ist man hier auf das selbst gebraute schäumende »Embudo Gold« (mit Recht). $–$$

San Jose de Gracia
Las Trampas
Eine der schönsten sakralen Lehmbauten von New Mexico: massive spanische Missionskirche von 1763.

Ortega's Weaving Shop
Chimayo (ausgeschildert)
Seit sieben Generationen sind hier die Teppichweber der Familie bei der Arbeit.

Santuario de Chimayo
Malerische Wallfahrtskirche von 1816 und Kultstätte der wundertätigen Erde, eine Mischung aus indianischen und christlichen Glaubensvorstellungen.

Rancho de Chimayo
✆ 351-4444
Hübsch gelegenes Patio-Restaurant. Zwischen Feb. und Mai, Sept. und Jan.: Mo geschl. Im Januar ganz geschl. $$

San Ildefonso Pueblo
Rt. 5, Box 315 A
Santa Fe, NM 87501
✆ 455-3549
32 km nordöstl. von Santa Fe über US 84, dann links auf der S 502. Eingang rechts. Tägl. ca. 8–17 Uhr. Fotogebühr
Große Plaza, eindrucksvolle Kiva und im *gift shop* hervorragende schwarze Keramik, eine Technik, die in den 20er Jahren von Maria Martinez und ihrem Mann Julian entwickelt wurde.

Camel Rock Campground
Rt. 5, Box 360 H
Santa Fe, NM 87501
✆ 455-2661
Großer Privatcampingplatz im Norden der Stadt (am Hwy. 185) beim Felsen mit dem Profil eines Kamels.

Rancho Encantado
Santa Fe, NM 87501
✆ 982-3537 und 1-800-722-9339
Fax 983-8269
Herrlich gelegenes Ranch-Resort zum Ausspannen: Ranchhaus, *casitas*, Pferde, Trails, Tennisplätze, Pool, Restaurant und *cantina*. Sogar dem Dalai Lama hat es hier gut gefallen. $$$$ (Von Taos: südlich

11. Tag – Informationen

Camel Rock von US 285 links ab North Tesuque Exit (nicht Tesuque Pueblo!), dann links S 592 ein paar Meilen dem Schild RANCHO ENCANTADO folgen, Rancheingang rechter Hand; ca. 13 km/10 Min. nördl. von Santa Fe.)

La Fonda
100 East San Francisco St. (Ecke Plaza)
Santa Fe, NM 87501
✆ 982-5511 und 1-800-523-5002
Fax 988-2052
Historische Herberge am Ende des Santa Fe Trail: knuffige Zimmer, hübscher Speisesaal, Fiesta-Lounge (oft mit Live-Musik), Pool, Garage. $$$–$$$$

Best Western High Mesa Inn
3347 Cerrillos Rd.
Santa Fe, NM 87501
✆ 473-2800 und 1-800-777-3347
Fax 473-5128
Geräumiges Haus, Restaurant, Bar, großer Pool. $$$

Hotel Santa Fe
1501 Paseo de Peralta (Cerrillos Rd.)
Santa Fe, NM 87501
✆ 982-1200 und 1-800-825-9876
Fax 984-2211
Gediegener Neo-Pueblo-Bau, mehrheitlich von den Picuris-Indianern verwaltet, Pool, Hot Tub. $$$

Inn of the Governors
234 Don Gaspar Ave. (Alameda St.)
Santa Fe
✆ 982-4333 und 1-800-234-4534
Fax 989-9149
Geschmackvoll im Southwest-Dekor eingerichtetes Hotel, zentral. Restaurant und Bar. $$$$

Cafés, Restaurants, Bars in Santa Fe s. Seite 181 f.

Old Santa Fe mit Dame: San Francisco Street, ca. 1918

Taos Pueblo im Herbstlicht

11

Land der drei Kulturen
Von Taos nach Santa Fe

Der Sonnenaufgang bringt Farbe nach Taos. Ockergelb, braunrot und beige leuchten die Lehmhäuser, gerahmt vom Grün der Bäume, im Kontrast zum Himmelsblau. Das struppige *sagebrush* duftet, und die putzigen Präriehunde stellen die Ohren auf: Taos – der magische Ort auf der Hochebene, häufig gemalt und fotografiert, poetisch verklärt von D. H. Lawrence, der hier lebte.

Schon um die Jahrhundertwende machte der Ort der trockenen Luft wegen von sich reden: als eine Art Davos und Zauberberg für gesundheitlich (vor allem im Lungenbereich) Angeschlagene. Später dann, in den 20er und 30er Jahren, kam der Ruf des Ästhetischen hinzu. Zahlreiche Künstler kamen zu Besuch, denen es die Zeitlosigkeit der Hochebene und die Anziehungskraft der Sangre de Cristo Mountains angetan hatten. Außer D. H. Lawrence war auch die Malerin Georgia O'Keeffe unter ihnen.

Taos ist heute ein beschauliches Westernstädtchen, eine Künstlerkolonie mit rund dreieinhalbtausend Einwohnern, Nachbar eines berühmten Indianerpueblos und Skidorf im Winter.

Bauarbeiten im Taos Pueblo

Alte Missionskirchenruine und Friedhof im Taos Pueblo

Wie und wo man hier den Tag beginnen soll, ist keine Frage, denn die herzhaften Frühstücksangebote in »Michael's Kitchen« an der Hauptstraße sind unwiderstehlich. Hier treffen sich alle: gepflegte *Little Old Ladies*, Burschen mit grobkarierten Hemden, Touristen, Feingeister und Leute in Skistiefeln.

Anschließend: **Taos Pueblo**, einer der Höhepunkte der Rundreise. In der Regel ist das Indianerdorf täglich für Besucher offen, es sei denn, es findet gerade eine Beerdigung statt. Bei der Einfahrt kauft man sein Ticket und, wer möchte, eine Fotoerlaubnis. Sie gilt für die Häuser und den Hauptplatz, aber die Bewohner wollen sich nicht so gern fotografieren lassen, und das sollte man respektieren.

Der Pueblo der Taos-Tewa-Indianer, der nördlichste der insgesamt 19 Pueblos am Oberlauf des Rio Grande, zählt zu den ältesten Siedlungen in den USA überhaupt. Er bestand bereits Jahrhunderte bevor die Spanier 1540 anrückten – ein Regiment Konquistadoren aus der großangelegten Coronado-Expedition, die auf der Suche nach den sagenhaften goldenen Städten Angst und Schrecken verbreitete. Wahrscheinlich war es die Abendsonne, die Hochebene und Pueblo beleuchtete, so daß es den Anschein hatte, die verheißenen Goldberge lägen zum Greifen nahe. Später, im Jahre 1680, war Taos Pueblo Keimzelle des Indianeraufstands gegen die Spanier, an dem sich schließlich alle Pueblo-Stämme beteiligten. Aber ihr Sieg hielt die Spanier nur knapp zwanzig Jahre fern; dann schlugen sie zurück.

Rund 150 Personen leben heute in den beiden Wohnblöcken an der Plaza, die der gurgelnde Rio Pueblo de Taos in zwei Hälften teilt. (Eine weitaus größere Zahl – 1800 – lebt auf dem Land, das zum Reservat der Taos-Indianer gehört.) Das klare Flußwasser kommt aus dem Blue Lake, dem umstrittenen See in den nahen Bergen, der letztendlich immer noch die Hauptquelle für Trinkwasser und Feldbewässerung ist. Die US-Regierung hatte sich 1906 den als heilig geltenden See und das ihn umgebende Bergland zu eigen gemacht. Erst 1970 und nach langem Streit bekamen die Indianer das Gebiet zurück. Seither zählt der Blue Lake wieder zu den bevorzugten Refugien religiöser Feiern. Daß Katholizismus und indianische Glaubenstradition friedlich nebeneinander existieren, beweist die gleichzeitige Präsenz von Kirche und Kiva im Dorf.

In einigen Adobehäusern (*curio shops*) verkaufen die Indianer ihre kunstgewerblichen Produkte und draußen unter den schattigen *ramadas* wird selbstgebackenes frisches Brot angeboten. Das sind im wesentlichen die wirtschaftlichen Grundlagen der Pueblo-Bewohner. Elektrizität und fließendes Wasser gibt es hier nicht. Auch kein Fernsehen. TV, so sagen die konservativen Indianer, ruiniere das Geschichtenerzählen und die mündliche Tradition. Viele Stammesmitglieder ziehen es daher vor, mit allem Neuzeitkomfort außerhalb des traditionellen Pueblos zu leben und nur bei religiösen Feierlichkeiten in ihr Dorf zurückzukehren.

Bis heute bestimmt die terrassierte Wohnanlage, die seit 1965 unter Denkmalschutz steht, die Bauweise in der gesamten Region – architektonisch ebenso wie ökologisch. Dies wird gerade in Taos frappierend klar, wenn man nach dem Besuch des Pueblos zu einem anderen Schauplatz ungewöhnlicher Baukunst fährt: ein paar Minuten zurück zur »Hauptkreuzung« (wo es rechts zur Plaza abgeht), links in die Kit Carson Road, ein paar hundert Meter stadtauswärts, vorbei an schönen Adobehäusern und der him-

Einfall aus Abfall: Recycling-Architektur aus Dosen und Lehm

beerfarbenen Lehmburg des russisch-amerikanischen Malers Leon Gaspar (linker Hand), der hier von 1882 bis 1964 wohnte. Rechts, bei den Resten eines bräunlichen Lehmtors, führt ein Schotterweg leicht abwärts. (Am besten parkt man scharf rechts an der Straße, geht den Weg zu Fuß und läßt sich überraschen.)

Nach ein paar Schritten taucht linker Hand ein einzelnes Lehmhaus auf, das nichts Auffälliges an sich zu haben scheint. Aber hundert Meter weiter, nach einer kleinen Brücke, steht rechts ein sonderbares Gebilde, ein Haus, dem man schon eher ansieht, aus welch merkwürdigen Materialien und Baustoffen es besteht: aus Aluminiumbüchsen und Flaschen, teils verputzt mit Lehm. Auch die Wände des ersten Anwesens, das wir passierten, bestehen aus wassergefüllten Dosen und erdgefüllten Autoreifen, nur kann man das von außen nicht sehen. Beide Eigenheime stammen von dem alternativen Architekten und Baumeister Michael Reynolds, der seit langem diese praktische Ökologie am Bau betreibt.

Nur ein paar Autominuten sind sie also voneinander entfernt: die Indianer und die Weißen, die jahrhundertealte Bautechnik mit luftgetrockneten Lehmziegeln im Pueblo und das konstruktive Recycling moderner Prägung. Wie sonst nirgendwo in den USA liegen in Taos traditionelle und experimentelle Formen des energiesparenden Bauens in engster Nachbarschaft.

Übrigens, früher konnte man am ersten Haus (von der Straße aus gesehen) die silbrigen Dosenböden an den Erkerwänden noch gut erkennen. Jetzt sind sie verputzt. Warum? »Ach, wissen Sie«, erzählt Linda Sherer, die Hausbesitzerin, »ein paar böse Buben haben sich öfter einen Spaß daraus gemacht und Löcher in die Aludosen geschossen. Mit dem Luftgewehr!«

Vor dem Abschied von Taos sollte man noch einen Blick in die schöne Adobekirche **San Francisco of Assisi** werfen. Sie liegt rund sechs Kilometer südlich, in **Ranchos de Taos**. Wie eine Riesenkatze aus Lehm thront der mächtige Bau mitten auf der hübschen Placita. Nahezu alles in dieser Kirche ist, steht oder hängt schief: die Decke, die Kerzenhalter, die Bilder, das Kreuz.

Der Highway nach Süden bringt bald ein Wiedersehen mit dem **Rio Grande**, zuerst mit dessen tiefer Erdspalte, dann mit seinem Flußlauf selbst, dem die Straße bis zu jenem Abzweiger nach Osten folgt, der durch uraltes spanisches Siedlungsgebiet kurvt – vorbei an zahlreichen Friedhöfen mit mexikanischen Plastikblumen. Auch akustisch tut sich der spanische Einfluß kund, durch Musik und Werbesendungen im Autoradio.

Eindrucksvoll und einen Stopp wert: die Lehmkirche in **Las Trampas**. Kurz darauf folgt das alte Dorf von **Truchas**, das so aussieht wie eine Kulisse in einem Pancho-Villa-Film, aber es ist durchaus real, denn wie die meisten anderen Orte ist Truchas eine Gründung der ehemals rein spanischen Landbevölkerung, der *paisanos*, die mehr als hundert Jahre früher in dieses Land kamen als zum Beispiel nach Kalifornien oder Texas. Es dauerte bis zum Ende des 19. Jahrhunderts, bis die ersten Anglos in dieser so lange Zeit spanisch und indianisch besiedelten Region aufkreuzten, die meisten von ihnen Händler und Viehtreiber. Zuletzt machte sich Robert Redford die Szenerie zunutze – zur Verfilmung des Bohnenkriegs von »Milagro«.

Vielleicht sind diese besonderen geschichtlichen Voraussetzungen dafür verantwortlich, daß sich die kulturelle und ethnische Koexistenz im Norden von New Mexico durchweg liberaler und toleranter vollzieht als etwa in Texas oder Arizona. Vielfach begegnet man Querverbindungen und Wechselbeziehungen zwischen den drei Kulturen am oberen Rio Grande.

Jugendliche Hispanics in Chimayo

John, ein Freund und Anglo, der zusammen mit einem mexikanischen Kompagnon in der Nähe des San Juan Pueblos bei Española lebt, baut Möbel und restauriert antike Stücke. Häufig holt er mit seinem Pick-up alte »spanische« Möbel und Geräte aus Holz ab, um sie wieder in Schuß zu bringen. In den meisten Fällen, so erzählt er, seien diese Sachen gar nicht von den Spaniern hergestellt worden, sondern von den Indianern. Das wird ihm immer wieder beim Umgang mit den Werkstücken klar. Zum Beispiel: An einem ramponierten alten Bottich, der ursprünglich zur Käseherstellung verwendet wurde, fallen ihm seltsam geformte und anscheinend völlig zwecklose Ausbuchtungen auf. Dort, wo die Molke abfließt, sind Erhebungen zu erkennen, die sich bei näherer Betrachtung als zwei Ohren entpuppen, die, zusammen mit dem merkwürdig wulstigen Ganzen, auf einen Schweinskopf schließen lassen. Auch die vier Füße, auf denen das Ding steht, sind nicht einfach runde oder eckige Hölzer, sondern enden in Formen, die offenbar Bärenklauen darstellen sollen. Es ist auch bei anderen Geräten und Möbeln häufig so: Die indianischen Gerätebauer wollten sich wohl mit der praktisch-ordentlichen Aufgabenstellung nicht abfinden. Sie konnten gar nicht anders, als ihre Vorstellungswelt, vor allem Tierbilder, einzubringen. Über altes geformtes Holz also läuft der Dialog der Generationen und Kulturen; durch die Hände eines weißen Restaurators werden spanische Geräte und Möbel wiederhergestellt, die von Indianern gestaltet wurden.

Die Spanier brachten den Indianern das Weben bei und vermittelten ihnen neue Bautechniken; die Pueblobauten wurden Vorbild für die Bauformen der Yankees. Kiva und Kirche stehen heute friedlich auf demselben Pueblogrund. Die Reihe läßt sich fortsetzen. Immer wieder trifft man auf Sitten und Einrichtungen, an denen alle drei Kulturen im Laufe ihrer gemeinsamen Geschichte mitgewirkt haben.

Da dies deren Eigenständigkeit eher gefördert hat, ist New Mexico eigentlich nie ein richtiger amerikanischer Schmelztiegel gewesen. Am deutlichsten wird das am Selbstverständnis der spanisch-mexikanischen Bevölkerung, die in den USA offiziell *Mexican-American* heißt (oder vor allem bei den Jüngeren: *Chicano*). In New Mexico nennt sie sich stolz *Spanish-American* oder (vor allem die Älteren) *Hispanic*.

Nach Truchas eröffnen sich erste Weitblicke in das Rio Grande Valley. In **Chimayo** bietet sich die gemütliche »Rancho de Chimayo« für eine Erfrischung an. (Picknickfreunde müssen noch einen Moment warten.) Besonders schön sitzt man auf den Terrassen unter den Sonnenschirmen beim *lunch al fresco*. Nach der Pause sollte man sich »Ortega's« Webstuben ansehen, in denen die spanische Webkunst über Generationen hinweg bis heute gepflegt (und natürlich auch verkauft) wird.

El Santuario, die Wallfahrtskirche in Chimayo, ist ein wahres Schmuckstück in beschaulicher Lage, innen mit religiöser Volkskunst ausgestattet, außen von reizvoller Proportion und Plastizität. Ein

»Lourdes des Südwestens«: Wallfahrtskirche in Chimayo ▷

Indianischer Altar und Ruinen des Zuni Pueblo, New Mexico 1856

Hispanier in New Mexico, um 1935 ▷

Totenklage: Beerdigungsprozession in New Mexico, um 1895

Pueblo San Ildefonso

Hauch von Lourdes umweht den Adobebau, denn in einem Seitenraum (links vom Altar im Hinterraum) sind die Holzkrücken aufstellt, die gebrechliche Pilger hier zurückgelassen haben. Sie kommen alljährlich zur Osterzeit zu der als heilig und heilend geltenden Erde von Chimayo, die in einer kleinen Grube untergebracht ist. Wer sie ißt, so heißt es, dem widerfahren die Wunder der körperlichen Genesung. Und damit der Lehm im Loch nicht ausgeht, schaffen die Chimayenser stets rechtzeitig Nachschub aus den Bergen heran.

An Montagen, wenn die Speise-Ranch von Chimayo geschlossen ist, aber natürlich auch sonst taugen die kleinen Imbißlokale in der Nähe der Lehmkirche allemal für ein einfaches Lunch. Selbstversorger finden gleich nebenan oder auf den Bänken der schattigen *open air church* unten am Bach angenehme Picknickplätze.

Neuerdings hat die Idylle Kratzer abbekommen. Am Parkplatz bei der Kirche läuft ein Wachmann herum und Warnschilder raten: LOCK YOUR CAR. Drogen dringen inzwischen selbst in solche stillen Provinzen vor, und weil man für gestohlene Sachen nicht viel bekommt, muß besonders viel gestohlen werden. Selbst im Santuario. Der kleine rundliche Pfarrer spricht es ebenso unverblümt wie traurig aus: »Vandalismus und Drogenhandel haben uns viel Ärger gebracht. So was hat es noch nie gegeben. Jetzt haben wir den Wachmann«.

Das Land ringsum wird nun zunehmend karger. Wenn der Highway bei Nambe die US 84/285 erreicht, sind es zum **San Ildefonso Pueblo** nur ein paar Minuten – vorbei an der Black Mesa, die ihrem Namen alle Ehre macht.

Ein paar Indianerkinder radeln auf ihren Montainbikes unter dem mächtigen Baum auf dem Hauptplatz in Richtung Kiva, ein Hauseingang wird gefegt, sonst tut sich nicht viel. Nur einige Fernsehantennen verraten den Einfluß der weißen »Kultur«. Nach einem Besuch der alten

Kirche kann man gegenüber, im »Studio of Indian Arts«, erlesene Exemplare des Töpferhandwerks begutachten, das in San Ildefonso zur höchsten Blüte gebracht wurde. In Stil und Mustern sind die Indianer hier künstlerische Nachfolger von Maria Martinez, der wohl berühmtesten Töpferin des Südwestens. Das schlägt sich nicht nur in der Ästhetik der meisten Objekte nieder, sondern leider auch in ihren Preisen.

Im Laufe dieses Tages war von einem Land die Rede, das nicht nur großartige Panoramen, magisches Licht und malerische Wolkenformationen bietet, sondern vor allem eine reiche Geschichte. Was beim San Ildefonso Pueblo um die Ecke liegt, schreibt dies bis in die jüngste Vergangenheit fort: die Atomlaboratorien von Los Alamos, deren Ausgeburt 1945 im Südosten von New Mexico detonierte. Der Knall löste den Zustrom ganz neuer Bevölkerungsschichten aus, in erster Linie Scharen von Technikern und Wissenschaftlern, alles Anglos, die die Atomforschung in Los Alamos und Albuquerque vorantrieben. (Vgl. auch Seite 163 f.)

Unterwegs nach Santa Fe kommt man schnell auf andere Gedanken, denn rechter Hand grüßt plötzlich ein Riesenkamel, kein lebendiges natürlich, sondern Felsbrocken, die so aussehen und deshalb auch so heißen: **Camel Rock**. Zu Füßen des Kamels liegt ein kleiner Campingplatz, auf dem man den Tag beschließen kann.

Mit dem Mietwagen geht es noch ein Stück weiter, vorbei an der Abzweigung zur **Santa Fe Opera**. Die Stadt hat ihren Kulturpalast einmal nicht ins Ortszentrum gestellt, sondern in den Hügeln draußen eine Opernbühne geschaffen, die ihresgleichen sucht (Entwurf: Frank Lloyd Wright). Während der Sommerfestspiele sind die Vorstellungen fast immer ausgebucht, so daß schon ziemliches Glück dazugehört, »Salome« oder »Die Zauberflöte« durch die Wüste klingen zu hören, ein Effekt, der dadurch erreicht wird, daß die Oper nur teilweise überdacht ist. ■

»Black Mesa« am Weg zum Pueblo San Ildefonso

12. Tag – Programm: Santa Fe

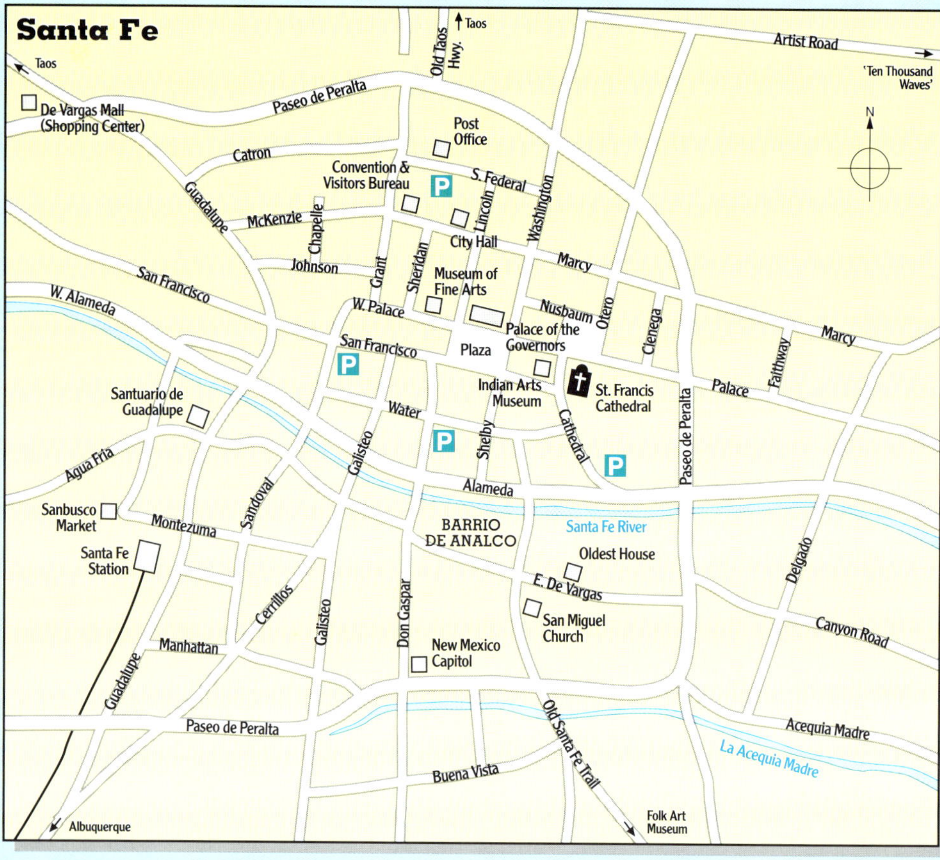

Vormittag	**Plaza, Palace of the Governors, Sena Plaza, Old Santa Fe Trail, San Miguel, Canyon Road**
Mittag	**Plaza** (Lunch)
Nachmittag	**Guadalupe Street, Santuario de Guadalupe, Santa Fe Station, Museum of International Folk Art**. Anschließend: Baden in den »Ten Thousand Waves«

Alternativen:
Selbstverständlich kann man den ganzen Tag in Tuchfühlung mit der Plaza bleiben und sich zwischendurch (statt des Volkskunstmuseums) z.B. das zentral gelegene **Institute of American Indian Art** (s.u.) ansehen. Oder mit der Santa-Fe-Eisenbahn fahren, nach der Devise »**Take the Train to Lamy**«, © (505) 989-8600. Jeweils Di, Do,

Sa 10.30 Uhr schaukelt und tutet der Zug ab Santa Fe Station auf der historischen Strecke der Atchison, Topeka and Santa Fe Railway (ATSF) von 1879 nach Lamy. Dort gibt es ein kräftiges Lunch (im traditionellen »Legal Tender«). Rückkehr: 16.00 Uhr

12. Tag – Informationen

Vorwahl: ✆ 505

Santa Fe Convention and Visitors Bureau
201 West Marcy St.
Santa Fe, NM 87504-0909
✆ 984-6760

French Pastry Shop
La Fonda Hotel
Zentral zum Frühstück.

Downtown Subscription
376 Garcia St. (Nähe Canyon Rd.)
Kaffee-Bar, Zeitungen, Bücher: drinnen und draußen im Garten unter hoch und gelb blühenden *chamisas*.

Palace of the Governors
100 Palace Ave (Plaza, Nordseite)
✆ 827-6483
Tägl. 9–17 Uhr
Eines der ältesten öffentlichen Gebäude in den USA. Seit 1909 Stadtmuseum. Um die Ecke (Washington und Palace Ave.) gibt es den Museum Shop.

Simply Santa Fe
72 East San Francisco St.
Plaza

Lok nach Lamy: am Bahnhof in Santa Fe

Hohe Qualität und gut sortiert: Kunstgewerbe und mexikanischen Antiquitäten.

Desert Son
Canyon Rd.
Wenn Sie irgendwo eine schöne Gürtelschnalle (*buckle*) gekauft haben, dann können Sie hier gleich den passenden Ledergürtel (*belt*) anfertigen lassen. Über eilige Touristen wird zwar gern geflaxt, aber irgendwie klappt alles doch noch.

La Casa Sena
125 East Palace Ave. (Sena Plaza)
✆ 988-9232
Lunch und Dinner im vielleicht schönsten Innenhof von Santa Fe. $$

Josie's Casa de Comida
225 East Marcy St.
Lunch für *locals* (neumexikanisch). Sehr klein, daher Wartezeiten. Die Leute sitzen draußen, reden oder lesen sich langsam an ihr Mittagessen heran. Seinen Namen schreibt man auf eine Schiefertafel. Ab und zu schießt eine mexikanische Mamsell heraus, ruft den nächsten Namen auf und wischt ihn von der Tafel. Mo–Fr. $

Sanbusco Market
500 Montezuma Ave.
Mo–Sa 10–18, So 12–17 Uhr
Shopping-Komplex mit Cafés und Restaurants (z. B. »Pranzo« s. u.)

Santuario de Guadalupe
100 Guadalupe St.
✆ 988-2027
Mo–Sa 9–16, So 12–16 Uhr; zwischen Nov. und April an Wochenenden geschl.
Mehrfach umgebaute franziskanische Adobekirche von 1776–1795 am Ende des *El Camino Real*, der alten Handelsstraße, die einst von Mexico City bis nach Santa Fe führte. Schöner Innenraum, in dem heute Konzerte und Ausstellungen stattfinden.

Museum of International Folk Art
706 Camino Lejo
✆ 827-6350
Tägl. 10–17 Uhr; im Winter Mo geschl.
Erstklassige Sammlung neumexikanischer und internationaler Volkskunst: Möbel, Textilien, Plastiken, Schmuck, Tafelbilder.

Institute of American Indian Art Museum (IAIA)
108 Cathedral Place (gegenüber der St. Francis Cathedral)
✆ 988-6281
Mo, Di, Do–Sa 9–18; Mi 9–20; So 12–17 Uhr
Wo früher Finanzamt, FBI und CIA untergebracht waren, betreiben heute Indianer die einzige selbst verwaltete Akademie, die zeitgenössische indianische Kunst zeigt. Skulpturengarten.

Ten Thousand Waves
Hyde Park Rd. (6 km von der Plaza: Washington Ave., Artist Rd., Hyde Park Rd.)
✆ 982-9304
Entspannendes japanisches *health spa* in den duftenden, mit Pinyonkiefern besetzen Hügeln oberhalb von Santa Fe. Kalte und heiße Bäder, Massage, Sauna, Akupunktur, Rolfing. Kimonos, Handtücher, Sandalen werden gestellt. Tägl. mittags bis 21.30 Uhr, an Wochenenden und im Sommer länger. Di erst ab 16.30 Uhr. Telef. Voranmeldung empfohlen.

Pranzo Italian Grill
540 Montezuma St. (im Sanbusco Market Center, zwischen Santuario und Bahnhof)
✆ 984-2645
Italienische Spezialitäten, gute Weine. Lunch (außer So) und Dinner. $–$$

Santacafe
231 Washington Ave.
✆ 984-1788
Tägl. Lunch (außer So) und Dinner. Vorzügliche Gerichte, schöne Innenräume, luftiger Innenhof: Santa Fe vom Feinsten. $$–$$$

12. Tag – Informationen

El Farol
808 Canyon Rd.
✆ 983-9912
Gestandene Bar (viele *locals* und oft Live Musik) mit intimem Restaurant (Tapas und Kaktushappen). $$

Geronimo
724 Canyon Rd.
✆ 982-1500
Gemütliches Restaurant in altem Adobebau (Borrego House): erlesenes Südwest-Ambiente. $$–$$$

Coyote Cafe
132 West Water St.
✆ 983-1615
Südwest-Küche in gekonnt dekoriertem Speiseraum ($$–$$$); deftiger und preiswerter gibt sich die luftige Cantina auf dem Dach ($–$$).

Ristorante La Traviata
95 West Marcy St.
✆ 984-1091
Klein, eng, laut: aber das Essen entschädigt, denn die italienische Küche kann sich sehen lassen. Frühstück, Lunch (Mo–Fr), Dinner. $$

Ore House
50 Lincoln Ave./Ecke San Francisco St. (Plaza)
Luftige Balkon-Bar für die *happy hour* mit Ausblick auf die Plaza. Auch Restaurant.

Dragon Room
406 Old Santa Fe Trail (schräg gegenüber von San Miguel)
Populäre Bar (gehört zum Pink Adobe Restaurant) rund um einen Baum, der durchs Dach wächst.

Inn of the Anasazi
113 Washington Ave.
Kleine Edel-Bar. Die Trennwand zum Restaurant erinnert an die Kunst des Mauerwerks von Pueblo Bonito im Chaco Canyon: Anasazi *de luxe*.

Evangelo's
San Francisco St./Ecke Galisteo Rd.
Einzige *real bar in town* (noch), alle übrigen sind mehr oder weniger *fancy*. Hier geht Robert Redford hin, wenn er nicht erkannt werden will.

Sante Fe Opera
P.O. Box 2408
Santa Fe, NM 87504
✆ 986-5900 und 986-5955
Für Opernfreunde: Die Spielzeit fällt in den Juli und August.

Cowgirl: Firmenschild an der Guadalupe Street

12 Hauptstadt des Milden Westens
Santa Fe

Was New Orleans für die Südstaaten oder San Antonio für Texas, das ist Santa Fe für den klassischen Südwesten: die ungekrönte Schönheitskönigin, der Inbegriff der Stadtkultur. Kaum ein anderer Ort in der Region verdichtet deren kulturelle Merkmale so sinnfällig wie Santa Fe, älteste Hauptstadt in den USA am Ende des nach ihr benannten Trails, einst Zentrum der spanischen Kolonialmacht, stets eng mit dem Handel der Pueblo-Indianer verbunden, in jüngerer Zeit geradezu ein Magnet für alle, die zum *American way of life* eine Alternative suchen. Eine komfortable, wohlbemerkt.

Santa Fe im Kleinformat: dekoratives Detail an der Canyon Road

Die Andersartigkeit von Santa Fe fällt zunächst durch sein architektonisch (fast) integres Stadtbild ins Auge. Von einigen wenigen Straßenzügen abgesehen – Beispiel: Cerrillos Road –, beherrschen alte oder neuere, in jedem Fall aber gepflegte Lehmziegelbauten fast die gesamte Innenstadt. Wo die Anwendung der traditionellen Techniken zu mühsam war oder modernen Funktionen widersprach, ist man bemüht, zumindest im Stil von Adobearchitektur zu bauen – Tankstellen, Hotels, ja sogar Banken. Schon seit den 20er Jahren wacht die Old Santa Fe Association (eine Art Bauaufsicht) streng darüber, daß baulich nichts aus der Reihe tanzt.

Viele der rund 80 000 Bewohner fallen nicht minder aus dem Rahmen des in den USA Üblichen. Eine ungewöhnlich hohe Anzahl unter ihnen ist überqualifiziert, Leute, die es beruflich bereits geschafft oder sonstwie zu etwas gebracht haben, aber eine persönliche Veränderung für wichtig halten und die einfach in Santa Fe leben möchten. Daß ein ehemaliger Atomwissenschaftler aus Los Alamos einen Hot-Dog-Stand betreibt und nebenher den Privatgelehrten spielt, überrascht hier niemanden, ebensowenig wie die Barfrau mit dem Doktortitel oder der Galerist aus New York, der am Empfang eines eher drittklassigen Hotels steht und mit seiner Katze spielt. Selbstbesinnung

Hervorragend: Balken (»vigas«) tragen meist die Dächer der Lehmziegelhäuser im Südwesten – wie hier in Santa Fe ▷

statt Berufsstreß, Muße statt Karrieren: Santa Fe, die Hauptstadt des *Land of Enchantment*, des verzauberten Landes, scheint solche Biografien zu fördern.

Was Ende der 60er Jahre der Haight/ Ashbury-Distrikt für San Francisco oder der Sunset Strip für L. A. war, das ist seither Santa Fe: Mekka der Aussteiger aller Gehaltsklassen, vorwiegend reicher Rentner, landverliebter Althippies, betuchter Filmstars. Sie alle sehnen sich nach einem Stückchen Eden mit dem Terrakottaflair eines schicken Lehmdomizils.

Der Trend währt schon länger als zehn Jahre; früher zog es vor allem Künstler oder solche, die mal ausprobieren wollten, ob sie es waren, nach Santa Fe. Die erdrückende Fülle an Kunstgalerien, Fotostudios, Musikagenturen und Festivalaktivitäten legt Zeugnis davon ab und hat Santa Fe denn auch den Ruf eines Salzburgs des Wilden Westens eingetragen. Schon lange hält der Zuzug anderer Provenienzen an. Immer mehr Hexen und Heiler, Therapeuten, Akupunkteure und Homöopathen, scheint es, kündigen ihre Mietpraxen in den Großstädten, leisten sich eine der malerischen Lehmburgen in und rund um Santa Fe oder stimmen sonst irgendwie in die spirituellen Obertöne dieses wundersamen Fleckchens Erde ein. Seit Mitte der 80er Jahre prägen auch mehr und mehr Schwule die Stadt, am meisten den Kunstbetrieb rund um die Oper.

Nirgendwo sonst bekommt der Besucher einen besseren Eindruck vom ungewöhnlichen Milieu dieser Stadt als in ihrem Herzstück, der **Plaza**. Hier sollte man den Tag beginnen. Zu Fuß, versteht sich.

Gewöhnlich kommen die Tage recht gemächlich in Gang. Peu à peu belebt sich der Platz. Die Gärtner widmen sich den Rasenstücken, die ersten Touristen vertreten sich die Beine, und die Indianer

Santa Fe Plaza

Kunsttempel im Adobe-Look: New Mexico Art Museum

der umliegenden Pueblos entfalten ihre Decken unter dem langgezogenen *portal* des **Palace of the Governors** und legen ihren Schmuck aus.

In den spanischen Gouverneurspalast von 1610 sollte man kurz hineinsehen, denn er beherbergt eine aufschlußreiche kleine Ausstellung zur Stadt- und Besiedlungsgeschichte, einen Museumsladen und eine gutsortierte Buchabteilung für die voluminöse Literatur zur Kultur des Südwestens.

Nur wenige Schritte liegen zwischen der alles verbindenden Plaza und **Sena Plaza**, früher (1831) eine Hazienda, heute ein hinreißender Baukomplex mit kleinen Kunstgewerbeläden, schattigen Bänken und blühendem Innenhof. Lila Flieder, gelber Löwenzahn und roter Klatschmohn.

Die Fußgängerfreundlichkeit von Santa Fe bewährt sich auch über längere Distanzen – so auf dem nun anschließenden Weg von Sena Plaza über den **Old**

Alljährlich findet der Indian Market auf der Plaza und Umgebung statt

»Wie lange haben Sie eigentlich in Santa Fe gelebt?«

Santa Fe Trail: am La Fonda Hotel vorbei. Am Weg liegen unter anderem der mächtige Hotelkomplex des Loretto Inn, der seinen Neuzeitkomfort hinter dem Image von Taos Pueblo versteckt, der kleine **Santa Fe River** (an dem übrigens ein schattiger Wanderweg entlangführt) und, bei der San Miguel Church, der sogenannte *barrio de Analco*, ein ehemals spanisch besiedelter Stadtteil mit sehenswerten alten Lehmziegelhäusern an der East de Vargas Street: das **Roque Tudesqui House** (Nr. 129) oder das **Gregorio Crespin House** (Nr. 132). Neben der schönen Adobekirche **San Miguel**, deren dicke Lehmwände trotz zahlreicher Umbauten und Restaurierungsarbeiten seit dem 17. Jahrhundert standhalten, steht noch das **älteste Haus der USA**, von indianischen Baumeistern vor mehr als 800 Jahren errichtet.

Keramik aus den verschiedenen Pueblos zählt zu den beliebtesten Souvenirs

Die De Vargas Street mündet in die **Canyon Road**, die führende Kunst- und Modemeile von Santa Fe. Ihr dörflich-rustikaler Charme läßt kaum vermuten, wie apart die Preise sind, die hier bisweilen verlangt werden. Aber so ist das nun mal in Santa Fe: Geschäfte vollziehen sich in geschmackvollem Ambiente, unter plätschernden Brunnen, blühenden Büschen und summenden Bienen, in lieblichen Lehmburgen mit bunter Bleiverglasung. Canyon Road: ein kommerzielles Paradiesgärtlein, in dem man sich nach Herzenslust ergehen kann.

Zurück zur Plaza, um eine Pause einzulegen. Ringsum in der Nähe gibt es allerlei Eßbares und Getränke zum Mitnehmen nach draußen, auf eine der Bänke. Hier eine Stunde lang Siesta zu machen, mag für ein Sandwich übertrieben lang erscheinen, nicht aber für die eigentliche Hauptsache: zu verfolgen, was sich hier abspielt.

Da sind noch andere, die ihr Lunch in der Sonne mümmeln, sitzen und schauen, den Platz kreuzen oder ihn umkurven – in zerbeulten Pick-ups, polierten Harleys, eiligen Biertransportern, Rollbrett-Klapperern, hispanischen *low riders* oder *high rollers*. Man hört Englisch, Spanisch, indianische Sprachen. Und man sieht die schrägsten Leute Revue passieren. Ein Einheimischer bringt es auf den Punkt: »Die meisten sehen aus wie Schauspieler, die gerade aus den Kulissen verschiedenster Filme kommen. Oder sie sind unterwegs ins Studio, um einen Western oder einen Film über den Amerikanisch-Mexikanischen Krieg zu drehen.« Dabei ist, was da kreuzt, keine Maskerade. So läs-

Santa Fe leuchtet: das moderne Hotel im Pueblostil (oben), der Turm der Kirche San Miguel (unten)

Viele Paradiesgärtlein aus Lehm stehen an der Canyon Road

sig gibt man sich eben hier. Die Yankees lassen sich noch deutlich von den Spaniern und Indianern unterscheiden. Die schlunzigen Jugendlichen sind ebenso unter sich wie der kurzbehoste Touristentrupp samt gelehrtem Führer. Manchmal steigt ein kleines Fest mit ein paar tanzenden Indianern oder man versammelt sich zur Gedenkfeier für den verstorbenen

Scharfe Sachen: roter Chile, aufgefädelt zu »ristas«, hängt zum Trocknen aus

Arbeiterführer Cesar Chavez – eine »Memorial Show« mit buntem *balletto folklorico*. Santa Fe auf engstem Raum: das sanfte Ensemble dreier Kulturen.

Für den Nachmittag schlagen wir eine Autowanderung zu ein paar abgelegenen Kulturschauplätzen der Stadt vor. Da ist zunächst die Gegend um **Guadalupe Street**, das »neue« Santa Fe, obwohl es der Substanz nach gar nicht neu ist, sondern nur renoviert und ausgebaut: Restaurants, Galerien und Kunstgewerbeläden. Man merkt, hier sind in jüngster Zeit Investoren tätig geworden, um dem kulturellen Establishment um die Plaza und in der Canyon Road Paroli zu bieten. Den Bezugspunkt der schicken Newcomer bildet ein durch und durch provinzieller Bahnhof, der aber mit seinem Namen fest ins Geschichtsbuch des Wilden Westens eingetragen ist: **Santa Fe Station**. Manchmal schnaubt eine Lok der gleichnamigen Eisenbahnlinie auf den einsamen Gleisen, aber mehr als vereinzelte Gütertransporte laufen hier nicht. Die Passagierzüge auf der interkontinentalen Ost-West-Achse halten ein paar Kilometer südlich von Santa Fe in einem Nest, in Lamy. Immer schon. Einige Westernklischees wollen es nicht wahrhaben, aber: Santa Fe hat nie am Rio Grande oder der Eisenbahnlinie gelegen. Neuerdings will man dieses Defizit wenigstens den Touristen gegenüber wieder gutmachen: Im Sommer starten vom Bahnhof in Santa Fe Lustfahrten nach Lamy.

Am besten parkt man in einer der Seitenstraßen der Guadalupe Street oder auch am Bahnhof, und nach einem kleinen Orientierungsgang oder auch dem Besuch der alten Adobekriche **Santuario de Guadalupe** geht es weiter mit dem Auto zu einer der bedeutendsten Sammlungen der Stadt, der Volkskunst im **International Folk Art Museum**.

Für den späteren Nachmittag sei zu einer Erholungspause vom Kulturjogging geraten: ein entspannendes Bad in den heißen und kalten Bottichen der »Ten Thousand Waves«; so heißt ein japanisches Badehaus in den Bergen unter freiem Himmel – abgelegen von allem Städtischen und doch nur Minuten davon entfernt. Tagsüber läuft dort alles ordentlich therapeutisch – mit gesundem Tee, Säftebar und Sandalen. Abends kommen oft munterere Töne auf, hauptsächlich durch das, was jeder so mitbringt – seine Freundin, seinen Freund, seine Flasche Champagner. »Bring your own« lautet freizügig die Devise. Und wer je den Sternenhimmel über dem Südwesten gesehen hat, wird ahnen, daß man sie besser vorher reservieren sollte: eine dieser 1001 Nächte in den 10 000 Wellen der Pools.

Nach dieser westöstlichen Badezeit sollte man den Wagen zum Hotel zurückbringen, um den Tag nach Belieben mit anderen neumexikanischen Delikatessen zu beschließen. ■

Santa Fe Lunch: mal wie die Einheimischen bei »Josie's« (unten), mal mehr touristisch wie im hübschen Speisesaal des La Fonda Hotel (oben)

13. Tag – Route: Santa Fe – Santo Domingo Pueblo – Albuquerque – Acoma Pueblo – Gallup (347 km)

km/mi	Zeit	Route
0	9.00 Uhr	In Santa Fe über Cerrillos oder St. Francis Dr. zur I-25 bis S 22, dort rechts ab (Exit 259)
51/32	10.00 Uhr	**Santo Domingo Pueblo** und Trading Post (Besichtigung), danach zurück auf die I-25
132/82	12.00 Uhr	**Old Town Plaza** Albuquerque (Lunch)
	13.30 Uhr	Weiterfahrt über I-40 bis S 23 nach Acoma
245/152	15.00 Uhr	**Acoma Pueblo** (Besichtigung, ca. 2 Stunden)
347/216	18.30 Uhr	**Gallup**

Extratour:
Zu den **Tent Rocks** – wie Zelte geformte Felsen aus erodierter Lava. Der Abstecher geht vom Santo Domingo Pueblo über S 22 Richtung Cochiti Lake, dem Schild zum Cochiti Pueblo folgen, beim Wasserturm (als Riesentrommel bemalt, denn die Cochiti-Indianer sind Meister im Bau von Trommeln) geht eine kleine unbefestigte Straße ab, der man 9 km folgt. (Zusätzlich: 82 km); ***Alternativrouten:* 1.** Von Santa Fe nach Gallup über **Chaco Canyon**, wenn man diesen nicht schon vorher (vgl. S. 156 f.) besucht hat. Strecke und *timing*: Um 9 Uhr ab Santa Fe über Cerrillos Rd. oder San Francis Dr. zur I-25 *south*, S 44 *west* vorbei an Santa Ana- und Zia Pueblo, über San Ysidro, Cuba (11 Uhr) und am Trading Post von Nageezi links die Schotterstraße S 57/County 7800 zum Visitor Center von Chaco Canyon (Ankunft etwa 13 Uhr bei 296 km); 3 Std. Rundfahrt über den *loop*, Picknick und Pueblos; gegen 16 Uhr weiter auf der S 57 nach Süden in Richtung Crownpoint, S 371 nach Thoreau, I-40 *west* nach Gallup (Ankunft etwa 18 Uhr; Gesamtstrecke: 448 km). – **2.** Von Acoma über **El Morro Rock** und **Zuni Pueblo** nach Gallup. Route: von Sky City die Indian 38, I-40 *west*,

Ausfahrt 85 zur S 53 zum El Morro National Monument und Zuni Pueblo; über S 602 nach Gallup. – **3.** Von Santa Fe die I-25, S 14 nach Albuquerque zu fahren, heißt zwar, die Stadt durch die Hintertür zu verlassen, aber auch: eine der schönsten Highways im nördlichen New Mexico, den **Turquoise Trail**, kennenzulernen, der so heißt, weil er im vorigen Jahrhundert eine bekannte Handelsstraße für Türkis-Edelsteine war. Auf der Route: das verschlafene **Cerrillos** und die durch eine Menge bunter Neuzugänge wiederbelebten Geisterstädte **Madrid** und **Golden**.

13. Tag – Informationen

Vorwahl: ✆ 505

Santo Domingo Pueblo
NM 87052, ✆ 465-2214

Historic Old Town
Albuquerque (ausgeschildert)
Rund um die alte Plaza und in den Seitenstraßen gibt es Läden mit indianischem Kunsthandwerk, mexikanischer Kleidung, Schmuck, Handarbeiten in der Südwestern-Mode und jede Menge *cantinas*.

La Placita und La Hacienda
Ostseite der Plaza in Albuquerque
Alteingesessene Adressen für neumexikanische Kost, touristenfreundlich garniert mit Gitarrenmusik, folkloristischer Bedienung und Dekor. $$

Catalina's Patio
400 San Felipe St.
Old Town Albuquerque
Lunch im stillen Innenhof. Mo. geschl. $

High Noon Restaurant & Saloon
425 San Felipe St.
Old Town Albuquerque
Komfortables Lunch und Drinks. $–$$

Acoma Pueblo
P.O. Box 309, Acomita, NM 87034
✆ 552-6606
Sommer 8–19; sonst 8–17 Uhr. Osterwochenende, 10.–13. Juli und 1. Oktoberwochenende wegen religiöser Feiern geschlossen. Eintritts- und Fotogebühr. Auffahrt zum Dorf in kleinen Bussen und Rundgang nur mit Führer.

Holiday Inn
2915 West Highway 66
Gallup, NM 87301
✆ 722-2201 und 1-800-432-2211
Am Westende der Stadt: Bar, Pool. $$

The Inn Gallup (Best Western)
3009 West Highway 66
Gallup, NM 87301
✆ 722-2221 und 1-800-528-1234
Ebenfalls: ordentliches Hotel am westlichen Stadtrand. $$

El Sombrero
1201 West Highway 66
Gallup
Deftig, zuverlässig, mexikanisch. $

The Ranch Kitchen
Ein paar Kilometer westlich von Gallup auf der Route 66
Coffee Shop im Westernstil, bis 21 Uhr geöffnet. $$

Gallup KOA
West Highway 66
Gallup, NM 87301
✆ 863-5021
Sauberer Privatplatz am Westrand des Ortes, im Sommer gibt's Steakessen und Pancake-Frühstück.

Red Rock State Park
Staatlicher Campingplatz 20 km östl. von Gallup in schöner Felslandschaft.

Feste und Feiern:
Im Juni und August ist in Gallup (im Red Rock State Park) und in Albuquerque die Zeit für professionelle Rodeos gekommen, die zu den größten im Westen zählen. – Zur Weihnachtszeit sind die Plazas von Ranchos de Taos, Santa Fe und Albuquerque festlich mit *luminarias* oder *farolitos* geschmückt, brennenden Kerzen in braunen Papiertüten, in denen Sand dafür sorgt, daß der Wind sie nicht wegpustet.

13

Erddörfer und Himmelsstädte
Von Santa Fe nach Gallup

Südlich von Santa Fe durchzieht der Highway die rund 40 Meilen breite Talsohle des Rio Grande, begrenzt von den Sangre de Cristo Mountains im Osten und den Jemez Mountains im Westen. Nach etwa einer dreiviertel Stunde kann man zum **Santo Domingo Pueblo** am Ostufer des Rio Grande abzweigen. Unter den Pueblos der Region gilt Santo Domingo als ausgesprochen konservativ. Die Kinder lernen Keresan, ihre Sprache; in den Schulen ist zweisprachiger Unterricht untersagt. Alle Bewohner haben abends rechtzeitig zum Pueblo zurückzukehren und niemand darf Indianer anderer Pueblos heiraten. Wer es dennoch tut, lebt draußen im Reservat, nicht mehr im Pueblo.

Ort der Stille: Herbststimmung im Tal des Rio Grande

Entsprechende Zurückhaltung wird auch vom Besucher im Dorf erwartet. Fotografieren ist nicht erlaubt, das steht sogar auf deutsch angeschlagen. Dem Rundgang durch den Ort sollte sich ein Blick in die Missionskirche von 1886 anschließen, ein schöner Neubau, der seinen Vorgänger ersetzt, weil dieser Opfer einer Überschwemmung des Rio Grande wurde. Die Kiva im Dorf und die christliche Kirche: Katholizismus und indianischer Glaube koexistieren hier wie in anderen Pueblos.

Die rund 3500 Santo-Domingo-Indianer leben von der Landwirtschaft und vom Kunsthandwerk; Silberschmuck und Keramik – erkennbar an den strengen geometrischen Formen des Designs – spielen von jeher die größte Rolle.

Man bekommt einen Eindruck davon im nahe gelegenen **Santo Domingo Trading Post**, der idyllisch an der Bahnlinie liegt, einer der größten und ältesten ringsum. Schmuck, Perlen, Teppiche und Trommeln gehören zum Sortiment, das von preiswerten Souvenirs im Stil von *Indian kitsch* bis zu teurerer Qualitätsware reicht. Neuerdings hat der Trader Konkurrenz bekommen: Gleich an der Ausfahrt am Highway I-25 haben die Santo-Domingo-Indianer ein Kulturzentrum gegründet, das neben Verkaufsständen und Tankstelle den Handel mit den Touristen beflügeln soll. Geschickte Händler waren sie schon immer, begünstigt durch die Lage zwischen den Städten Santa Fe und Albuquerque und die Nähe zur Eisenbahn.

Berühmt wie das Kunsthandwerk sind auch ihre Feste, ja, sie gelten als die eindrucksvollsten im Südwesten: der Ritualtanz am Dreikönigstag, der Erntetanz im März, und vor allem der Maistanz am 4. August, der gewaltigste überhaupt – mit Hunderten von Tänzern, Trommlern, Clowns und Sängern.

Die Interstate 25 führt nach Süden weiter zur Stadt mit dem unaussprechlichen

Tanzvorführung beim Santo Domingo Cultural Center

Namen – nach **Albuquerque**. Fast ein Viertel der gesamten Bevölkerung von New Mexico lebt hier, was nicht heißt, daß daraus gleich eine Metropolis wird. Denn mit seinen rund 300 000 Einwohnern hält sich Albuquerque zwar nicht in engen räumlichen Grenzen (welche amerikanische Stadt tut das schon), aber in Grenzen im übertragenen Sinn, d. h., sie ist das moderne und ziemlich reizlose Gegenstück zu Santa Fe: ein Raumfahrt-, Nukleartechnologie- und Computerzentrum, verkehrsgünstig gelegen, aber halt kein Traumziel. Sehenswert allerdings ist der Straßenkomplex rund um die historische **Plaza**, die mit ihren Innenhöfen, Arkaden und schattigen Durchgängen hübsche Plätzchen zum Shopping, für mexikanische Leckerbissen, für die Siesta eröffnet. Gleich am Platz steht die Kirche **San Felipe de Neri** – ein Stilgemenge aus viktorianischer und Adobearchitektur als Ergebnis zahlreicher Umbauten seit der Entstehung 1706.

Kommt man zufällig in der richtigen Woche im Oktober nach Albuquerque, dann erlebt man das berühmte internationale Heißluftballonfestival – ein jedes Jahr wieder imposanter Auftrieb von bunten Blasen am neumexikanischen Strahlehimmel.

Aber nun endlich nach Westen! Auf der Interstate 40, jenem Highway, der unter seiner alten Nummer Route 66 zur Legende wurde. Kaum ist der Rio Grande überquert und Albuquerque aus dem Blick, enthüllt sich die Fernstraße als Lieblingspiste für Trucker, die entgegen amerikanischen Gepflogenheiten meist mit überhöhtem Tempo dafür sorgen, daß die gemächlich über Land Reisenden nicht einschlafen. Bald taucht rechter Hand der weiße Laguna Pueblo auf,

Viel heiße Luft bläst die Blasen in den Himmel – bei der alljährlichen Ballon-Fiesta in Albuquerque

den man von einem *view point* gut überblicken kann.

Der Abzweiger nach **Acoma** führt zu einem besonders eindrucksvollen Pueblo, nach *Sky City*, so genannt wegen seiner Lage hoch oben auf einem monolithischen Felsen. Dieser karge Zauberberg trägt eine der ältesten Siedlungen des Landes; seit 1075 leben hier die Acoma-Indianer. In der Mehrzahl arbeiten sie heute als Farmer und Viehtreiber im Reservat, im Dorf selbst leben zur Zeit nur 40 bis 60 Personen.

Man parkt unten am Visitor Center, einem Komplex aus Cafeteria, Museum und Souvenirladen, und meldet sich dort für eine Führung an. Der Tourbus fährt über eine asphaltierte Straße hinauf: ein komfortables Geschenk aus vergangenen Tagen, als eine Filmcrew aus Hollywood hier drehte und die Schotterstraße ersetzte.

Oben findet man, ähnlich wie in Taos Pueblo, die mehrstöckigen Stein- und Lehmziegelbauten. Besonders fotogen wirken die Holzleitern, die zum zweiten oder dritten »Stock« der Häuser führen. Die *guided tour*, die geschäftstüchtig nicht nur an den Sehenswürdigkeiten, sondern auch an zahlreichen Verkaufsständen vorbeiführt, bewegt sich zuerst zur mächtigen **Mission San Esteban Rey**, deren mühseliger Bau 1629 begann und von deren vorgelagertem Friedhof aus man einen schönen Weitblick auf die von anderen Mesas bestückte Ebene hat, vor allem auf die gegenüberliegende **Enchanted Mesa**. Beim Rückweg sollte man vielleicht die Gruppe verlassen und noch eine Weile den Blick und die Ruhe genießen (oder das gerade erstandene *fry bread* der indianischen Bäcker), um dann den steilen Pfad durch die Sandsteinspalten nach unten zu klettern.

Die Interstate 40 führt weiter nach Grants, in dessen Nähe, in Ambrosia Lake, seit den 40er Jahren große Uranvorkommen abgebaut werden, um deren Besitz- und Nutzungsrechte Indianer und auswärtige Erschließungsfirmen sich heftig zanken. Im Gegensatz zu den landschaftlichen Highlights entlang der Straße und trotz roter Sandsteinmesas und Lavafeldern präsentiert sich der Highway mehr und mehr als kommerzielle Schneise: mit aufdringlichen Schilderwäldern (TRUCK STOP, CURIO SHOP, INDIAN JEWELRY, MOTELS mit CLEAN RESTROOMS) und brutalen Leuchtreklamen (GIANT TRUCK CENTER) – Anzeigengeschäfte für den Ost-West-Transit. Nebenher rollen die Güterzüge, geführt von den gelben Nasen der Loks der Santa-Fe-Eisenbahn.

Himmelsleiter in der »Himmelsstadt«: Acoma Pueblo

Schließlich **Gallup**. Nichts schöner, als hier bei Sonnenuntergang anzukommen. Dann verklären der dramatisch gerötete Abendhimmel und die glitzernden Neon-

Zauberberg: Blick von der »Sky City« auf die »Enchanted Mesa« im Acomareservat ▷

Rodeo wird in Gallup ganz groß geschrieben

zeichen die lange Straße, den Strip, der sich meilenweit parallel zur Bahnlinie hinzieht. Ein Originalstück »Route 66« – aber weit entfernt von verklärter Highway-Romantik. Stolz nennt sich Gallup »Welthauptstadt der Indianer«, weil es die einzige größere Stadt in Reichweite des weitläufigen Navajo- und des Hopi-Reservats ist. Die Nähe äußert sich in zahlreichen Kunstgewerbeläden, die unübersehbare Mengen indianischer Arbeiten anbieten, insbesondere Silber- und Türkisschmuck der Zuni.

Außerdem ist Gallup der Schauplatz für eine ganze Reihe indianischer Festivals. Im Mai findet die Southwest Indian Show statt (gelegentlich wird's auch Juni) und im Juni gibt es das Intertribal Pow Wow mit kulturellen und Pow-Wow-Tänzen. In den Monat Juli fällt die Eight Northern Pueblo Show, und im August kommt das Intertribal Indian Ceremonial im nahe gelegenen Red Rock State Park zum Zuge: Dann locken Veranstaltungen mit indianischen Tänzen und Speisen sowie Rodeos und Kunstmärkte zahlreiche Besucher an.

Alltäglicher, und vor allem ernüchternder wirken allerdings die Kehrseiten der »Welthauptstadt«. Nirgendwo nämlich liegt der sich ausbreitende Alkoholismus der Indianer drastischer zutage als in Gallup, wo es von Schnapsläden, Bars und Pfandhäusern nur so wimmelt. Hauptkunden sind die Indianer, die hier ihre Löhne und ihre Sozialhilfe vertrinken. In den Reservaten ist der Verkauf von Alkohol zwar verboten, aber entlang den Zufahrtsstraßen nach Gallup kann man sehen, wie solche Verbote umgangen werden: Bierdosen und Flaschen, wohin man sieht. In der Woche zählt Gallup rund 20 000 Einwohner; am Wochenende das Doppelte. ■

Oldie fürs »on the Road«-Gefühl

Monster am Highway: Truck in Wartestellung

I-40 (US 66) bei Gallup

14. Tag – Route: Gallup – Canyon de Chelly – Goosenecks State Park – Monument Valley – Kayenta (460 km)

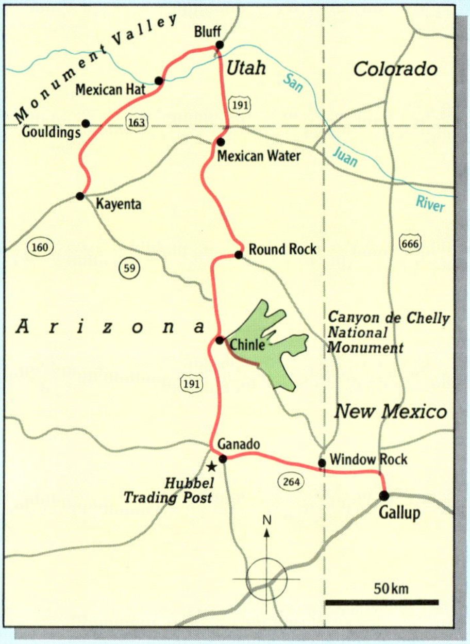

km/mi	Zeit	Route
0	8.00 Uhr	Abfahrt von Gallup auf US 666/S 264
96/60	9.00 Uhr	**Hubbel Trading Post**
156/98	10.15 Uhr	**Canyon de Chelly** (Visitor Center, Fahrt am South Rim Drive, Wanderung zu den White House Ruins, Picknick)
	14.30 Uhr	Abfahrt vom Canyon de Chelly auf US 191 über Many Farms, Round Rock und Mexican Water
361/226	16.30 Uhr	**Goosenecks State Park** (kurz vor Mexican Hat)
	17.15 Uhr	Einfahrt ins **Monument Valley** (kleine Tour und Sonnenuntergang)
460/288	19.30 Uhr	Kayenta

Extratour:
Im Canyon de Chelly vom White House Overlook noch weiter bis zum **Spider Rock Outlook** (zusätzliche 32 km).

Abkürzungen:
Verzicht auf die Goosenecks spart 13 km. Von Many Farms direkt nach Kayenta (Indian 59) und von dort ins Monument Valley spart 80 km (hat aber den Nachteil des schlechteren Lichteinfalls).

14. Tag – Informationen

Plaza Cafe
1501 West Highway 66, Gallup
Uriger Coffee Shop mit pinkfarbenen Gardinchen für Frühaufs: *locals, truckers, railroad people.*

Hubbel Trading Post
P.O. Box 388
Ganado, AZ 86505
✆ (520) 755-3254
Herstellung und Verkauf von indianischem Kunsthandwerk (mit kleinem Museum).

Canyon de Chelly
Östlich von Chinle
Die bis zu 300 m tiefen und 40 km langen Schluchten des Canyon de Chelly und des ähnlich großen Canyon del Muerte im Navajo-Reservat bilden heute ein National Monument. In den tiefroten Steilwänden finden sich zahlreiche Ruinen der Anasazi-Kultur aus der Zeit zwischen 900 und 1200 n. Chr.

Thunderbird Lodge
Bei Chinle am Eingang des Canyons de Chelly
✆ (520) 674-5841, Fax 674-5844
Buchung von Jeepfahrten und Ausritten in den Canyon. Hier oder in einem der wenigen kleinen Restaurants in Chinle kann man etwas essen, aber ein Picknick ist besser. $$–$$$

Holiday Inn Canyon de Chelly
P.O. Box 1889
Chinle, AZ 86503
✆ (520) 674-5000, Fax 674-8264
Östl. der US 91, am Eingang des Canyon auf dem Gelände des historischen Garcia Trading Post. Mit Restaurant, Pool. $$$

Goosenecks State Park
Nordwestlich von Mexican Hat in Utah
Die Goosenecks (Gänsehälse) bilden die sehenswerte »Haarnadelkurve« des mäandernden San Juan River.

Goulding's Lodge
P.O. Box 1
Monument Valley, UT 84536
✆ (801) 727-3231
Genauso begehrt wie der benachbarte Campingplatz. Im Sommer kann die Reservierungszeit 4 Monate betragen. $$

Monument Valley KOA
P.O. Box 3
Monument Valley, UT 84536
✆ (801) 727-3280
Geschützt in einem Felsmonolithen des Tals bei Goulding; im Sommer einige Wochen im voraus reservieren.

Mitten View Campground
P.O. Box 93
Monument Valley, UT 84536
✆ (801) 727-3287
Etwas staubiger Reservatscampingplatz mit grandiosem Blick in herrlichster Lage, direkt neben dem Visitor Center. Im Sommer Wochen vorher reservieren.

Holiday Inn
P.O. Box 307
Kayenta, AZ 86033
✆ (520) 697-3221 und 1-800-465-4329
Ein bißchen Herbergsbetrieb, aber günstig gelegen. Im Sommer Monate vorher reservieren. $$$

Anasazi Inn
P.O. Box 1543
Kayenta, AZ 86033
✆ (520) 697-3793
In Tsegi, 15 km westl. von Kayenta: Motel mit Blick in einen roten Sandstein-Canyon. Im Sommer 1–2 Wochen, sonst ein paar Tage im voraus reservieren. $$–$$$

14 **Navajo Nation**
Canyon de Chelly und Monument Valley

Ein Frühstart am Morgen wird sich im Lauf des Tages als nützlich erweisen; nicht minder der Gedanke, das Hotel für den Abend schon jetzt zu reservieren bzw. zu bestätigen.

Es ist gerade Erntezeit, eine Woche vor Halloween. Das merkt man an den vielen Obst- und Gemüseständen an den Straßen, vor allem an den orangen Superkürbissen, den *pumpkins*, aus denen (in weiten Teilen der USA) Fratzen und fantastische Gesichter zum Masken- und Laternentreiben von Halloween geschnitzt werden. (Eine burlesk-amerikanische Mischung aus Sankt Martin und Allerheiligen.)

An der US 666, außerhalb von Gallup, ist in dieser Jahreszeit landwirtschaftliche Vorsorge Trumpf. Die meisten *supply shops* bieten Geräte und Futtermittel an,

Frische Früchte gibt es reichlich zur Erntezeit an den Highways von Arizona und New Mexico

Hubbel Trading Post – damals und heute

Hogan im Herbst: Navajohütte beim Hubbel Trading Post

hay and feed heißen sie. An einigen Gebäuden kann man *feed and pawn* lesen, was in Reservatsnähe bedeutet, ein indianisches Schmuckstück gegen ein Bündel Heu tauschen zu können. Hinter Window Rock, dem Verwaltungszentrum der Navajo Nation, streckt sich das leere Band der Straße durch Ponderosakiefern Richtung Ganado, d. h. zum Sitz des berühmtesten Handelspostens im Südwesten, dem **Hubbel Trading Post**. Hier sehen sich die Touristen nach indianischen Souvenirs um, während die Indianer ihre Lebensmittel einkaufen. In der Nähe steht ein alter Hogan, die traditionelle Behausung der Navajo, und dann ist da noch ein Besucherzentrum, wo indianische Weberinnen und Silberschmiede am Werk sind. Eine mittelgroße Decke zu weben erfordert vier bis sechs Monate mühsamer Kleinarbeit; die stolzen Preise werden da verständlich.

Schnurstracks zieht die US 191 einen dünnen Asphaltstrich durch das weite Tal, dessen Felsränder in Pastellfarben leuchten. Im Autoradio mischt der india-

Webende Navajofrau auf einer alten Postkarte

nische Sprecher unter die Country-&-Western-Töne englische Werbesprüche und Nachrichten in der Navajo-Sprache.

Chinle bietet neben anderem Nützlichen einen Supermarkt zum Eindecken fürs Picknick im nahen **Canyon de Chelly** (gesprochen »schej«). Im Visitor Center bekommt man, wie meistens, gute Karten und anderes Informationsmaterial. Wer es geruhsam liebt, kann sich in der »Thunderbird Lodge« (ausgeschildert) stärken. Gegenüber der Lodge kann man Pferde für einen Ritt zu den White House Ruins mieten.

Dann aber hinauf zum Canyon, zum **South Rim Drive**. Hinauf? Ja, denn die Straße verläuft am oberen Rand der Steilwand, von der sich abgrundtiefe Blicke auftun. An den diversen Aussichtspunkten verkaufen die Navajo ihre Arbeiten: Silberschmuck, Ketten aus Türkis und Koralle. Eine Indianerin erklärt

Canyon de Chelly National Monument

Größe: 339 km^2

Gründungsjahr: 1931

Lage: im Navajo-Reservat Nordwestarizonas nahe Chinle

Sehenswürdigkeiten: bis zu 300 m tiefes Canyonlabyrinth mit prähistorischen Ruinen, 30 km langer South Rim Drive und 55 km langer North Rim Drive; Wanderweg zu den White House Ruins, Spider Rock

Einrichtungen: Visitor Center, Lodge, Campingplatz, Jeeptouren und Ausritte im Canyon

Info-Adresse: Superintendent, Canyon de Chelly National Monument, P.O. Box 588, Chinle, AZ 86503

ihre Sandbilder, die Technik und die immer wieder auftauchenden Symbole der vier heiligen Pflanzen: *corn* (Mais), *squash* (Kürbisse), *tobacco* und *beans*.

Die Navajo leben etwa seit 1700 n. Chr. in dieser Region; der verzweigte, abgeschiedene Canyon de Chelly war ihre letzte Zuflucht im Krieg gegen die US-Armee. 1864 drang die Kavallerie unter der Führung von Kit Carson in diese natürliche Festung ein und zwang die Navajo zum Aufgeben. 8000 Indianer wurden daraufhin in den Osten von New Mexico umgesiedelt, durften aber später wieder hierhin zurückkehren. Noch heute leben Navajo im Canyon, was man an den kleinen Farmen und Obstgärten tief unten am Flußufer erkennen kann.

Am Canyonrand reihen sich zahlreiche *view points*. An einem, vielleicht am Junction Overlook, sollte man sich einmal ein paar Meter vom Parkplatz entfernen, um die Stille auf sich wirken zu lassen.

Zum Wandern empfiehlt sich der ebenso steile wie schmale **White House Trail** hinab in die Schlucht. Unten kann man den meist recht seichten Fluß durchwaten und sich die gut 900 Jahre alten Ruinen der Anasazi ansehen. Eine hilfreiche Broschüre für die rund dreistündige Wanderung gibt es im Visitor Center.

Ein letzter Stopp auf dem Rim Drive: der Spider Rock Overlook. 300 Meter über der Canyonsohle sieht man sich hier einem Gewirr von tiefroten Felswänden und nackten Steilhängen gegenüber. Unbezwingbar ragt in der Mitte des engen Tals die graziöse Säule des **Spider Rock** 244 Meter hoch auf. Die Navajo erzählen ihren Kindern, daß auf der Spitze des Felsens die Spinnenfrau wohne, die ungehorsame Kinder in ihr Nest dort oben hole. Die helle Farbe der Felsen oben auf dem Spider Rock überzeugte die Sprößlinge der Navajo von der Wahrheit dieser Drohung, denn das konnten nur die ausgebleichten Gebeine der bösen Kinder sein.

Blick ins Monument Valley ▷

Zurück auf die US 191. Vieh, Pick-ups, Satellitenschüsseln, Hogans. Ab und zu auch mal eine Art Sandhose, Sand, den der Wind von den Feldern aufwärts zwirbelt. Die Indianer nennen diese windigen Sachen »Staubteufel«, weil sie darin böse Geister vermuteten. Kurz hinter Many Farms bekommt man angesichts der beiden markanten Round-Rock-Felsen einen optischen Vorgeschmack aufs Monument Valley.

Der erste Fernblick auf dieses Tal der Täler südwestlich von Bluff stimmt in der Tat erwartungsvoll. Erhaben thronen die mächtigen Felssäulen im Gegenlicht. Zunächst aber liegt ein Abstecher zu den **Goosenecks** nahe – zu den Gänsehälsen, wie diese erodierte Flußlandschaft genannt wird, die der San Juan River über lange Jahrtausende in den Fels geschnitten hat. Rund 300 Meter tief unten schlängelt er sich vorwärts. Kaum zu glauben, daß ein solches Rinnsal so viel ausgefressen hat.

Als bekanntes Markenzeichen des großen Tals grüßt der **Mexican Hat** linker Hand als steinerner Sombrero. Der Ort selbst ist fix beschrieben: zwei kleine Motels, Café, Bar und Laden.

Im Visitor Center des **Monument Valley** (dicht umstellt und besetzt von Verkaufstheken und Lattenverschlägen fliegender Navajo-Händler) erfährt man unter anderem, welche Bereiche man allein und welche man nur mit Führer erkunden kann. Empfehlenswert ist eine kurze *selfguided tour* mit dem eigenen Wagen. Noch besser: ein vierradgetriebenes Fahrzeug mit indianischem Führer zu mieten oder eine Jeeptour hinauf zur **Hunt Mesa**, um dort oben den Sonnenuntergang zu erleben.

Wer sich nach einem staubigen Tag auf die *happy hour* freut, dabei aber nicht auf eigene Bestände zurückgreifen kann, hat schlechte Karten. Kayenta und alle Hotels sind *dry* und das heißt: strikt alkoholfrei. ■

Monument Valley

Navajo-Schafhirte bei den Yei-bi-chei-Felsen im Monument Valley ▷

15. Tag – Route: Kayenta – Tuba City – Hopi-Dörfer – Grand Canyon (510 km)

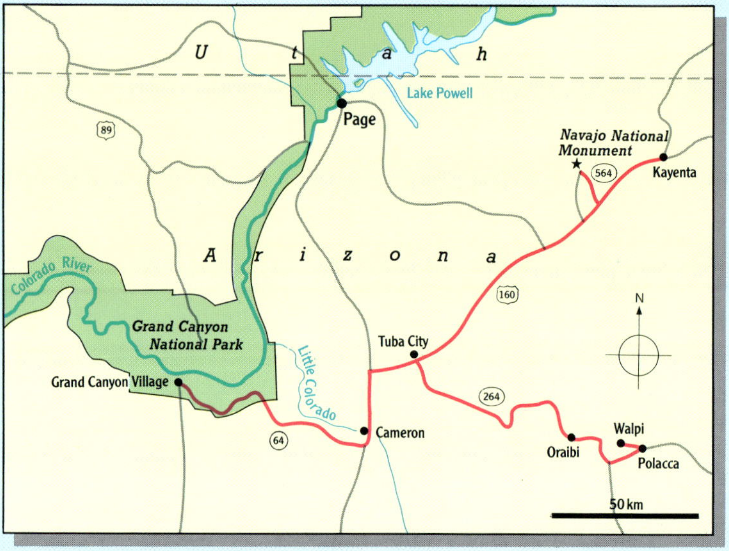

km/mi	Zeit	Route
0	8.00 Uhr	Abfahrt auf US 160, dann S 564
	8.30 Uhr	**Navajo National Monument** (Kleiner Morgenspaziergang oder geführte Wanderung)
144/90	11.00 Uhr	Tuba City (Lunchpause, Einkauf fürs Picknick), danach auf S 264 weiter
265/166	12.30 Uhr	Hopi-Dörfer, von Third Mesa **(Old Oraibi)** über Shongopovi zur **First Mesa** (bei Polacca links nach Hano, Sichomovi und **Walpi**) und zurück
419/262	18.00 Uhr	Cameron Trading Post, dann S 64 (Zeitgrenze im Sommerhalbjahr: – 1 Stunde)
470/294	17.45 Uhr	**Grand Canyon** (Desert View)
510/319	18.45 Uhr	Grand Canyon Village

Extratour:
Bootsfahrt auf dem **Lake Powell** zur **Rainbow Bridge** (Einzelheiten vgl. S. 220).

15. Tag – Informationen

Vorwahl: ✆ **602**

Navajo Cafe
Kayenta
Wie wär's mit einer Navajo-Taco mit lauwarmen Bohnen als Wachmacher? $

Navajo National Monument
45 km westl. von Kayenta
✆ 672-2366
Vom Visitor Center führt ein kurzer Fußweg zum Aussichtspunkt auf die Anasazi-Ruine Betatakin in herrlicher Canyonlandschaft. Im Sommer starten Führungen zu den Ruinen mehrmals am Tag. Telefonische Voranmeldung erforderlich. Campingplatz.

Mittagspause
In Tuba City gibt es die Hühnchen à la »Kentucky Fried Chicken« oder eine kleine Pizzeria in der Shopping Mall; dem Hopi Cultural Center ist eine kleine Cafeteria angeschlossen. Zum Picknick kann man sich in Tuba City versorgen und am Wegesrand auf den Mesas Rast machen.

Grand Canyon National Park Lodges
Reservations Department
P.O. Box 699
Grand Canyon,
AZ 86023
✆ 638-2401
Sieben Hotels und Lodges am Südrand des Canyons werden von dieser Reservierungszentrale verwaltet, darunter das historische **El Tovar Hotel**, die moderne **Maswik Lodge** und die rustikale **Bright Angel Lodge**. Mehrere Monate im voraus reservieren. Die Hotels vermitteln auch Maultiertrips und Schlauchbootfahrten. $$–$$$

Alle Lodges und Hotels haben Restaurants, die aber meist sehr überlaufen sind und eher im Cafeteriastil geführt werden: Gekocht wird bodenständig und in reichlichen, vom Wanderer geschätzten Mengen.

Best Western Grand Canyon Squire Inn
P.O. Box 130
Grand Canyon Village,
AZ 86023
✆ 638-2681, Fax 638-0162
An der S 64 nahe der Südgrenze des Nationalparks. Restaurants, Swimmingpool, Sauna; nahe der Abflugstelle für Helikopterrundflüge. $$$–$$$$

Grand Canyon International Hotel
76 Toronto St.
Grand Canyon Village
✆ 638-9018
Jugendherberge nahe dem Canyonrand, Einlaß ab 17 Uhr. $

Mather Campground und Trailer Village
Grand Canyon Village
✆ 1-800-365-2267 (Reservierung durch die Agentur Mistix)
Zwei große staatliche Campingplätze nahe dem Südrand; weitere private Campgrounds in Tusayan außerhalb des Parks.

El Tovar Dining Room
El Tovar Hotel
✆ 638-2631
Gepflegter historischer Speisesaal mit guter Küche, unbedingt reservieren! $$–$$$

15

Vom monumentalen Tal zum großen Loch
Monument Valley und Grand Canyon

Nur eine halbe Stunde ist es von Kayenta zum **Navajo National Monument**, das Kurzbesuchern die Chance zu einem kleinen Spaziergang zum Canyonrand bietet. Man kann dem kleinen Trampelpfad ein Stück über den geteerten Weg hinaus, der beim Visitor Center beginnt, folgen und vorn am Abhang über dem Canyon eine Weile sitzen bleiben.

Die historische Klippensiedlung, der im Canyon de Chelly nicht unähnlich, ist schon mit bloßem Auge gut zu erkennen. Hier lebten im 13. Jahrhundert die Kayenta-Anasazi, aber ungewöhnlich kurz. Nur etwa fünfzig Jahre lang waren die Felsaushöhlungen bewohnt, obwohl sie sich, nach Süden hin offen, als Behausungen bestens eigneten, weil sie im

Blick in die Betatakin-Ruinen im Navajo National Monument

Das Hopi-Dorf Oraibi auf einer alten Darstellung

Winter die Sonnenwärme nutzbar machten. Man vermutet, daß starke Erosionen das Flußbett und die angrenzenden landwirtschaftlich genutzten Landflächen plötzlich absenkten und schließlich zerstörten.

Bei den Pinyonkiefern, unter denen man diesen Gedanken nachhängen kann, wachsen rundblättrige Büffelbeeren, Wacholder, Klippenrosenbüsche und natürlich die hartgesottenen Burschen, die Yuccas, aus denen die Navajo und Hopi Malpinsel und Sandalen herstellten und sogar Shampoo gewannen, indem sie die Wurzeln zerstampften.

Eine Schafherde kreuzt den Highway: erst der Hund, dann die Lämmer, zuletzt der indianische Schäfer. Zwischen Cow Springs und Red Lake fallen zwei ulkige Felsruinen neben der Straße ins Auge: Elefantenfüße heißen sie. Hin und wieder flitzen die Auslagen in den Verkaufsständen der Navajo am Autofenster vorbei, Gestelle aus Pappmaché und Abfallholz mit schattenspendenden *ramadas.*

Tuba City, trotz des pompösen Namens ein bescheidenes Nest, empfiehlt sich als Versorgungsposten, bevor man den Kurs auf das Hopi-Reservat einschlägt: Tanken, Einkaufen oder ein Besuch beim »Colonel«, der hier im Reservat wie sonst in den USA allgegenwärtigen Hähnchen-Kette. Sein Lieblingsslogan: THE COLONEL'S FACE IS ALL OVER THE PLACE. Also, wenn's

Vom Fels kaum zu unterscheiden: die Hopi-Siedlung Walpi

denn sein muß: einmal *five easy pieces with french fries, biscuit and cole slaw!* Zu deutsch: fünf Hähnchenteile im Schlafrock, Pommes, Biskuitröllchen und Krautsalat.

Die Straße zu den Hopi-Dörfern zieht sich zunächst durch karges Hochland: Rinder, Pferde, Korrale und Windräder. Ab und zu torkelt ein *tumbleweed* über die Straße, einer jener tanzenden Büsche, wie wir sie aus windigen Westernfilmen kennen. Dann das Schild WILLKOMMEN IM HOPI-RESERVAT. BITTE NICHT FOTOGRAFIEREN. Landschaft und Mesas darf man von weitem schon mal knipsen, aber sich selbst und ihre Dörfer lassen die recht traditionell eingestellten Hopi nicht so gern ablichten.

Vorsicht auch mit dem Tempo. Die Reservatspolizei lauert schon mal hinter einer Ecke, um dem Stamm einige Touristendollars einzutreiben. Aber der rote Sheriff läßt auch mit sich reden, und wenn man zerknirscht den deutschen Führerschein zückt, fällt ihm vielleicht ein, wie schön es doch zu Army-Zeiten beim Oktoberfest war, und es bleibt bei einer strengen Ermahnung.

Schließlich klettert der Highway einen Hügelrücken hinauf und erreicht die westlichste der drei Mesas, die das Kernland des Reservats bilden. Schon seit mehr als tausend Jahren bewohnen die utoaztekischsprachigen Hopi diese karge Steinwelt. Während ihre entfernten Verwandten, die kriegerischen Azteken, weiter südlich ein mächtiges Reich aufbauten, haben sie als friedliche Bauern ein abgeschiedenes Leben auf dem öden Hochplateau des heutigen Arizona vorgezogen. Ihre Dörfer stehen gut geschützt und kunstvoll errichtet auf den äußersten Enden der Mesas. Unten, am Fuß der schroff abfallenden Berge, pflanzten sie auf kleinen, vom Grundwasser durchfeuchteten Feldern Mais, Kürbisse und Bohnen.

Stets war ihr Selbstbewußtsein stark ausgeprägt. Sie widersetzten sich ebenso hartnäckig wie erfolgreich dem christlichen Glauben und hielten an ihrer Religion fest. Heute gibt es ständige Grenzstreitigkeiten mit ihren Nachbarn, den Navajo, neue Zuzügler, von denen sie nie viel gehalten haben.

Old Oraibi, das uralte steinerne Dorf, wirkt meistens wie ausgestorben, trotz der vereinzelten TV-Antennen, die so aus den Dächern ragen wie einige alte Kivaleitern aus dem Boden. Viele der Hopi arbeiten außerhalb und kommen oft nur zum Wochenende heim. Manchmal sieht man eine alte Frau von einer schiefhängenden Tür zur nächsten schlurfen – offenkundig möchte sie nicht gestört werden. Als kleinen Einblick in das traditionelle Leben der Hopi kann man im winzigen Laden des Dorfes mal *piki* probieren, jenes hauchdünne, auf flachem Stein gebackene Brot der Hopi. Überraschend ist dabei die Farbe, *piki* wird nämlich aus blauem Maismehl (*blue corn*) hergestellt.

Erst in neuester Zeit entstanden vereinzelte, »amerikanisch« aussehende Häuser und Siedlungen außerhalb der traditionellen Dörfer. Von ihnen ist die **Second Mesa** am dichtesten besiedelt und folglich auch gleich belebter. In **Shongopovi** laufen Kinder herum, an etlichen Häusern wird angebaut, und einige Männer schleppen Holzlatten in die Kiva – kein Zweifel, eine intakte Gemeinschaft.

Walpi ist das letzte Dorf oben auf der First Mesa und nur in Begleitung eines Führers zu besichtigen. Aber keiner zeigt sich weit und breit. Nach einer Weile kommt ein Indianer auf uns zu.

»Braucht Ihr Hilfe? Aber Ihr müßt zahlen! Wenn Ihr was wissen wollt, macht

Hopi-Indianer mit selbstgeschnitzter Kachinafigur

Kachina-Männlein mit Melone

das fünf Dollar. Ich kenn' auch ein Geheimnis. Für fünf Dollar sag' ich es Euch.«

Wir haben das Geheimnis nie erfahren, und uns statt dessen mit einem beruhigenden Ausblick von der Mesa in die Ebene begnügt. Im **Hopi Cultural Center**, einem neueren Komplex aus kleinem Museum, Restaurant, Hotel und Shops, kann man sich nach den anstehenden Zeremonien erkundigen. Über das Jahr verstreut feiern die Hopi noch viele der überlieferten Tanzrituale: Eindrucksvolle, aufwendig geschmückte *kachinas* aus der mythologischen Welt besuchen die Dörfer und tanzen für Regen, Fruchtbarkeit und Wohlstand. Die Zeremonien dauern oft Tage, und man darf als weißer Besucher gern zusehen. Nur Fotografieren ist strikt verboten.

In den Läden des Kulturzentrums sind die nach diesen Tänzern modellierten Kachinapuppen am meisten gefragt. Die Preise sind entsprechend. Draußen auf dem Parkplatz versuchen es die Indianer auf eigene Faust. Sie winken uns beiseite und ziehen selbstgeschnitzte Kachinapuppen aus braunen Lunchtüten. Natürlich sind sie erheblich billiger als die in den Läden. Außerdem kann man sogar um den Preis etwas feilschen, was die Angestellten in den Geschäften nicht dürfen.

Die S 264 wirkt insgesamt reizvoller als die US 160 weiter nördlich. Besonders dann, wenn die Wolken ihre faszinierenden Lichtspiele treiben, wenn der Himmel in Blau- und Grautönen leuchtet und Gräser und Steine, Büsche und Geröll mit ständig wechselnden Licht- und Schattenflecken überzieht.

Nach Passieren des **Cameron Trading Post** beginnt der Endspurt zum Grand Canyon, bei dem die Camper noch einmal kräftig zulegen müssen, denn die Straße (S 64) steigt beträchtlich. Werbung für Kitsch und Schmuck der Indianer säumt die Ränder des Highways:

Blick in den Grand Canyon (oben und rechts)

STARK VERBILLIGT! NUR NOCH ZWEI MEILEN! JETZT ABBIEGEN! HALT, SIE SIND ZU WEIT GEFAHREN, KEHREN SIE BITTE UM!

Kehrt man nicht um, so öffnet sich bald der Blick nach Osten über die Ebene. Schon sind die ersten Ritzen eines kleinen Canyons in der Hochfläche zu erkennen: der **Little Colorado**, ein Zubringer zum großen Bruder. Am nächsten Aussichtspunkt wird auf einen Blick in die Schlucht klar: In ein paar Millionen Jahren wird aus dem Little auch ein Grand.

Danach geht's weiter aufwärts. Endlos zieht sich die Straße durch das dichtbewaldete Plateau. Der Sonnenuntergang rückt näher, und kein Ende ist in Sicht. Doch dann: der Parkeingang zum **Grand Canyon**, und gleich dahinter im roten Abendlicht die ersten Wälle und Zinnen, Tempel und Schluchten. Desert View Point: Schon der erste Eindruck vom gewaltigen Tal entschädigt für die lange Tagesreise. Und dies ist erst der Anfang. ■

Alternativroute: Lake Powell

Leuchtende Schlucht

Der Antelope Canyon bei Page (Lake Powell)

Unter den zahlreichen sogenannten *slot canyons* ist der **Antelope Canyon** einer der beliebtesten, vor allem bei den Fotografen. Man parkt auf dem freien Stück am Antelope Canyon *wash*, wo meist zwei Indianer in einem Pick-up warten, um die Besucher gegen eine Besichtigungsgebühr zum Eingang des Canyons zu kutschieren, von dem aus man allein loslaufen und die Perspektiven der leuchtenden Schlucht genießen kann. Die drei Meilen dieses ersten freien Stücks lassen sich zwar auch zu Fuß bewältigen, aber man muß sich dabei auf einen strammen Wüstenmarsch auf sandig-steinigem Boden in (meist) ziemlicher Hitze gefaßt machen. Fotofreunde sollten bedenken, daß die beste Zeit zum Besuch des Canyons ausnahmsweise einmal *high noon* ist: weil nur durch die hochstehende Sonne ausreichend Licht in die Felsspalten fällt.

Route: Von Kayenta aus erreicht man die Region Antelope Canyon/ Page/Lake Powell auf einem kleinen Umweg über US 160 *west*, S 98 *north* – bis (vor Page) die roten Felskamine und das dampfende Kraftwerk in Sicht kommen. Kurz hinter dem Kohlekraftwerk liegt links ein Parkplatz mit dem Schild ANTELOPE CANYON. ACCESS INTO PREMISES WITH PERMIT ONLY. PERMIT CAN BE PURCHASED HERE AT THE GATE MONDAY THROUGH FRIDAY 9–4 OR CALL ✆ (520) 689-3296.

Wer noch zusätzlich eine Bootsfahrt auf dem Lake Powell unternehmen möchte (etwa zur **Rainbow Bridge**), muß in Page übernachten, z. B.: **Wahweap Lodge & Marina**, 6,5 km nördlich des Damms über Lake Shore Dr., Page, AZ 86404, ✆ (520) 645-2433, Fax 645-1031, Hotelrestaurant mit Seeblick, Pool, Jacuzzi, Marina (Bootstouren und -verleih). In der Lodge kann man Bootsfahrten buchen, in der Nähe gibt es auch einen Badestrand ($$$). **Holiday Inn**, 287 North Lake Powell Blvd., Page, AZ 86040, ✆ (520) 645-8851, Fax 645-2523 ($$–$$$). **Page Boy**, 150 North Lake Powell Blvd., ✆ (520) 645-2416. Einfaches Motel für kostenbewußte Reisende ($). Privater Campingplatz: **Wahweap RV Park and Trailer Village**, 11 km nordwestl. von Page über den Damm, ✆ (520) 645-8883; ganz in der Nähe: **National Park Service Campground**. Für den Abend: **Ken's Old West**, 718 Vista Ave., ✆ (520) 645-5160. Uriger Holzschuppen und Lounge mit deftigen Gerichten. Oft abends Live-Musik. $–$$. – **Informationen**: Page-Lake Powell Chamber of Commerce, 106 South Lake Powell Blvd., Page, AZ 86040, ✆ (520) 645-2741

Alternativroute: Lake Powell

Ein Wort zu Page, der Versorgungsstation für den Freizeit- und Sportbetrieb an und auf dem Lake Powell. Angefangen hat hier alles natürlich erst einmal mit dem Bau der Staumauer im Colorado River, dem Glen Canyon Dam. Schon bei Baubeginn war das Wachstum der 1957 gegründeten Siedlung vorauszusehen und deshalb tauschte man mit den Navajo-Indianern 17 Quadratmeilen des umliegenden Landes gegen einen Batzen gleicher Größe in Utah. Resultat: Page ist eine städtische Enklave innerhalb des Reservats, und da die Indianer die Sommerzeitumstellung nicht mitmachen, führt das bei den Anglos gewöhnlich zur Zeitverwirrung: Man sollte in Page also immer genau wissen, wohin man fährt und wo man sich gerade befindet.

Den Navajos heilig: die Rainbow Bridge in einem Seitencanyon des Lake Powell. In der Sprache der Navajo bedeutet Rainbow Bridge »Stein gewordener Regenbogen«.

Wahweap Marina: Blick auf Lake Powell

Blick zurück im Schnee: südlich von Page

16. Tag: Grand Canyon National Park

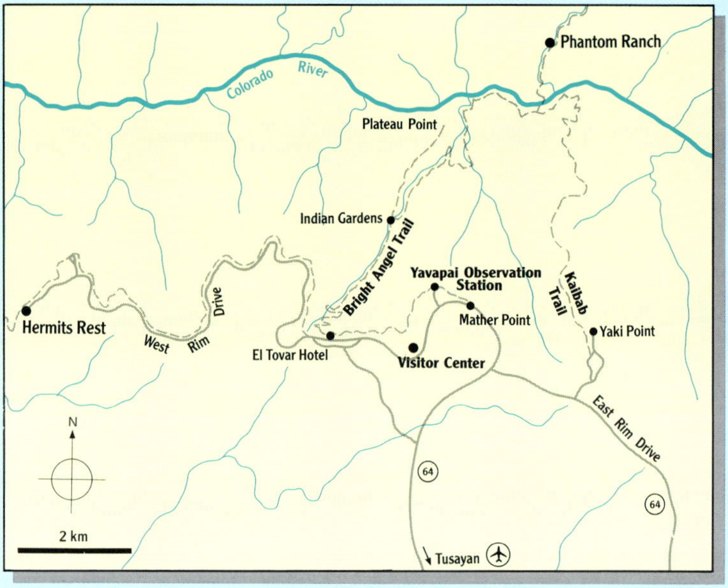

Grand Canyon National Park

Größe: 4931 km²

Gründungsjahr: 1919

Lage: auf dem Kaibab- und Coconino-Plateau in Nordwestarizona

Sehenswürdigkeiten: bis zu 1700 m tiefe, 450 km lange Schlucht des Colorado River, Rim Drive mit Aussichtspunkten, darunter Desert View, Grandview Point, Yavapai Point und Hermits Rest

Einrichtungen: Visitor Center, Hotels und Campingplätze im Grand Canyon Village am Südrand; Wanderwege am Rand und in die Schlucht (Bright Angel Trail und Kaibab Trail), Rundflüge, Maultierritte in den Canyon, Schlauchbootfahrten

Info-Adresse: Superintendent, Grand Canyon National Park, P.O. Box 129, Grand Canyon, AZ 86023, ✆ (520) 638-7701

16. Tag – Informationen

Für den Tag am Grand Canyon parkt man am besten nahe dem Visitor Center, beim Supermarkt oder auf dem großen Parkplatz südlich der Bright Angel Lodge beim Bahnhof.

Zwischen Ende Mai und Ende September ist der West Rim (die Region westlich von Grand Canyon Village) für Privatfahrzeuge geschlossen, und man kann mit kostenlosen Pendelbussen auf dieser Route fahren, immer wieder aussteigen und ein Stück laufen. Wer in den Canyon wandern und dort auch mit dem Zelt übernachten möchte, kann sich bis zu vier Monate vorher anmelden und braucht ein *backcountry permit* (kurzfristig kann man sich nur auf die Warteliste setzen lassen und hoffen, daß jemand absagt):

Backcountry Reservations Office
P.O. Box 129
Grand Canyon, AZ 86023
✆ (520) 638-7888 (nur für Info)
Man kann auch auf der Phantom Ranch, einem kleinen Herbergsbetrieb unten im Canyon, übernachten, muß allerdings seine Reservierung lange, lange vorher über das Reservierungssystem der Grand Canyon National Park Lodges (s. Seite 213) machen.

Bright Angel Trail
Der Pfad beginnt vor der Bright Angel Lodge und führt über Indian Gardens (7,4 km, Wasser meist verfügbar) zum Colorado (12,4 km). Bei Indian Gardens zweigt der Weg zum Plateau Point ab (Blick auf den Fluß), von dem man wieder zum Canyonrand zurückgehen kann – ein schöner Tagestrip von etwa 20 km.

Kaibab Trail
Dieser steilere Pfad führt vom Parkplatz nahe dem Yaki Point direkt zum Colorado (10 km). Von dort kann man entweder zurück oder auch über den Bright Angel Trail wieder aufsteigen (25 km; nur als 2tägige Tour). Kein Wasser entlang des gesamten Trails!

Maultierritte
Trips in den Canyon sollte man in der Hochsaison mehrere Monate vorab bei den Grand Canyon National Park Lodges (s. Seite 213) reservieren; trotz der Erleichterung durch die meist lammfrommen Maultiere sind die Ritte anstrengend. ✆ (520) 638-2401.

Schlauchbootfahrten
Zahlreiche Gesellschaften bieten von April bis Oktober 2- bis 21tägige Bootsfahrten (die kürzeren auch mit Motorbooten) auf dem Colorado an. Abfahrt ist meist in Lee's Ferry nahe Page. Solche Touren können bereits zu Hause bei Reiseveranstaltern und im Reisebüro gebucht werden, oder man tut das vor Ort in Page oder Grand Canyon Village.

Mittagessen kann man entweder in einer der Lodges, im Deli nahe dem Supermarkt oder – noch schöner – man deckt sich vorab ein und picknickt am Canyonrand oder bei der Wanderung am Ufer des Colorado.

Grand Canyon Airlines
Am Grand Canyon Airport südl. von Grand Canyon Village bei Tusayan
✆ (520) 638-2407
45- bis 55minütige Rundflüge über den Canyon.

Papillon Grand Canyon Helicopters
In Tusayan an der S 64
✆ (520) 638-2419
Es werden halb- und einstündige Flüge über den Canyon angeboten. Preise: ab $ 90.

Grand Canyon IMAX Theater
Tusayan, 14 km südl. an der S 64
✆ (520) 638-2468
Im Sommer jede halbe Stunde zwischen 8.30 und 20.30 Uhr Vorführung des Films »Grand Canyon – The Hidden Secrets«. In der Hochsaison ist Reservierung angeraten.

16

Auf den Spuren von Major Powell
Wandern am Grand Canyon

Nach einem kräftigen Frühstück (das muß heute bis auf einen kleinen Snack unterwegs länger vorhalten) geht's los! Zunächst ein kurzer Besuch an der **Yavapai Observation Station**, die ganz vorsichtig an der Kante des Steilhangs balanciert. Schautafeln benennen die verschiedenen Felsklötze im Canyon, und ein kleiner Laden bietet Literatur über die Schlucht an.

Das Tollste aber ist natürlich der Blick in den Canyon selbst: Die Dimensionen der tiefroten, mit kleinen grünen Punkten (das sind ausgewachsene Bäume!) betupften Tempel und Steilwände sind kaum zu fassen. Gegenüber erkennt man – zwölf Kilometer entfernt – die schnurgerade Linie des Nordrandes. Nicht zu glauben, daß er gut 300 Meter höher liegt als der Südrand.

Danach kann man sich im nahen **Visitor Center** über die von Rangern geführten Wanderungen und über die weiteren Angebote informieren. Wenn im Hochsommer die Parkplätze zum Bersten voll sind, findet man meist beim neuen Bahnhof noch ein Plätzchen und ist von da schnell am Canyonrand und am Anfangspunkt des Bright Angel Trail.

Mehrere Möglichkeiten, untereinander kombinierbar, stehen je nach Laune und Kondition für den heutigen Tag zur Auswahl: Wanderung oder Ritt in den

Grand-Canyon-Panorama aus der Luft ▷

Gemächliche Ausritte ...

Canyon, Fahrt und bzw. oder Wanderung am Canyonrand, Flug über den Canyon und, als Abschluß, ein Film über den Canyon.

Die durchtrainierten Alpenvereinswanderer werden es sich sicher nicht nehmen lassen, das »größte Loch der Welt« in allen Tiefen zu durchmessen. Dafür bieten sich **Bright Angel** und **Kaibab Trail** an. Der etwa 10 Kilometer lange Kaibab-Pfad ist steiler und kürzer, dafür kann man es aber beim insgesamt gut zwölf Kilometer langen Bright Angel auch schon auf halber Strecke, bei **Indian Gardens** und dem Aussichtspunkt über die enge innere Schlucht, gut sein lassen und umkehren. Vor allem im Sommer sollte man frühmorgens losmarschieren, da die Mittagstemperaturen an der Canyonsohle bei 40 Grad aufwärts liegen. (Unbedingt Wasser mitnehmen!)

1400 Meter Höhenunterschied erwarten den Wanderer und eine einzigartige Reise durch die Erdzeitalter. Oben am Kaibab-Plateau beginnen die Pfade im grauweißen Kaibab-Kalkstein – jener bescheidenen 200 Millionen Jahre alten Formation, die uns vom Capitol-Reef-Gebiet her als ganz alt und unten bekannt ist. Danach geht es steil bergab durch die Jahrmillionen: roter Kalkstein, brauner Sandstein, dann der rötliche Hermit-Schiefer (alle aus dem Perm); die Supai-Formation, der fleckigrote Kalkstein der Redwall, dann grauer Kalk und Schiefer der Tonto-Gruppe, die schon 550 Millionen Jahre alt sind. Erst ganz unten, in der innersten Klamm des Colorado, erreicht man das älteste Gestein, die zwei Millarden Jahre alten präkambrischen Gneis- und Schieferschichten.

Sechs Millionen Jahre hat der Fluß gebraucht, um sich gut eineinhalb Kilometer tief einzugraben, während das Plateau langsam angehoben wurde. Unten am Ufer des Stroms ist ein Ende der

Wühlarbeit noch nicht abzusehen. Schlammig und braun wälzt der Colorado Sand und Steine stromabwärts. Vor dem Bau der Staudämme transportierte er täglich fast eine halbe Million Tonnen Sedimente zum Golf von Kalifornien, heute sind es nur noch 70 000 am Tag.

Major John Wesley Powell, der Veteran aus dem Bürgerkrieg, wagte sich als erster den Colorado hinab. Er wollte den letzten weißen Fleck auf der US-amerikanischen Landkarte beseitigen und der Wissenschaft dienen. 1869 brach er mit vier Booten und neun Männern von Green River in Wyoming in das große Unbekannte auf. Unwirtliche Schluchten, zahllose Stromschnellen, vielleicht sogar tödliche Wasserfälle lagen vor ihnen. Als Powell nach 98 Tagen unbeschadet den Unterlauf des Flusses und die Zivilisation wieder erreichte, hatte ihn die Presse bereits für tot erklärt. Bei der Lektüre

... tollkühne Absprünge ...

... und gesellige Schlauchboottrips: der Grand Canyon macht's möglich

seiner Nachrufe war er baß erstaunt, daß die Öffentlichkeit eine so hohe Meinung von ihm hatte und derart um ihn trauerte.

Nach Powell kamen andere Vermesser und Entdecker. Robert B. Stanton zum Beispiel, der eine Eisenbahnlinie am Ufer des Flusses durch den gesamten Canyon bauen wollte. Auf seiner schlecht organisierten Expedition ertranken im Jahre 1889 drei seiner Mitarbeiter, und die Schienenpläne wurden schließlich verworfen.

Erst in den 30er Jahren veränderte sich etwas am Ufer des Colorado. Während der Wirtschaftskrise ließ die Regierung arbeitslose Männer die Trails zum Canyonrand ausbauen und auch einen Pfad am Fluß entlang anlegen – Arbeiten, von denen der heutige Wanderer profitiert.

Trotz der recht sicheren und gut ausgebauten Trails ist der Abstieg in die Schlucht kein Honiglecken, und ein Muskelkater am nächsten Tag ist gewiß. Wer sich diese Erfahrung sparen möchte und schwindelfrei ist, kann die Reise auch auf dem schaukelnden Rücken eines Maultiers unternehmen.

Spritztouren auf dem Colorado River

Doch was machen jene, die nicht hinabwollen? Nun, keine Angst, es gibt genügend zu tun. Wie wäre es mit einer kurzen Busfahrt im kostenlosen Pendelbus auf dem **West Rim Drive**? An der Endstation **Hermits Rest** steigt man aus und wandert dann gemächlich am Canyonrand entlang zurück. Ein Ausblick jagt den nächsten, und das Ganze ist weitaus weniger beschwerlich als die Saunakur der Trails in die Schlucht. Oder man spaziert von der Yavapai Observation Station auf dem Nature Trail zum Maricopa Point. Die einschlägige kleine Broschüre vermittelt allerlei Interessantes über Flora und Geologie im Canyon.

Lohnend ist auf jeden Fall auch ein **Rundflug** über den 1600 Meter tiefen Schlund. Nur so kann man die Dimensionen etwas überschauen: 400 Kilometer zieht sich der Colorado River durch den Nationalpark. Ob mit Helikopter oder kleiner Propellermaschine – besonders der Anfang des Fluges überwältigt den Besucher. Man startet 15 Kilometer südlich des Canyonrandes und brummt niedrig über die scheinbar endlosen Wälder des flachen Kaibab-Plateaus. Langweilig? Urplötzlich fällt der Boden weg; ein erschrockenes und dann staunendes Einatmen geht durchs Flugzeug, während sich ein Panorama verwinkelter Seitencanyons, nackter roter Felswände und zahlloser Tafelberge unter dem Fenster ausbreitet.

Zum Abschluß des Tages, zur Ruhe für die müden Beine, ganz etwas anderes: Kino. Auf einer Riesenleinwand projiziert das **IMAX-Theater** einen halbstündigen Film über den Canyon. Da blickt Don López de Cárdenas 540 als erster Weißer enttäuscht über die Schlucht: kein Gold in Sicht. Da paddelt der einarmige Major Powell durch die Tiefen der granitenen Klamm, und am Ende fällt der Abschied vom Grand Canyon schwer, wenn man aus der Sicht des Drachenfliegers in den imposanten Sonnenuntergang schwebt. ■

 Beliebter Stopp für alle »river runners«: Elves Chasm am Grunde des Grand Canyon ▷

Alternativroute: Havasu Canyon

Havasu Canyon:
Oase in der Tiefe des Grand Canyon

Gut fünf Millionen Besucher krabbeln alljährlich am Rand des Grand Canyon herum. Da ist es nicht leicht, die grandiose Schlucht in Ruhe zu genießen. Doch es gibt noch eine kaum bekannte Oase in der Tiefe, die mit etwas Vorplanung ein ganz besonderes Erleben des Grand Canyon verspricht. Der Havasu Canyon, eine schmale Seitenschlucht westlich des Grand Canyon Village, ist das einzige Indianerreservat im National Park, und die einzige menschliche Siedlung im Canyon. Seit dem 14. Jahrhundert leben dort die Havasupai-Indianer, »die Menschen vom türkisgrünen Wasser«.

Außer per Hubschrauber ist das kleine Dorf Supai bis heute nur zu Fuß oder per Pferd zu erreichen – auf einem schmalen Pfad, der vom Hualapai Hilltop am Südrand des Grand Canyon hinabführt. Auf dem Trail begegnet man häufig Maultierkarawanen, denn alle Verpflegung, ja sogar die Post für das Dorf wird noch mit Packtieren befördert. Nach etwa vier Stunden staubigem Marsch ist das Dorf erreicht: Obstbäume grünen hier, die Indianer haben kleine Felder angelegt, ein türkisgrünes Flüßchen plätschert unter hohen Steilklippen dahin – ein lauschiger Garten Eden im roten Felslabyrinth.

In dem 400-Seelen-Ort selbst ist nicht viel zu sehen: Es gibt einen kleinen Laden, eine kleine, blitzblanke Lodge und ein Missionskirchlein. Die eigentlichen Attraktionen liegen noch etwas talabwärts: der idyllische, von mächtigen Cottonwood-Bäumen überschattete Havasu Creek und seine spektakulären Wasserfälle. Rund zwei Kilometer vom Dorf stürzen die gut 30 Meter hohen Havasu Falls leuchtendblau in große Becken, die von üppigem Grün umrahmt werden. Eine natürliche Badelagune wie im Paradies. Einige Schritte weiter führt eine atemberaubend steile Felsentreppe, gesichert mit Ketten und Eisenstangen, die senkrechte Felswand hinab an den Fuß der 60 Meter hohen Mooney Falls. Und wem diese Kletterpartie noch nicht reicht, der kann über Klippen und Geröll in einer anstrengenden Tagestour von Supai aus sogar noch neun Kilometer weiter bis zum Ufer des Colorado River absteigen.

Anreise und Info:
Die Anfahrt vom Grand Canyon Village zum Startpunkt des Trail dauert etwa 4–5 Stunden: Hwy. 64 bis Williams, auf der I-40 nach Westen und auf der alten Route 66 nach Peach Springs. 10 km vor Peach Springs zweigt der Hwy. 18 ab und führt rund 100 km nach Norden zum Hualapai Hilltop (Parkplatz), wo der ca. 13 km lange Weg in den Canyon beginnt. Campingplatz und Lodge im Reservat müssen ebenso wie die Reittouren möglichst mehrere Monate vorab gebucht werden bei: **Havasupai Tourist Enterprises**, Supai, AZ 86435, ✆ (520) 448-2141; Lodge ✆ (520) 448-2111, $$. Eintritt im Reservat $ 12.

Wer sich die lange Anreise ersparen will, kann auch vom Grand Canyon Village aus per Hubschrauber einschweben. Ein- und zweitägige Touren mit Übernachtung in der Havasupai Lodge werden angeboten. Buchung und Informationen bei **Papillon Grand Canyon Helicopters**, P.O. Box 455, Grand Canyon, AZ 86023, ✆ (520) 638-2419, Fax 638-9349.

Badelagune wie im Paradies: Havasu Falls

Steine, die Farbe bekennen:
Petrified Forest

Mit optischen Leckerbissen warten zwei berühmte Naturszenerien im nördlichen Arizona auf: die vielfarbige Steinwüste von Painted Desert und die versteinerten Baumstämme des Petrified Forest. Glauben Sie aber nur nicht, daß Sie sich die Blue Mesa schenken könnten! Sie vermittelt einen besonders starken Eindruck in diesem Nationalpark. (Route siehe S. 234)

Schillernde Stämme aus Stein: Petrified Forest

Höhepunkt im steinernen Wald: die »Blue Mesa«

17. Tag – Route: Grand Canyon – Flagstaff – Arcosanti – Casa Grande – Tucson (585 km)

km/mi	Zeit	Route
0	9.00 Uhr	**Abfahrt**
126/79	10.30 Uhr	**Museum of Northern Arizona,** Flagstaff
266/166	13.00 Uhr	**Arcosanti** (Mittagspause in der Cafeteria und Besichtigung, ca. 2 Std.)
459/287	17.00 Uhr	**Casa Grande,** dann weiter auf US 89
585/366	19.00 Uhr	Tucson

Alternativroute für Frühaufsteher: Grand Canyon, Flagstaff, I-40 *east* zum **Petrified Forest** (vgl. auch S. 233); S 77 nach Show Low und Globe (Wälder, Wiesen, Pferde- und Rinderherden, malerische Ranches, Salt River Canyon, Mogollon Rim), Tucson (stramme 786 km).

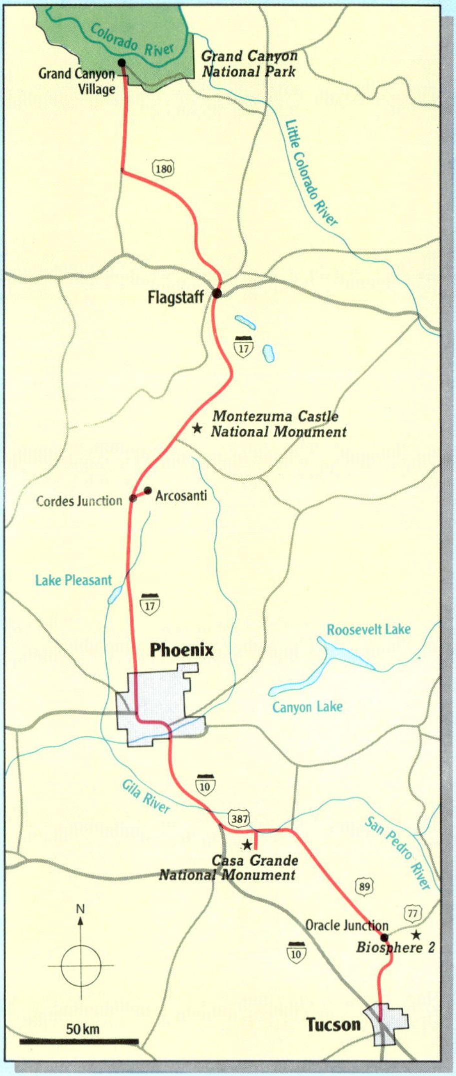

17. Tag – Informationen

Vorwahl: ✆ 520

Museum of Northern Arizona
US 180 nordöstl. von Flagstaff
✆ 774-5211
Tägl. 9–17 Uhr außer Thanksgiving, Weihnachten und Neujahr. Eintrittsgebühr
Ausgezeichnete Ausstellungen über die Naturgeschichte Arizonas und die Indianerkulturen. Sehr guter Buchladen und Indianerkunstverkauf.

Arcosanti
3 km östl. der I-17 bei Cordes Junction
✆ 632-7135, Führungen 9–17 Uhr

Torso der Stadtvision von Paolo Soleri: ein architektonisches Experiment als Freilichtmuseum; Cafeteria, Verkauf von Windglocken.

17. Tag – Informationen

Casa Grande Ruins National Monument
Coolidge (an der S 87), ✆ 723-3172
Rund 600 Jahre alte Hohokam-Ruine im Tal des Gila River. Visitor Center, Lehrpfade. Bis 18 Uhr geöffnet.

Sheraton Tucson El Conquistador
10 000 North Oracle Rd.
Tucson, AZ 85737
✆ 544-5000, Fax 544-1222
Ferienoase mit großen Gartenanlagen am Felshang: Pool, Reiten, Golfplatz, Tennis. $$–$$$. (Mitte Mai bis Anfang Sept. sehr preiswert.)

Arizona Inn
2200 East Elm St., Tucson, AZ 85719
✆ 325-1541, 881-5830
Kleines, historisches Resorthotel mit herrlichen Gärten und Pool. Mitten in der Stadt und doch eine Oase. Ausgezeichnetes Restaurant. $$$$ (im Sommer $$–$$$)

White Stallion Ranch
9251 West Twin Peaks Rd.
Tucson, AZ 85743, ✆ 297-0252
Ferienranch mit Longhornrindern im Kakteenwald, 25 km vom Stadtzentrum, gute Reitmöglichkeit. Nur Okt. bis Mai geöffnet. Ideal für einige Zusatztage im Stil von »High Chapparal«. Preise schließen Verpflegung und alle Ranchaktivitäten ein. Deshalb $$$$

Westward Look Resort
245 East Ina Rd., Tucson, AZ 85704
✆ 297-1151 und 1-800-722-2500
Fax 297-9023
Schön gelegene komfortable Oase mit Restaurant, Pools, Tennisplätzen, Fitneßeinrichtungen, Joggingpfaden. $$$

Zahlreiche und gute Motels (und Restaurants) liegen an der **Miracle Mile.** Zum Beispiel:

Best Western Ghost Ranch Lodge
801 West Miracle Mile, Tucson, AZ 85705
✆ 791-7565 und 1-800-456-7565
Fax 791-3898
Angenehmes Motel. $$

Gilbert Ray Campgrounds
Rt. 13, Box 977, Tucson, AZ 85713
✆ 888-4200
Großer Platz, einfach ausgestattet, im Tucson Mountain Park an der Kinney Road inmitten stolzer Kakteen.

Janos
150 North Main St., ✆ 884-9426
Nouvelle cuisine in Adobe-Atmosphäre. $$–$$$

Oven's
St. Philip's Plaza, 4280 North Campell Ave.
✆ 577-9001
Im Trend der schicken, jungen Szene mit schönem Innenhof: Pizza in allen Südwest-Variationen. $$

Li'l Abner's Steakhouse
8500 North Silverbell Rd., ✆ 744-2800
Rustikales Steakhouse mit deftiger Kost in einer alten Postkutschen-Station am Nordrand der Stadt. Am Wochenende Country-&-Western-Bands. $$

Isla Tiburon
213 North 4th Ave.
Beliebte Studentenbar mit Restaurant mitten im Nightlife-Viertel an der Universität. $

Hidden Valley Inn
4025 North Sabino Canyon Rd.
Angenehmes Restaurant etwas außerhalb der Stadt: Steaks, Fisch, Bier vom Faß. $–$$

Wild Wild West
4385 West Ina Rd.
Riesiger *Country Saloon* am Nordrand der Stadt mit (meist) guten Bands.

Weitere Informationen:

Metropolitan Tucson Convention & Visitors Bureau
130 South Scott Ave., Tucson, AZ 85701
✆ 624-1817, Fax 884-7804

Nach Süden: Tucson

Schneisen durch Kiefern, Nadelgewächs und Passagen wie in der Lüneburger Heide – so fährt man vom Grand Canyon nach Flagstaff. Den Horizont begrenzen, meist schneebekrönt, die konischen Vulkankegel der **San Francisco Mountains**, die heiligen Berge der Navajo und Hopi und die Heimat der Kachinas, jener geschmückten Gesellen aus mythischen Welten, die zu den zeremonialen Feiern in die Dörfer kommen, um für Regen, Fruchtbarkeit und Wohlstand zu tanzen oder, als Clowns, um den Spaßvogel zu spielen.

Der nahe Humphreys Peak ist mit 3860 Metern der höchste Gipfel im Staat. Kurz vor der Stadt noch ein Stopp, um das auf der Reise bisher Gelernte aufzufrischen: im **Museum of Northern Arizona**. Massiv gebaut aus braungrauem Stein sitzt der weitläufige Bau geduckt im Wald – so unscheinbar, als wäre auch drinnen nicht viel zu erfahren. Falsch. Die wechselhafte geologische Geschichte des Colorado-Plateaus wird ebenso anschaulich erläutert wie die Knochen der Dinosaurier; daneben gibt es Lehrreiches über die prähistorischen und modernen Indianer zu sehen. Eine ganze Kiva wurde originalgetreu nachgebaut, und wem es die Webmuster der Navajos angetan haben, der kann hier Details finden.

Flagstaff, das sich, ähnlich wie Gallup, kilometerlang an der Eisenbahnlinie hinzieht, ist durchaus noch auf der Höhe des Plateaus, was oft bis in den Mai hinein zu Schneefeldern und verzuckerten Weihnachtsbäumen führt, während nur ein paar Autostunden weiter südlich das Thermometer bereits die 40 Grad erreicht.

Dann wird die Luft auch spürbar dicker. Bald zeigen die schwarzen Bremsspuren der Trucks, daß die Hochfläche steil abfällt, was sich auch am Wechsel der Vegetation verfolgen läßt. Je weiter abwärts es geht, um so kürzer werden die Kiefern. Hin und wieder übernehmen schon Kakteen die botanische Wachablösung.

Wenn sich am Südabhang des Plateaus öfters mal die Wolken sammeln, mächtige Regengüsse abgehen oder im Winter die Blizzards pfeifen, sollte sich der Reisende davon nicht einschüchtern lassen. Unten in der Ebene wird es mit Sicherheit besser. Der Höhenunterschied und der der Breitengrade bewirken im Laufe der Fahrt oft Wolkenauflösungen, die sich zu dramatischen Walpurgisnachteffekten steigern, wenn die Nebel an den Hängen und in den Schluchten wallen. Doch jeder Kilometer in südlicher Richtung klärt die Lage und den Himmel.

Verständlich also, daß wir uns auf Paolo Soleris fantastische Baustelle in **Arcosanti** freuen, denn seine Idee von einer sich selbst versorgenden Stadt basiert ja auf der Strahlkraft der Sonne.

Bei Cordes Junction steht der Name ARCOSANTI bereits offiziell auf dem grünen Highwayschild. Der weitere Weg, eine *dirt road*, ist deutlich ausgeschildert: zum Parkplatz und Besucherhaus. Von hier kann man die Umrisse dieses ungewöhnlichen Stadtprojekts mitten in der

Halbwüste sehen: ominöse Kuppeldächer, gewaltige Betonplatten, vereinzelte Bauarbeiter – ein bißchen Theaterkulisse, ein bißchen Sichtbeton im Bauhausstil.

Für 5000 Menschen plante hier der italienische Architekt und Visionär Soleri einen urbanen Komplex, der das genaue Gegenstück zur typisch amerikanischen Stadt (ausufernd, naturzerstörend, energievergeudend) werden sollte. Die gesamte Wohnanlage sollte ohne Autoverkehr auskommen und sich komplett aus Sonnenwärme versorgen. Leider war keine finanzielle Grundlage zu finden, weder bei privaten Investoren noch beim Staat. Ein Manko, das unter anderem den Verdacht genährt hat, Soleri sei im Grunde eher ein charismatischer Scharlatan, der lediglich die kostenlos für ihn arbeitenden Studenten ausbeute, um sich zu profilieren.

Wie auch immer, Arcosanti ist bis heute eine kleine Vorzeige-Baustelle geblie-

Sanfte Klänge im Wüstenwind: Glocken in Arcosanti

Baustelle der Fantasie: erste Bauabschnitte von Arcosanti, der Zukunftsstadt des Paolo Soleri

Komiker in der Einöde: Saguarokaktus

In voller Blüte: Barrel Cactus

Ruine der Casa Grande

ben, auf der allenfalls eine Handvoll Leute arbeiten und leben, ein paar fertige und halbfertige Strukturen, aber mit einer hübschen Cafeteria, wo man gut aufgehoben ist und in die reizvolle Landschaft blickt, begleitet vom gelegentlichen Läuten der Windglocken, die hier gefertigt (und verkauft) werden und inzwischen zu einem Markenzeichen Soleris geworden sind.

Der junge Architekturstudent, der die Besucher durch die bizarren Formen führt, erzählt die Entstehungsgeschichte des Projekts, erklärt die wärmespeichernde Funktion der Apsisbauten und die Vorzüge der kurzen Wege innerhalb der Wohnanlage. Der Ansatz sei gut, meint er, aber der Plan, hier wirklich diese Superstadt zu bauen, sei längst aufgegeben. Man wolle im wesentlichen das Bestehende als ein permanentes Forschungs- und Lehrzentrum für alternative Baumethoden und Stadtplanung erhalten.

Beim Rückweg zur Cafeteria begegnen wir einem Trupp, der gerade damit beschäftigt ist, Gerüste zu bauen und mobile Sperrholzwände zu bemalen – im Auftrag einer Filmgesellschaft in Hollywood. Ein bemerkenswertes Zusammentreffen und zugleich auch ein paradoxes Lehrstück über die Chancen von Utopien: Ausgerechnet die Alternative zur High-Tech-Welt hält als Hintergrund für einen Science-Fiction-Film her.

Wenig später, auf der Weiterfahrt nach Süden, setzt sich die Flora des südlichen Arizona vollends durch – mit Feldern voller Saguaro-Kakteen (gesprochen: su-wa-ro) und staksigen Ocotillosträuchern. Phoenix, die Hauptstadt, zieht vorbei, eine energie- und wasserschluckende Megalopolis: genau der Stadttyp, gegen den Soleri anbauen wollte.

Bald danach, wenn die Wüste wieder beginnt, zweigt der Highway US 387 zu den Casa-Grande-Ruinen ab: eine schöne Straße durch Baumwollfelder, Kakteen und mit atemberaubenden Ausblicken auf die sonnendurchglühten, braunen Berge. Dann, rechter Hand und schon von weitem sichtbar, ein seltsamer Baldachin: das schützende Dach für die mysteriösen Ruinen von **Casa Grande**. Schon vor 1500 Jahren lebten Hohokam-Indianer im Tal des Gila River. Man weiß nicht viel über ihre Kultur: Einfache Farmer waren sie, die in kleinen, verstreuten Dörfern lebten. Zur Bewässerung ihrer Baumwoll-, Mais- und Kürbisfelder legten sie ein kompliziertes, mehr als 1000 Kilometer langes Kanalsystem an. Außerdem betrieben sie eine ausgefeilte Töpferei und handelten mit Mexiko. Doch warum sie um 1350 unserer Zeitrechnung hier ein mächtiges vierstöckiges Bauwerk errichteten, ist unklar. Sollte es ein Fort sein? Für Rituale genutzt werden? Die neuere Forschung weist darauf hin, daß die oberen Fenster exakte astronomische Beobachtungen ermöglichen. Also eine Sternwarte? Ein Bummel zum großen Hauptbau und durch die zahlreichen umliegenden Ruinen ergänzt sich zu einer geruhsamen Geschichtsexkursion im abendlichen Wüstenrund.

Für das letzte Stück bis **Tucson** wählen wir die US 89, den Pinal Pioneer Parkway, und damit eine im Vergleich zur Interstate landschaftlich abwechslungsreichere Straße. ■

Komfort vor karger Kulisse: Hotel-Pool in Tucson

Alternativroute: Grand Canyon – Phoenix/Scottsdale (363 km)

km/mi	**Zeit**	**Strecke**
0	8.00 Uhr	Von Grand Canyon Village: US 180 nach Süden
126/79	9.30 Uhr	**Museum of Northern Arizona**, Flagstaff (ca. 1 Std.) – Weiterfahrt nach Süden US 89A Richtung Sedona durch den **Oak Creek Canyon** nach
166/104	11.30 Uhr	**Sedona**. Kleine Wanderung in der Felslandschaft (Schnebly Hill Road) oder Lunchpause im Tlaquepaque Center (ca. 1 Std.) – Weiter nach Cottonwood, dort S 260 Richtung Camp Verde und I-17. Diese kurz nach Norden (Richtung Flagstaff), Exit 289 zum
222/139	13.30 Uhr	**Montezuma Castle National Monument**. (Rundgang ca. 1 Std.) – Zurück zur I-17 nach Süden, Exit 262 A nach
254/159	15.00 Uhr	**Arcosanti** (Schildern folgen). Cafeteria und Besichtigung ca. 2 Std.) – Zurück zur I-17 nach Süden bis Exit 203 (Camelback Rd.) in
363/227	17.00 Uhr	Phoenix und/oder Scottsdale

Weitere Extras: Wenn man schon einmal in Cottonwood ist, bietet sich die Gelegenheit für einen Abstecher zum (ausgeschilderten) **Tuzigoot National Monument,** ✆ 634-5564, Tägl. 8–19 Uhr im Sommer, sonst 8–17 Uhr. Der Pueblo war angeblich von ungefähr 1000 bis 1425 von den Sinagua-Indianern bewohnt, danach verlassen. Grabungsfunde im Visitor Center. Von hier sind es nur ein paar Minuten in die Berge zum Minenstädtchen **Jerome**, wo es außer netten Memorabilien-Läden, der *Jerome Historical Society* (mit Minenmuseum) auch was zur Stärkung gibt, etwa: *English Kitchen*, Jerome Ave. (Mo geschl.) – **Anschluß an die Hauptroute (17. Tag):** Wer nach der Übernachtung in Phoenix oder Scottsdale am nächsten Morgen gleich nach Tucson weiterreist, der kann (I-17 nach Süden, *exit* S 387, S 287) zur **Casa Grande** fahren und anschließend noch die futuristische Arche Noah **Biosphere 2** besuchen (S 287, S 79 bis Oracle Junction, dort links S 77 Richtung Oracle bis zum Hinweisschild rechter Hand. (Vgl. Infos S. 259)

Arche Noah im Raumzeitalter: Biosphere 2

Alternativroute: Informationen

Museum of Northern Arizona
US 180 nordöstl. von Flagstaff
✆ (520) 774-5211
Tägl. 9–17 Uhr
vgl. S. 234

Sedona-Oak Creek Canyon Chamber of Commerce
Forest Rd./US 89A
P.O. Box 478
Sedona, AZ 86336
✆ (520) 282-7722
Tägl. 9–17 Uhr

Tlaquepaque Arts & Crafts Village
Sedona (vom Hwy. 89A links an der Ampel und gleich rechter Hand vor dem Oak Creek)
✆ (520) 282-4838
Schattiges Shopping Center mit viel Kunsthandwerk und Restaurants.

Montezuma Castle National Monument
Nähe I-17, 8 km nördl. von Camp Verde
✆ (520) 567-3322
Tägl. 8–19 im Sommer; sonst 8–17 Uhr
5stöckiger Klippenbau der Anasazi (Sinagua-Indianer) aus dem 12. und 13. Jh. Visitor Center. Der Rundgang durch den teils schattigen Park am Fuß der Felswand zeigt u. a., daß viele der Räume nur über Leitern zugänglich waren.

Arcosanti vgl. S. 234
bei Cordes Junction

Phoenix/Scottsdale: Wenn das Thermometer klettert, fallen die Hotelpreise – wie meist in der Wüste: von Juni bis Sept. erreichen sie den Tiefststand, zwischen Dez. und April wird's teurer.

Royal Palms Inn
5200 East Camelback Rd.
Phoenix, AZ 85018-3020
✆ (602) 840-3610 und 1-800-672-6011
Fax (602) 840-0233
Tropischer Paradiesgarten und preiswertere Alternative zu den Luxus-Resorts; Restaurant, Pools. Golf- und Tennisplätze kostenlos. $$–$$$

Hyatt Regency Scottsdale at Gainey Ranch
7500 East Doubletree Ranch Rd.
Scottsdale, AZ 85258
✆ (602) 991-3388 und 1-800-233-1234
Fax (602) 483-5550
Dieses erste der Fantasy-Resorts der Region Scottsdale/Carefree (1986) zählt

Opulente Lobby: The Phoenician in Scottsdale

nach wie vor zu den besten Adressen. Restaurants (zum Ristorante »Sandolo« fährt eine Gondel), Golf- und Tennisplätze, Fitneßeinrichtungen (Sauna, Aerobic etc.), medizinische Abteilung, Jogging- und Radwege. Sagenhafte Wasserlandschaft mit 8 Pools. Durch die mobilen Glaswände der spektakulären Lobby blickt man durch die Palmenallee auf Golfplatz, See und die McDowell Mountains. $$$$

The Phoenician
6000 East Camelback Rd.
Scottsdale, AZ 85251
✆ (602) 941-8200 und 1-800-888-8234
Fax (602) 947-4311
Super-Resort (1988) vom Feinsten am Fuße des Camelback Mountain. (Fünftgrößter Arbeitgeber in Scottsdale). Zimmer, Suiten und *casitas*. Üppige Pools, Tennis- und Golfanlagen, *health spa* (Aerobic, Gewichtstraining, Massage, Aromatherapie, Schönheitssalon, Sonnenstudio), Restaurant (s. u.). $$$$

Scottsdale Princess
7575 East Princess Dr.
Scottsdale, AZ 85255
✆ (602) 585-4848 und 1-800-223-1818
Kurhaus de luxe: schöne Pools, Golf-, diverse Tennis- und Squashplätze, Health Club, Aerobic-Studio, Saunas, Dampfbäder (für ein paar Dollar kann man die Spa-Anlagen wie jeder Hotelgast nutzen). $$$$

Monte Vista Village
8865 East Baseline Rd.
Mesa, AZ 85208
✆ (602) 833-2223
Campground östlich von Downtown Phoenix, südlich von Scottsdale.

RoxSand Restaurant & Bar
2594 East Camelback Rd. (Ecke 24th St. im Biltmore Fashion Park)
Phoenix
✆ (602) 381-044
Transcontinental cuisine: eine gastronomische Fusion aus asiatischer, europäischer, orientalischer, indianischer und südamerikanischer Küche – hervorragend. $$

Sfuzzi Scottsdale
4720 North Scottsdale Rd.
✆ (602) 946-9777
Italienische Bistro-Kette: frisch, abwechslungsreich und preislich moderat. Lunch und Dinner. $–$$

Windows on the Green
im Phoenician Resort (Scottsdale)
6000 East Camelback Rd.
✆ (602) 423-2530
Elegantes Restaurant (mit Blick auf den Golfplatz), dessen *Southwest cuisine* nahezu alles zu Delikatessen macht, was ringsum kreucht und fleucht: Antilopen, Wachteln und Klapperschlangen. Auch *cactus cookies* und Kaktusbutter gehören dazu. $$–$$$

Rockin' Horse Saloon
7000 Indian School Rd. (Ecke Camelback Rd./Goldwater Blvd.)
Scottsdale
Bei *locals* beliebter C & W Tanzschuppen. Auch Dinner. $$

Weitere Auskünfte:

Arizona Office of Tourism
1100 West Washington St.
Phoenix, AZ 85007
✆ (602) 542-8667 oder 1-800-842-8257
Mo–Fr 8–17 Uhr

Scottsdale Chamber of Commerce
7343 Scottsdale Mall
Scottsdale, AZ 85251-4498
✆ (602) 945-8481 und 1-800-877-1117
Fax (602) 947-4523

New Age, Old Age und Baden-Baden

Alternativroute

Flagstaff – die wichtigste Stadt im Nordosten von Arizona, Handelszentrum der Holzarbeiter und Indianer, der Schaf- und Viehzüchter: Hier scheiden sich die Geister und trennen sich die Wege. Während die schnellere Route über die I-17 dahingleitet (vgl. S. 236 f.), sorgt der lauschige rotfelsige **Oak Creek Canyon**, der praktisch vor der Haustür von Flagstaff liegt, für einen lieblichen Landschaftswechsel.

Im Sommer beherrscht die *beach party scene* den **Slide Rock State Park**, weil er auf und zwischen den Steinen im Wasser Kühlung anbietet. Besonders im Herbst, wenn die Blätter Farbe bekennen, entfaltet der Canyon seine natürliche Schönheit.

Bei der Einfahrt nach **Sedona** wirbt ein »Treatment Center« für eine *Therapy on the Rocks*: Der Hang zum Höheren ist unverkennbar. Er ist dem Ort mindestens so eigen wie jene Einrichtungen, die jede *resort town* zieren, die eher den irdischen Wünschen nach einem guten Leben nachkommen möchte: mehr als drei Dutzend Galerien mit »Western Art«, Shopping vom Feinsten und jede Menge Cafés und Gourmet-Restaurants. Und im Red Rock Country darf der alpine Touch natürlich nicht fehlen: Die »Matterhorn Motor Lodge« hat das begriffen. Die Familie der Namenspatronin und Pionierin Sedona Schnebly baute hier 1902 Haus und Garten: ein »Sedona« *in nuce*. Längst ist daraus ein etabliertes Touristen-Mekka geworden, das Natur- und Kunstfreunde gleichermaßen erfreut, denn außer Fiestas (mit buntem *balletto folklorico*), Jazz- (September), Kammermusikfestivals (Juni) und Weihnachtsfeiern (mit leuchtenden *luminarias*) werden im *red rock outback* Wanderrouten, Heißlufttrips, Jeeptouren und Lamatrecks angeboten. Neben einem guten Dutzend renommierter Restaurants bemühen sich eine Reihe erstklassiger Resorts darum, die Reisekassen der zahlungskräftigen Klientel zu erleichtern. Auch viele Rentner wissen das zu schätzen. Lediglich die Einheimischen meiden das teure Pflaster: Ein Großteil des Dienstleistungspersonals (und der Ranger) zieht es vor, außerhalb des Ortes zu wohnen.

Das mit der lokalen Kunstszene ist im übrigen so alt noch gar nicht. Sie geht auf den Anfang der 60er Jahre zurück,

Oak Creek Canyon

als das Sedona Art Center gegründet wurde – bis heute eine Kombo aus Galerie und Schule. Kurze Zeit später konstituierte sich die Gruppe der »Cowboy Artists of America«, die so einflußreich war, daß lange Zeit Kunst in Sedona gleichbedeutend mit »Western Art« war. Heute nicht mehr. Neben den Cowboy im Gegenlicht des Sonnenuntergangs ist längst auch Expressionistisches und Abstraktes, ergänzt durch zeitgenössische Plastik, Keramik und Schmuck, getreten – alles in allem eine konservative Palette mit Idealem und bunter Romantik; von Irritierendem, Exzentrischem oder gar Provokantem fehlt jede Spur.

Auch als Film-Set hat Sedona Tradition. Sie begann in der Schwarz-Weiß-Ära mit heroischen Western; Jesse Lasky's Stummfilm-Adaption von Zane Grey's »Call of the Canyon« war einer der ersten Streifen, die hier gedreht wurden. Später folgten *sagebrush sagas*, denen gemeinsam war, daß Cowboys auf weißen Pferden gegen blutrünstige Indianer im Schatten großer Felsen kämpften. Inzwischen sind Western auf der Strecke geblieben, aber Film, TV-Produktionen und Werbesendungen nutzen nach wie vor das Terrain.

Der Kunst- und Filmszene steht die des »OM…« nicht nach. Seit Ende der 80er Jahre zählt Sedona, ähnlich wie der Central Park in New York oder Waikiki, zu den amerikanischen New-Age-Hochburgen. Einige Gurus hatten den Ort als einen *power point* unseres Planeten ausgemacht, als einen Ort, an dem die Energie nur so aus der Erde strömt. Andere gingen wortspielerisch vor und fanden heraus, daß schon der Ortsname ein elektromagnetisches Omen sei, weil, wenn man ihn rückwärts läse, *anodes*, »Anoden« dabei herauskämen. Da war kein Halten mehr. Aus allen Teilen des Landes fühlten sie sich angezogen: Gesundbeter, Kräuterpriester und jede Menge Heiler und Ufomanen, Yoga-Jünger und Sanyasins. Ein regelrechter Supermarkt esoterischer und spiritueller Dienstleistungen machte sich breit. Es gibt den Golden World New Age Bookshop und Bioläden, Kurse und Massagen, Beratungen ebenso wie aquarische Gruppen oder solche, die in gemeinsamen Schwitzbädern alten Zeremonien frönen, mit Wünschelruten herumlaufen oder sich an jene aus Steinen am Boden ausgelegten Medizinräder anschließen (»anodes«!), in denen sich nach Auffassung der Hopi-Indianer historische Energien aus früheren Kulthandlungen und Vibrationen der Erde bündeln. Den Hopis gehörte einst das Land des Red Rock Canyon.

Wer sich im Gelände ein bißchen umsehen möchte, sollte an der ersten und einzigen Ampel links über die Brücke zur **Schnebly Hill Road** fahren und dann wiederum links, bis sich die Straße in eine schöne (weil aussichtsreiche) *dirt road* verwandelt, die in felsiges Gebiet mit Wandermöglichkeiten führt. Die roten Brocken präsentieren sich hier auf besonders fotogene Weise.

Wer Bummeln und Shopping, Sitzen und Schauen dem Wandern vorzieht, bleibt am besten gleich im **Tlaquepaque**-Komplex, ein Open-air-Shopping-Center, das so aussieht, als würde hier gleich ein mexikanischer Film gedreht: Neo-Pueblo mit Shops, Galleria, Brunnen und Innenhöfen und sogar einer Ersatz-Mission. Abe Miller, ein Entrepreneur der Hotel- und Gastronomiebranche aus Nevada, setzte hier sein Faible für die spanische Kolonialarchitektur praktisch um. Zum Teil trickreich: Die alten Ahornbäume (*Sycamore*) wurden so umbaut, daß sie aussehen, als hätten ihre Stämme erst durch die Gebäude wachsen müssen – das Dorf sollte so wirken, als sei es noch älter als die Bäume.

Südlich von Sedona weicht der Canyon einem grünen weiten Tal, das auch prompt so heißt: **Valle Verde**. Zwischen den kargen Hochebenen des Nordens und den öden Wüsten des Südens muß es einst den indianischen Siedlern als das Paradies auf Erden vorgekommen sein. Jedenfalls erzählt das die Siedlungsgeschichte.

Wo einst die Sinagua-Indianer wohnlich an der Felswand klebten, da nisten heute die Bienen und bauen die Schwalben und Raben ihre Nester: im **Montezuma Castle**, einer erhaltenen Felsensiedlung aus dem 13. Jahrhundert (*cliff dwelling*). Wie anderswo – ob in Mesa Verde oder im Canyon de Chelly – waren die Felsbauten in erster Linie Nutzanwendungen der klimatischen Verhältnisse und nicht für Verteidigungszwecke vorgesehen. Jeder ernsthafte Feind hätte leichtes Spiel mit den Bewohnern in der Felsenburg gehabt, wenn er unten am Beaver Creek bloß lange genug gewartet hätte, um den Zugang zum Wasser zu blockieren. Übrigens: Wie schon bei den Aztec Ruins im Norden von New Mexico verrät der Name auch hier, daß die Entdecker die Siedlung irrtümlich mit den Azteken Montezumas in Verbindung brachten.

Auf der Weiterfahrt nach Süden steigen die Temperaturen spürbar, und mit der Wärme setzt sich die Flora des südlichen Arizona vollends durch: Zaghaft kommen die ersten *prickley pears* in Sicht, werden dann aber, wie andere Kakteen, frecher und frecher und verdrängen die Gräser und Kräuter; der Bewuchs der Bergrücken nimmt ab. Kurz hinter dem **Sunset Point** tauchen sie dann endlich auf, die Vorboten auf die Sonora-Wüste, die Saguaros. In jedem Westernfilm stehen sie herum, als Prototyp der Kaktee überhaupt, so als wäre der gesamte Wüsten-Westen voll davon. Tatsächlich aber wachsen sie nur auf einem relativ begrenzten Terrain: nämlich hier, im Südwestzipfel von Arizona. Mit jeder Meile wachsen sie dichter zusammen, zu ganzen Wäldern, durchsetzt mit gelb blühenden Palo Verde Büschen und

Montezuma Castle

Ocotillosträuchern, aus deren staksigen Armen feuerrote Blütenflammen züngeln. Nur ab und zu ein Reklameschild: DO HUGS NOT DRUGS, zum Beispiel.

Montezuma ist aus rätselhaften Gründen verlassen, **Arcosanti** aus verständlichen Gründen nie bezogen worden. Ansonsten aber ist in diesem Tagesprogramm Arcosanti sehr konsequent, denn was die Thermik angeht, korrespondiert die Südlage der Klippensiedlung mit Soleris Apsis und seiner Öko-Vision (vgl. S. 236 ff.).

Das Kompaktmodell Soleris gewinnt erst recht Profil im Vergleich mit **Phoenix**, jener ausufernden, energiesüchtigen und wasserschluckenden Metropole und Hauptstadt Arizonas, die sich mit zwei Millionen Einwohnern inzwischen zu einer Mega-Oase ausgeweitet hat, zum »Valley of the Sun«, ein ebenso gnadenlos heißes wie komfortables Tal aus 23 Städten und

Gemeinden, zu dem Rentnerburgen wie Sun City, die Universitätsstadt und das stark von Mormonen besiedelte Tempe ebenso gehören wie die extravaganten Ferienanlagen von Scottsdale und Carefree.

Wohin man blickt: weiße Traumvillen an palmengesäumten Boulevards, überquellende Bougainvillea-Blüten und dekorative Brunnen – so verschwenderisch zähmt man die wilde Wüste zu einer gepflegten Wohn- und Freizeitkultur. Ein Hauch von Oman weht über der von Natur aus knochentrockenen Stadt, in der allerdings die Luftfeuchtigkeit stetig wächst: durch das verzweigte System der Kanäle, Wasserspeicher und Sprühanlagen, die an den Malls durch eine *mass of mist* die Lufttemperatur senken.

Die üppige Inszenierung der exklusiven Fantasy-Resorts setzt da noch einiges drauf. Weder Mühen noch Millionen scheute man, um dem verwöhnten Kurgast auf raffinierte Weise den Himmel auf Erden zu bereiten: illuminierte Pools, heiß sprudelnde *jacuzzi*-Becken und rauschende Wassergärten im römischen Stil – »Caracalla West«.

Die markanten Bergrücken am Rande des Tals, die bei klarem Licht so aussehen, als seien sie wie bei der elektrischen Eisenbahn aus Pappmaché gefertigt, nehmen sich im Licht der untergehenden Sonne wie betörende Tableaus einer Wildwest-Oper *de luxe* aus. Sogar bei schlechtem Wetter kann man seine natürlichen Wunder erleben, wenn plötzlich Windböen in die Palmenschöpfe fahren, Regenbogen, Donner und Blitze aufgeboten werden, die zwischen Sonnenuntergang und polterndem Gewitter alles in Bewegung setzen, was vorher wüst und tot schien. Und zu allem Überfluß hebt genau dann der elektronisch verstärkte Stehgeiger der Band in der Hotel-Lobby zu seinem Solo an, um den emotionalen Abspann des Tages sicherzustellen. ■

Inszenierte Wüste: Luxus-Resort in Scottsdale

Extratag – Programm: Phoenix und Scottsdale

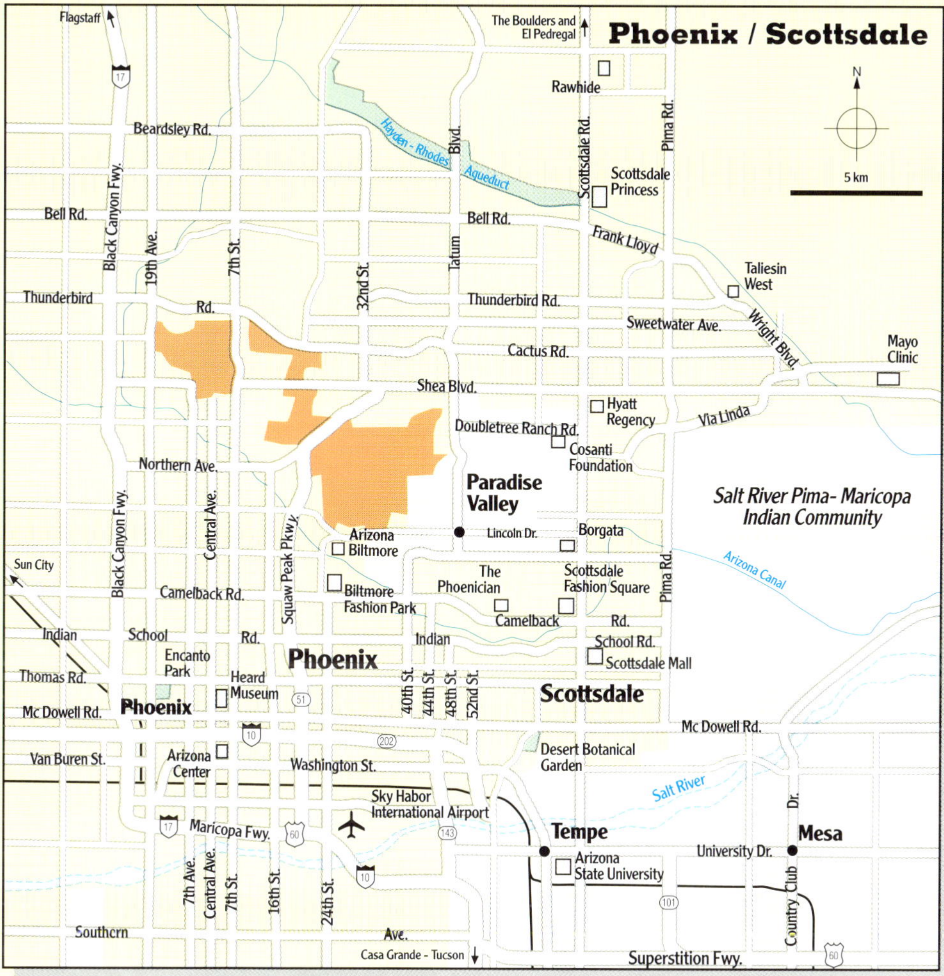

Vormittag	**Heard Museum** in Phoenix oder Shopping Tour in Scottsdale
Mittag	Lunch (Arizona Center in Phoenix oder Old Scottsdale Mall)
Nachmittag	**Taliesin West** (Scottsdale) oder Badefreuden am Pool (s. S. 256 f.)

Extratag: Informationen Vorwahl ✆ 602

The Heard Museum
22 East Monte Vista Rd.
Phoenix
✆ 252-8848

Mo–Sa 9.30–17, Mi bis 21, So 12–17 Uhr
Ganzjährig auch Führungen
Bedeutendes Museum (gegründet 1929), das die Kultur- und Kunstgeschichte des

Südwestens anschaulich präsentiert. Die Kachina-Kollektion, die ehemalige Privatsammlung von Barry Goldwater, die dieser dem Museum vermacht hat, ist nach den Sammlungen des Museum of the American Indian in New York (George Gustave Heye Center) eine der besten ihrer Art. Auch der Museumshop hat einiges an indianischer Kunst zu bieten.

Arizona Center
Van Buren St. zwischen 3rd und 5th St.
Phoenix
✆ 271-4000
Attraktiver Konsumkomplex mit Brunnen und Gärten: Spezialgeschäfte, Restaurants, Nachtclubs.

Sam's Cafe
im Arizona Center
✆ 252-3545
Schönstes Plätzchen zum Lunch mit Südwest-Geschmack. $–$$

Borgata of Scottsdale
6166 North Scottsdale Rd. (zwischen Lincoln und McDonald Dr.)
✆ 998-1822
Shopping im Mittelalter-Look: kurze Wege zwischen Mode, Schmuck und Dining *al fresco*.

Scottsdale Fashion Square
7014 East Camelback Rd.
✆ 990-7800
Geräumiges Shopping Center mit Einzelhandelsgeschäften, einigen Kinos und renommierten Warenhäusern (z. B. Dillard's, Robinson's).

Old Town Scottsdale
Straßenblocks zwischen Scottsdale Rd./ Main St./Indian School Rd./Brown Ave.
Restaurierte (seit 1880) Westernatmosphäre: Shops, Galerien, Bars, Restaurants.

Scottsdale Mall
3939 Civic Center Plaza
Geruhsame Parkanlage, garniert mit hübschen Wasserspielen und plastischen Kunststücken.

Scottsdale Center for the Arts
7383 Scottsdale Mall
✆ 994-2787
Aktives Kunstzentrum: Wechselausstellungen, Theater, Konzerte, Festivals.

AZ 88
7353 Scottsdale Mall
✆ 994-5576
Schön gelegen im Park der Scottsdale Mall: kühles Design, heiße Gerichte (leckere Kleinigkeiten). Bar und Restaurant. Tägl. Lunch und Dinner. $–$$

The Frank Lloyd Wright Foundation Taliesin West
Frank Lloyd Wright Blvd. und Cactus Rd.
Scottsdale, AZ 85261-4430
✆ 860-2700, Fax 391-4009
Tägl. 9–16 Uhr einstündige ($ 10) und dreistündige (*Behind the Scenes* Tour: $ 20) Führungen
Winterquartier, Studio und Architektenschule des berühmten Baumeisters Frank Lloyd Wright (1867–1959) am Fuß der McDowell Mountains. Bauzeit 1937–1940 und von Wright bis zu dessen Tod bewohnt. Beispielhaft für sein Prinzip der »organischen Architektur«: Design, inspiriert durch die Lage, Integration von Baukörper und Umgebung, Environment für Arbeit und Wohnen. Heute Sitz der Frank Lloyd Wright Foundation, des Archivs und der gleichnamigen Architektenschule, an der zur Zeit 35 Schüler und 35 Lehrer tätig sind. Buchhandlung mit ausgiebiger F.-L. W.-Literatur.

Cosanti Foundation
6433 Doubletree Ranch Rd.
Scottsdale
✆ 948-6145
Tägl. 9–17 Uhr. Hauptquartier der Soleri-Stiftung: Workshop und Gießerei der berühmten Windglocken (auch Verkauf).

Platz an der Sonne
Phoenix und Scottsdale

Extratag

Zweimal in Folge im selben Bett zu schlafen, bedeutet auf dieser Reiseroute schon Luxus. Was paßte dazu besser als Phoenix, Scottsdale oder Carefree. Bei deren Wetter! An 300 Tagen im Jahr, so hat man werbewirksam errechnet, strahlt der blaue Himmel über der trockenen Wüstenluft, während ganzjährig extravagante Resort-Oasen zum wohl komfortabelsten *dolce far niente* des Südwestens verführen.

Beginnen wir in **Phoenix**, jener Metropole im Südwesten, die zunächst nicht ahnen konnte, daß sie ihrem Namen einmal derartige Ehre machen würde. Die prophetische Benennung stammt von einem britischen Abenteurer, der meinte, dieser Platz an der Sonne würde aus den Ruinen der prähistorischen Hohokam-Indianer auferstehen.

Lange blieb der Ort, 1870 gegründet und 1881 inkorporiert, eine staubige *frontier town* mit Postkutschen, Saloons und Cowboys, Minenarbeitern und Soldaten. Erst im 20. Jahrhundert, als die Wirtschaftskräfte der großen »C«s – *cattle, copper, cotton, climate, citrus* – von neuzeitlichen abgelöst wurden, setzte ein ebenso rasantes wie ungeplantes Wachstum ein, das bis heute jenen ausufernden *urban sprawl* geschaffen hat, der so nur noch in Houston oder Los Angeles anzutreffen ist.

Die Entwicklung verlief in einem Dreisprung: durch den Bau der Southern

Palmengarten des Hyatt Hotel, Scottsdale ▷

Pacific Railroad, der deutliche Bevölkerungszuwächse bescherte; durch die Vollendung des Roosevelt Dams am Salt River im Jahre 1911, der Phoenix einen ähnlich dramatischen Schub verlieh wie der Hoover Dam Las Vegas; und schließlich durch die wirtschaftlichen »Segnungen« des Zweiten Weltkriegs, die Phoenix allein drei neue Luftwaffenstützpunkte bescherten.

Nicht zu unterschätzen war auch der beflügelnde Effekt des Anfang der 50er Jahre eingeführten *air conditioning*, weil sich nachts niemand mehr in feuchte Tücher einwickeln mußte, um die Hitze zu überleben. Klimakontrolle und elaborierte Wasserversorgung schafften letztendlich die Voraussetzung für das Gedeihen der High-Tech-Welt, von der die meisten Phönizier heute (gut) leben. Ob General Electric, Honeywell oder Hughes Aircraft: Immer waren es auch niedrige Löhne und schwache Gewerkschaften, die das Wachstumsklima des »Valley of the Sun« anheizten.

Wer heute Phoenix mit dem Flugzeug anfliegt, sieht das künstliche Muster seiner Anlage am besten – die plötzlich aus dem braunen Wüstenterrain auftauchenden Grünflächen der bewässerten Felder, die linearen Autopisten, Glasbunker von Downtown und endlosen Wohnparzellen, umgeben von grünblauen Türkissteinen, den Pools.

Zu ebener Erde sollte man deshalb möglichst gleich wissen, wohin man will. Zum Beispiel zum **Heard Museum**, dem renommierten Kunstinstitut in einer zwar nur nachgebauten, aber dennoch ansehnlichen Hacienda, in der eine der bedeutendsten kulturgeschichtlichen Sammlungen des Südwestens untergebracht ist: indianische Flechtkörbe, Keramik, Schmuck, Textilkunst und eine grandiose Parade historischer Kachinas, eine der umfangreichsten in den gesamten USA. Außerdem gibt es Nachbildungen traditioneller indianischer Bauformen zu sehen, ein *pit house* der Hohokam, ein *wikeyup* der Apachen und einen *hogan*. Aber auch ganz praktische Dinge sind zu erfahren: etwa, was aus der Saguaro-Frucht alles gemacht werden kann: Sirup, Marmelade, Wein.

Das führt zum Thema Lunch. Und wo gäbe es da eine größere Auswahl als im nahen **Arizona Center**, jenem ansprechenden Shopping Center, inszeniert aus einem modernen Bauensemble inmitten schattenspendender und wasserreich-kühlen Gartenarchitektur, das besonders zur Mittagszeit zahllose stöckelbeschuhte Damen und beschlipste Herren aus der Geschäftswelt ringsum an die zahlreichen Töpfe seiner Bistros und Cafés lockt.

Programm- und Szenenwechsel: für diejenigen, die statt eines Museummorgens in Phoenix den Vormittag lieber im benachbarten **Scottsdale** verbringen möchten. Sein Wahrzeichen, die Silhoutte des Camelback Mountain, markiert optisch die Grenze zu Phoenix, während am Boden alles (wie überhaupt im Tal) fließend ineinander übergeht. Doch je länger man fährt, um so klarer wird, daß der Lebensstil in Scottsdale nicht von armen Eltern ist. Schließlich bilden seine rund 150 000 Einwohner eine der reichsten Gemeinden des Landes. Tourismus, Einzelhandel, Banken und Versicherungen sorgen für den Löwenanteil des Wohlstands.

Ihre Anfänge waren, was in dieser kargen Gegend nicht überrascht, dürftig. Ein Baptistenpfarrer aus New York war es, ein gewisser Winfield Scott, der den Ort 1888 als eine weiße Zeltstadt gründete – im selben Jahr, in dem der Arizona-Kanal fertiggestellt wurde, der von da an für die Bewässerung der Trockenregion sorgte. Das heute verfeinerte Kanalsystem geht letztlich auf die Hohokam-Indianer zurück, die hier bereits vor 2000 Jahren Wasser aus dem Salt River einleiteten, um Bohnen zu züchten.

Prompt begannen Scott und andere Pioniere damit, ihren Traum von einer

Aus der Luft gegriffen: die Wasserlandschaft des Hyatt Regency Resorts in Scottsdale

blühenden Wüstenoase durch den Anbau von Zitrusfrüchten, Erdnüssen und Kartoffeln zu verwirklichen. Andere gesellten sich aus gesundheitlichen Gründen des guten Klimas wegen hinzu: Leidende (Arthritis, Asthma, Tuberkulose), Genesende und solche, die sonst schwach auf der Brust waren. Das um die Jahrhundertwende zuziehende Künstlervölkchen vertrug sich erstaunlich gut mit der inzwischen herangewachsenen Gemeinde aus Farmern, Ranchern und Industriellen. Das blieb im wesentlichen so bis zum Zweiten Weltkrieg.

Danach kam neuer Schwung in die Wüste. Mit der Ansiedlung großer Elektronikfirmen (allen voran Motorola) explodierte die Bevölkerungszahl. Scottsdale wurde Sitz der Mayo Klinik. Und der Tourismus tat ein übriges, er machte Scottsdale bis heute zum Top-Ziel für gut situierte Kurgäste und Standort vieler Künstler, was sich heute unter anderem an einem guten Dutzend erstklassiger Ferienhotels, mehr als 100 Golfplätzen und doppelt so vielen Kunstgalerien ablesen läßt. Und natürlich an den schicken Malls, deren Architektur, Klientel und Preisniveau ohne die Dollars aus dem Mittleren Westen und zahlreichen Firmenumsiedlungen aus Kalifornien nie zustandegekommen wären. Besonders in den letzten Jahren sind viele Kalifornier der Hektik, Erdbeben und zunehmenden sozialen Konflikte im »Goldenen Staat« überdrüssig geworden.

Gemeinsam ist den neuen Konsumtempeln ein Hang zum Burgenbau. So wie sich manche Städte gegen die winterliche Kälte verbunkern und schlichtweg ins Souterrain ziehen (Montreal zum Beispiel), verschanzen andere sich gegen die Hitze. Die Unterschiede zwischen den einzelnen Wohngegenden schwanken nur minimal. In Carefree ist es nur eine Idee kühler als in Phoenix, weil es dort weniger Beton gibt. In Phoenix und Scottsdale gehören Schattenspenden ebenso zur Priorität wie das Versprühen von erfrischendem Wasser. Hitze-Witze machen daher die Runde, z. B. der über den Traumjob von Phoenix. Nun, es ist der des UPS-Boten, der nicht nur Lieferwagen mit häufigen Stopps, offenen Türen und fehlender *air condition* ertragen muß, sondern zudem unter seiner braunen hitzeanziehenden Berufskleidung zu leiden hat.

Hilfreich für eine Shopping-Tour durch die Einkaufsparadiese ist »Ollie the Trolley«, ein kleiner Bus, der zwischen Hotels und Malls pendelt. Sie liegen im wesentlichen alle auf der **Scottsdale Road**, der wichtigsten und daher nicht gerade einsamen Piste des *Southwest de luxe*. Deutlich erinnert sie an Los Angeles (das gesamte »Valley of the Sun« tut das übrigens), denn von einer »Stadt« im herkömmlichen Sinn kann hier keine Rede sein. Alles liegt weit verstreut und meilenweite Anfahrten zu Restaurants, Hotels oder Spielgeschäften sind keine Seltenheit. Froschhüpfen ist gefragt.

Nicht schlecht als Einstieg: **Borgata**, ein dunkler, schattiger Fuchsbau aus einem Stilgemisch von spanischen und italienischen Bauelementen, *patio* und *piazza*, Brunnen und Arkaden: San Gimignano als Hollywood-Kulisse für ein diverses Angebot von Spezialgeschäften für den gehobenen Geschmack.

Nicht weit entfernt davon liegt der **Scottsdale Fashion Square**, ein recht heller und weitläufiger Komplex des glasbedachten Galleria-Typs – mit vielen Palmen und heftigem Wasserrauschen.

Live dagegen die Botanik in der **Scottsdale Civic Center Mall**, die sich an Old Town, einem Straßenquadrat aus Shops und Lokalen anschließt, die dann ihrerseits übergeht in einen hübschen Skulpturenpark, grün und schattig, mit lila blühenden Jacaranda- (Trompeten-) bäumen und gemütlichen Picknicktischen: eine wahre Oase zum Sitzen und Schauen ebenso wie zum Spaziergehen. Vielleicht mit einem kurzen Zwischenstopp im **Center for the Arts** (wechselnde Kunstausstellungen) oder in einem der ansprechenden Lunch-Plätze (wechselnde Menus).

Für Architekturfreunde ist der Besuch von **Taliesin West** (gesprochen: täliässin), dem markanten Frank-Lloyd-Wright-Bau am Nordostrand von Scottsdale, ganz einfach ein Muß.

Winterresidenz des Stararchitekten: Taliesin West von Frank Lloyd Wright

Die Führungen folgen dem Rhythmus der Räume des Ensembles, den Passagen, Terrassen und Innenhöfen, während es zwischendurch nicht nur bauliche Details und vielfältige Korrespondenzen zwischen Drinnen und Draußen zu bewundern, sondern meist auch Anekdoten des eigenwilligen Baumeisters zu hören gibt. Wright suchte sich 1937, in seinem siebzigsten Lebensjahr, dieses Stück Land aus, kaufte es und bebaute es zusammen mit seinen Helfern und Schülern – als Pendant zu seinem (gleichnamigen) Wohnsitz Taliesin in Spring Green, Wisconsin, um hier die Winter bis zu seinem Tod zu verbringen, unter anderem auch, um der kalten Jahreszeit in Wisconsin zu entgehen. »Ich war hingerissen von der Schönheit der Wüste«, schrieb er später, »von der trockenen klaren sonnendurchglühten Luft, der klaren Geometrie der Berge; die gesamte Region inspirierte mich im krassen Gegensatz zu der üppigen pastoralen Landschaft meines heimatlichen Wisconsin. Und aus dieser Erfahrung, oder Offenbarung, wie man es nennen könnte, entstand das Design für diese Gebäude. Es kam aus sich selbst heraus, ohne Vorbilder und Nachfahren.«

Zu den Highlights des Rundgangs gehören sicherlich der *garden room* bzw. *living room* (der zu Zeiten von Wright häufig umgebaut und ein regelrechtes Design-Labor war) und das originelle Theater (*dinner theater* oder *Cabaret*) mit seinen schönen Wandlampen und der Felsnische für den Konzertflügel. In jeder Hinsicht aber ist Taliesin West ein Beleg für eine der zentralen Thesen von Wright, die der »Destruction of the Box«, der »Zerstörung des Kastens«, jener immer wiederkehrenden Bauform des Schuhkartons. Die Dynamik der ungewöhnlichen

Formen, der Wände und Dächer, sprengt die Rechteckigkeit der Wohn- bzw. Arbeitsschachtel. Übrigens hat Wright an anderen Stellen der Stadt seine Spuren hinterlassen, am Arizona Biltmore Resort, am runden Auditorium des Gammage Center for the Performing Arts der Staatsuniversität von Arizona in Tempe und mit seinem Entwurf der First Christian Church (6750 North 7th Street, Ecke Glendale). Belebt wird sie nicht zuletzt durch die Baumaterialien: die Felsbrocken, die vor Ort gesammelt wurden, den Sand, der den nahen *washes* entnommen wurde, und schließlich der Verwendung von Textilien und Plastikmaterialen.

Die sehenswerte Beziehung zwischen Baustoffen und umgebender Landschaft; von der Textur des Mauerwerks und der von Berg und Boden; die Schrägen der Mauern und Dächer im Verhältnis zu den Berghängen; das ausgeklügelte Verhältnis von Licht und Schatten; die Art der natürlichen Belüftung – all dies steht freilich in schroffem Gegensatz zum Durchschnitt der Eigenheime des ausufernden Scottsdale, die dem architektonischen Kleinod, zum Leidwesen seiner Liebhaber, auch noch immer näher rücken. »Unser neues Camp gehörte zu der Wüste von Arizona, als hätte es schon während ihrer Erschaffung dagestanden«, notiert Wright. Der Architekt als Schöpfer, dessen Kraft jedoch am Rande seines Grundstücks endet.

Aber da sind ja noch die Schüler! Einer von ihnen, Paolo Soleri, kam 1947 als Student (und späterer Protegé) nach Taliesin West. Knapp zehn Jahre später machte er sich selbständig, gründete die Cosanti-Stiftung, die heute in Scottsdale angesiedelt ist, um seinen raum- und energiesparenden Konzepten nachzuhängen, der sogenannten »arcology« (aus *architecture* und *ecology*), die dann in Ansätzen in Arcosanti Gestalt annahm.

Meilen, Malls, Museen – nichts davon zählt, wenn man sich einfach nur erholen will. Man muß in den Paradiesgärten der Hotellerie – im Hyatt, Phoenician, Scottsdale Princess usw. – nicht unbedingt ein Zimmer gebucht haben, um sich von den Errungenschaften des neuzeitlichen Komforts verwöhnen zu lassen. Man parkt einfach sein Auto selbst und nutzt die entsprechenden Einrichtungen (einige gegen Gebühren, die nur unwesentlich

über denen für die Hotelgäste liegen): Pool, Spa, Tennis- und Golfanlagen, die Gondel zum Restaurant (Hyatt), die Bar oder (für biologisch interessierte) eine kleine Geländetour, wo man vor allem die bodennahe Bevölkerung des Südwestens zu Gesicht bekommt: u. a. Saguaros und andere Kakteen, Jacaranda und Oleander, Bougainvillea, Iris und Dattelpalmen, Hasen und Hörnchen, Salamander, *roadrunner*, Wachteln und schwarze Schwäne.

Meist hat die findige Concierge noch mehr auf Lager, vor allem, wenn es um erholsame Kontakte mit den Kakteen geht, um Ausritte, Touren mit Jeep oder Planwagen, den Besuch von Rodeos oder anderen Festen und Feiern. ■

Arbeitszimmer des Meisters: Taliesin West

18. Tag – Programm: Tucson

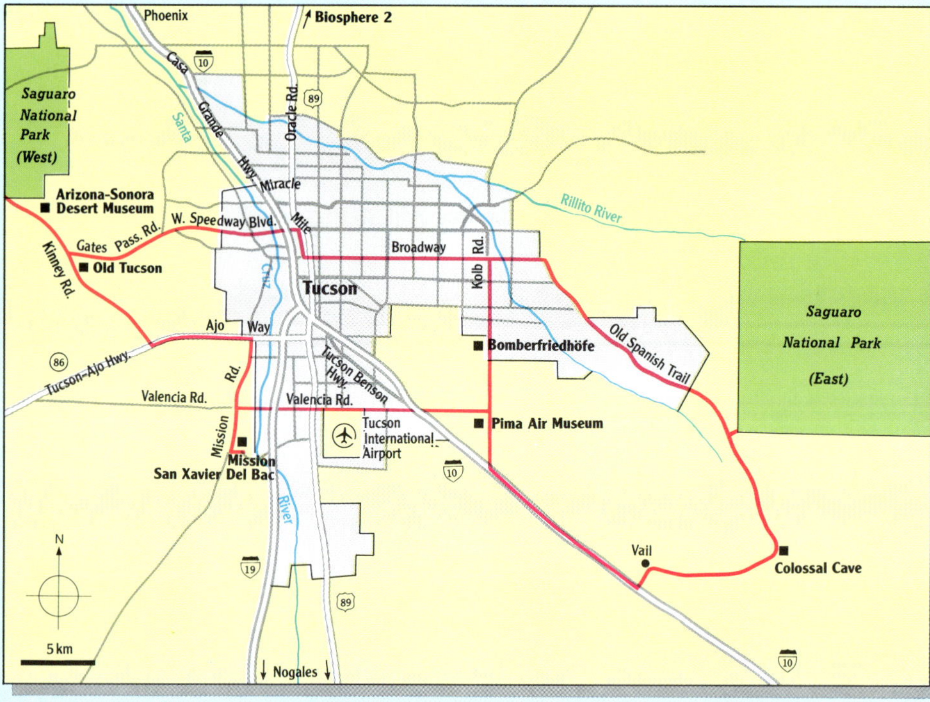

Zeit	Programm
Vormittag	Über Miracle Mile, Speedway (scenic route) nach Westen zum **Saguaro National Park West** (Camper über Ajo Way anfahren) **Arizona-Sonora Desert Museum**
Mittag	**Old Tucson** (Lunch). Kinney Road, Ajo Hwy. links, Mission Road rechts zur
Nachmittag	**Mission San Xavier del Bac.** Mission Road, Valencia Road rechts und immer geradeaus bis zu den Bomberfriedhöfen in der Gegend um Valencia, Kolb, Irvington und Escalante Road – Über die Kolb Road auf die I-10 bis Abfahrt Vail und dort nach Osten: **Colossal Cave**. Über den Old Spanish Trail zum
Sonnenuntergang	**Saguaro National Park East**

Alternative:
Wissenschaftlich umstritten, aber reizvoll anzusehen ist **Biosphere 2**, die futuristische Arche Noah in der Wüste nördlich von Tucson (35 Meilen über Oracle Road). Information s. u. (vgl. auch Karte Seite 234)

18. Tag – Informationen

Vorwahl: ✆ 520

Saguaro National Park West
Kinney Rd.
✆ 883-6366
Kakteenwald an den Tucson Mountains; Visitor Center, Lehrpfade.

Arizona-Sonora Desert Museum
Kinney Rd./Tucson Mountain Park
✆ 883-1380
Tägl. 8.30 Uhr bis Sonnenuntergang, im Sommer ab 7 Uhr
Wüstenmuseum in natürlicher Umgebung.

Old Tucson
201 South Kinney Rd
✆ 883-0100
Tägl. 9–17 Uhr
Kulissenstadt für Western; Schießerei en, Läden und Restaurants.

Mission San Xavier del Bac
San Xavier Rd.
15 km südwestl. von Tucson
✆ 294-2624
Tägl. 8–18 Uhr
Wunderschöne Missionskirche, 1783–1797 von Franziskanern in spanischem Kolonialbarock erbaut, im Reservat der San Xavier Indianer (Papaqo-Indianer). Die weiß verputzten Adobeziegel der beiden Türme zeigen sich in frühem oder spätem Licht von der besten Seite und kontrastieren mit den Erdtönen des reichverzierten Eingangsportals. Im Innern sind vor allem die Fresken und der Altar bemerkenswert.

Bomberfriedhöfe
Valencia Rd., Kolb Rd., Irvington Rd. und Escalante Rd.
In der Nähe des Pima Air Museums: Geister-Armada der US-Air Force.

Colossal Cave
Vail
✆ 791-7677
Exit 279 von I-10 in Richtung Vail
Tägl. 8–18, im Winter bis 17 Uhr
Eintritt $ 4
Große Tropfsteinhöhle, Führungen.

Saguaro Corners Restaurant
Cocktail Lounge
3150 South Old Spanish Trail
Gut für einen erfrischenden Schluck und Kleinigkeiten zur Stärkung; Mo geschl. $

Saguaro National Park East
Old Spanish Trail
✆ 296-8576
Saguarowald an den Rincon Mountain; 13 km lange Rundfahrt am Hang des Berges. (Bis 19 Uhr geöffnet)

Biosphere 2
Oracle, AZ 85623
✆ 896-2108 oder 622-0641
Fax 792-2156
Seit 1991 füllt das Forschungsprojekt eine Fläche von drei Fußballfeldern und bis zu einer Höhe von 70 Metern verschiedene Ökosphären unter einem Dach (Regenwald, Ozean, Savanne, Marsch, Wüste). Hier simulieren Bionauten, isoliert von der Außenwelt, das Leben auf dem Mond. (Konzipiert als Fortsetzung des Modells der Erde, der Biosphare 1.) Anfang 1994 zog eine neue Crew unter die Käseglocke und leitete damit die zweite Phase des Experiments ein, nachdem die erste nicht frei von Störungen und Pannen war. Zwei inzwischen entlassene Mitarbeiter hatten Frischluft in das geschlossene System eingelassen. Während der zweiten Versuchsphase hat man nun die hermetische Versiegelung der Arche aufgegeben, so daß die Wissenschaftler auch kurzfristig rein- und rausschlüpfen können. Führungen nach Voranmeldung. Übernachtungsmöglichkeiten.

18 **Wildwestkulissen:** Rund um Tucson

Die Zeiten, als viele Tucson für einen Ort hielten, wo man allenfalls auf der Durchreise mal übernachtete, sind vorbei. Längst wächst die Zahl derer, die nach so einer Nacht dann gar nicht mehr wegwollen. Und über 650 000 liegt inzwischen die Zahl derer, die im Hochwüstental zwischen den Tucson Mountains im Westen und den Rincon Mountains im Osten heimisch geworden sind.

Eusebio Francisco Kino spielte hier um 1700 die Rolle des städtischen Geburtshelfers. Der Jesuit gründete die erste Mission unter den Papago-Indianern. Später, während der Apachenkriege, diente das inzwischen angeschlossene US-Fort als ein Kavalleriestützpunkt. Ab 1880 brachte die Eisenbahn erste Ansätze von Zivilisation in diese Ecke des Wilden Westens, doch so richtig bergauf ging es erst nach dem Zweiten Weltkrieg.

Gecko im Wüstenmuseum

Das moderne Tucson, liberaler Gegenspieler des stockkonservativen Phoenix, lebt von der Air Force und der Universität. Das trockene und besonders im Winter angenehm warme Klima hat die Stadt außerdem zu einer beliebten Rentneradresse gemacht, und den munter zuziehenden High-Tech-Firmen paßt die klare und staubfreie Wüstenluft ebenfalls gut in den Kram. Sie ist nämlich deutlich kühler als im »Valley of the Sun«, da die Stadt höher liegt.

Tucsons touristische Highlights winden sich wie ein Kranz um die wuchernde Stadt. Um sie kennenzulernen, muß man ein paar Kilometer mehr schlucken, als manchem in der Hitze lieb sein mag. Dennoch bleibt genügend Zeit zum Laufen und In-der-Sonne-Schmoren.

Die *scenic route* folgt dem Speedway in westlicher Richtung durch Kaktusalleen und Vorortvillen zum Saguaro National Park. Vom Gates-Paß über die Tucson Mountains aus bieten sich die ersten *vista points*: rückwärts das weite, oft schon smoggefüllte Tal von Tucson, vorwärts auf den unberührten Dornenwald schneidiger Saguaros.

Mehr über diese grünen Telegrafenstangen ist im Visitor Center im **Saguaro National Park** zu erfahren: Bis zu 200 Jahre können sie alt werden, bis zu 15 Meter hoch und über acht Tonnen schwer. Im Frühjahr, zwischen April und Anfang Juni, blühen die Kolosse, und

Kartentricks beeindrucken auch heute noch die Besucher von Old Tucson

nach Sonnenuntergang öffnet sich eine der oft über hundert kleinen weißen Blütenknospen und wartet darauf, am nächsten Morgen bestäubt zu werden und verwelkt noch am selben Tag. Die Lehrpfade beim Besucherzentrum machen mit der Wüstenökologie vertraut, und der passionierte Fotograf wird auf seine Kosten kommen. Noch ausführlicher wird die Wüste im **Sonora Desert Museum** zum Thema. Unter anderem bietet dieses ausgezeichnet organisierte Institut die Möglichkeit, ein *wikeyup*, die traditionelle Behausung der Papago-Indianer, einmal aus der Nähe zu betrachten.

Wer sich rechtzeitig von den Echsen und Moppeln, Schlangen und Kaktusarten losreißen kann, erwischt den *high noon shootout* im nahen **Old Tucson**. Ende der 30er Jahre ließ eine Filmgesellschaft dieses Potemkinsche Dorf für den Hollywoodfilm »Arizona« nachbauen – als Replik des echten Tucson, wie es einmal in der Mitte des 19. Jahrhunderts ausgesehen hat.

Neben Cowboyspielchen von *stuntmen* kann man mit der Eisenbahn durch rich-

Filmreif: Prügelszene in Old Tucson

Die Umgebung der Missionskirche San Xavier del Bac – früher und heute

»Weiße Taube der Wüste« – so wird die Mission San Xavier oft bewundernd genannt

tiges Westerngelände rollen, einen kühlen Schluck nehmen oder eine Kleinigkeit essen. Die eine oder andere stehengebliebene Filmkulisse bringt den Besucher sicher zum Schmunzeln – so richtig spannend ist das Ganze eigentlich nur für Kinder.

Wie eine Art Entschädigung wirkt danach die blendend weiße, reich verzierte Missionskirche **San Xavier del Bac**, die sich den Beinamen »weiße Taube der Wüste« verdient hat: ein architektonisches Kleinod des Südwestens. Sonntags ist die beste Besuchszeit. Dann sorgen Gottesdienste, Kindtaufen und Hochzeiten für einen sakralen Rhythmus am laufenden Band, während draußen auf dem Vorplatz Menschentrauben, Pick-ups und Verkaufsbuden zeigen, wie lebendig das spanisch-mexikanische Erbe hier geblieben ist. An seiner Erhaltung wird auch kräftig weitergearbeitet: Ein international

Sonntags in der Mission: Kindtaufe zum Beispiel…

... oder Spaß zu dritt

besetztes Konservatorenteam restauriert das spanische Gotteshaus, unterstützt von den Kenntnissen und Erfahrungen indianischer Handwerker.

Einen ziemlichen Kontrast zur christlichen Welt der Mission schafft der monströse Flugzeugfriedhof der US-Luftwaffe, der sich in der Nähe des Pima Air Museums befindet.

Rund 4000 ausgeschlachtete oder eingemottete Kriegsgeräte (Hubschrauber, AWACS-Maschinen, B-52-Bomber und Düsenjäger) stehen hier herum und hoffen, daß die trockene Luft während der Rast den Rost möglichst lange fernhält. Bei so viel mumifiziertem Schrott kann einem angst und bange werden.

Danach geht es in schneller Fahrt über den Freeway nach Südosten: für ein (ausnahmsweise) einmal dunkles Intermezzo, denn die Tropfsteinhöhle **Colossal Cave** hält eine besonders für heiße Tage wohltuend kühle Pause bereit. Auf der Tour erzählen die Führer natürlich die alten Geschichten von Stalaktiten und Stalagmiten, doch dann kommen sie schnell zu ihrem Lieblingsthema: das mit den Eisenbahnbanditen, die sich einst hier unten versteckt hielten. Nachdem der Sheriff sie bis zum Höhleneingang verfolgt hatte, entkamen sie durch einen Geheimausgang – ohne die Beute. Irgendwo in der Höhle muß das Gold also noch liegen.

Zur Entspannung von den Mühen der über- und unterirdischen Erkundung kommt zu dieser Tageszeit das kleine Saguaro Corners Restaurant gerade recht – schräg gegenüber vom **Saguaro National Park East**.

Anschließend können Fotofans und Naturliebhaber sich von hier aus noch einmal unter die Kakteen mischen. Wenn diese ulkigen Gesellen im milden (und im Sommer schier endlosen) Abendlicht dann zu glühen beginnen, schließt sich der Kreis um Tucson friedlich. ■

Stilleben mit Bomber im Osten von Tucson

Extratour: Tucson – Tombstone – Patagonia – Nogales (Mexiko) – Tucson (360 km)

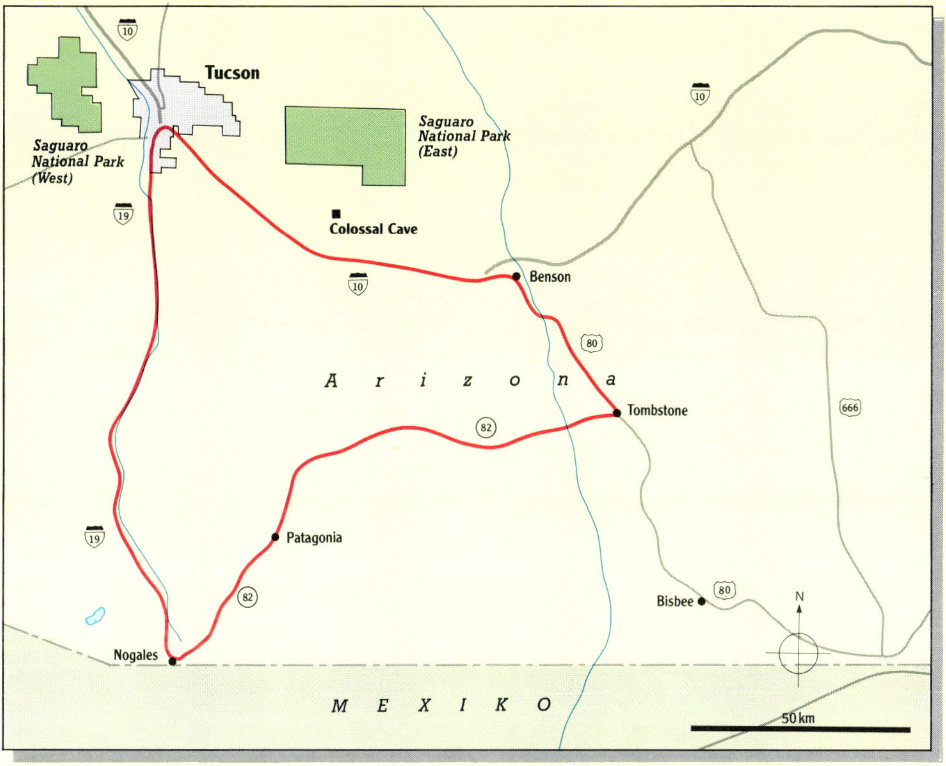

km/mi	Zeit	Route
0	9.30 Uhr	In Tucson: I-10 nach Südosten; bei Benson S 80 nach
141/88	11.15 Uhr	**Tombstone** (Rundgang, Besichtigungen, Lunch). – Ein kurzes Stück zurück auf der S 80 und über S 82 und
224/139	15.30 Uhr	**Patagonia** (Pferdemuseum) nach
254/159	16.30 Uhr	**Nogales** (Shopping, Dinner)
360/225		Tucson (Nogales–Tucson: eine gute Stunde)

Alternative: Wer sich länger Zeit nimmt oder auf Nogales verzichten möchte, kann von Tombstone aus noch 38 km nach **Bisbee** weiterfahren, um sich mit diesem hübschen Städtchen ein ganz besonderes Schmankerl zu Gemüte zu führen: Das enge alte Minenstädtchen ist weit weniger touristisch überlaufen als Tombstone und bietet eine ganze Reihe schnuckeliger Läden, Boutiquen und Cafés in einem ansehnlich restaurierten Stadtbild, in dem sich in den letzten Jahren ein buntes Völkchen eingenistet hat: Künstler, Oldtime-Hippies und andere Sonderlinge. Für Unterkunft und Gaumenfreuden sorgt gleichermaßen gut das viktorianische **Copper Queen Hotel**, 11 Howell Ave., Old Bisbee, AZ 85603, ✆ (520) 432-2216 und 1-800-247-5829. ($$)

Grenzgänge
Von Tombstone nach Mexiko

Extratour

Eine beschauliche Westernwelt und einen Hauch von Old Mexico – das bringt ein zusätzlicher Tag in Tucson, wenn man ihn für einen Ausflug nach Tombstone und Nogales nutzt.

Schon anderthalb Autostunden von Tucson reichen, um sich dem Schauplatz von jenem *shoot out* anzunähern, in dem Sheriff Wyatt Earp die bösen McLowrey-Brüder und Billy Clanton erschoß, genauer gesagt am 26. Oktober 1881 im O. K. Corral in Tombstone. Pferdeställe nebst Sattlerei und Schmiede gingen durch die Schießerei ins Lexikon des Wilden Westens ein. Nur dreißig Sekunden soll die Schießerei gedauert haben. Heute stehen die Beteiligten noch als lebensgroße Puppen herum – in einer Art tiefgefrorener letzter Stellung vor dem Ende.

Grabstein auf dem Friedhof »Boothill« in Tombstone

Gleich am Ortseingang bewahrt der **Boothill Graveyard** die Quittung für eine solch wilde Lebensführung. Hier, neben Namenlosen, ruhen die legendären Westmänner, und ihre Todesart ist auf den Grabsteinen genau bezeichnet. Ob erstochen, legal oder versehentlich erhängt, von Indianern in den Hinterhalt gelockt oder sonstwie umgekommen (es gibt sogar welche, die selbst Hand an sich gelegt haben) – alle liegen jetzt friedlich unter der Erde vereint, unter zirpenden Zikaden, plappernden Touristen und aufgeregten Roadrunnern.

Hoch ging es einst her in der reichen Silberminenstadt, die sich in den 80er Jahren des vorigen Jahrhunderts durch lockeres Geld und lottriges Leben einen Namen machte. In *bordellos*, Spelunken und Opiumhöhlen vertrieben sich die damals rund 10 000 Silbermänner die Zeit – bis die Minen nichts mehr hergaben und die Schürfer abzogen.

Seither geht kein Kugelhagel mehr nieder, und auch kein schönes Frauenbein schwingt mehr verführerisch auf und ab.

Allen Street im Wildwestlook: Tombstone heute ▷

ANNIE'S PLACE
INDIAN JEWELRY • WESTERN GIFTS
TOMBSTONE
ROCK SHOP
& MUSEUM
JEWELRY
MOCCASINS ~ GIFTS

Nur die Kulissen des Wüsten-Dolce-Vita stehen noch.

Die hölzernen Gehsteige erlauben zumindest für eine Straßenseite einen schattigen Rundgang durch den meist hitzeflirrenden Ort. Neben dem **O. K. Corral** läßt das **Historama** die Geschichte des Ortes mit Mediashow und Puppentheater wieder lebendig werden (Eingang Allen Street).

Ein weiterer Anziehungspunkt: das alte **Bird Cage Theater** von 1881, das zahlreiche Memorabilien und Requisiten aus jener Zeit versammelt, als es sich als Theater, Bar und Spielsalon eines schlechten Rufs erfreute. Eigentlich schade, daß man dieses seltene Exemplar bisher nicht als Revuetheater restauriert hat! Den **Crystal Palace Saloon** sollte man auf keinen Fall versäumen. Mit etwas Phantasie gelingt es trotz seiner heute gediegenen Ausstattung, sich vorzustellen, wie in den verruchten Zeiten hier *desperados* und *bandidos* auf die Pauke hauten, bis Sheriff Wyatt Earp mal wieder ordnungsstiftend dazwischenging.

Sonntags morgens werden gewöhnlich einige Blocks der historischen Allen Street für Autos gesperrt. Dann können Fotofreunde die besten Westernfotos machen – ohne verräterische Neuzeit-Details.

Die S 82 durchquert das liebliche St. Raphael Valley. Niedrige, mit wildem Hafer bewachsene Hügel und bewaldete Bergkämme wechseln sich ab. Weil alles so aussieht wie in Oklahoma, wurde hier die berühmte Western-Saga »Oklahoma«

»Show Time at the Bird Cage«: Wasserfarben malen aus, was damals in Tombstone los war

gedreht, denn in Oklahoma selbst gab es schon gar keine Landschaften mehr, die einst typisch für dieses Land waren.

Das winzige **Patagonia** wartet mit seinem kuriosen Pferdemuseum auf. Alles rund ums Pferd ist hier liebevoll zusammengetragen worden.

Nogales: eine der vielen amerikanisch-mexikanischen Grenzstädte zu beiden Seiten des teils martialisch befestigten, meist aber löchrigen Tortillavorhangs. Nur fünfzig Meter liegen zwischen Dollar und Peso, denn schlagartig beginnt hinter der Grenze eine andere Welt: Straßenleben, Farben, Musik und Kinder, die auf den Plätzen Fußball spielen. Nach Ladenschluß ändert sich die Szene. Nur noch Touristisches hat geöffnet und rührt sich. *»Need a taxi?«*, *»Want to buy a rug?«*, *»Want to see the girls?«*, und so weiter.

Showdown mit Puppen: die nachgestellte Schießerei am O.K. Corral

Trotzdem, eine gut gemixte Margarita und ein paar leckere *flautas* zu bekommen, ist kein Problem. Die Rückfahrt nach Tucson auch nicht. In einer guten Stunde ist man wieder zu Hause. ■

Hier schlug Sheriff Wyatt Earp zu: O.K. Corral in Tombstone

19. Tag – Route: Tucson – Ajo – Yuma – San Diego (845 km)

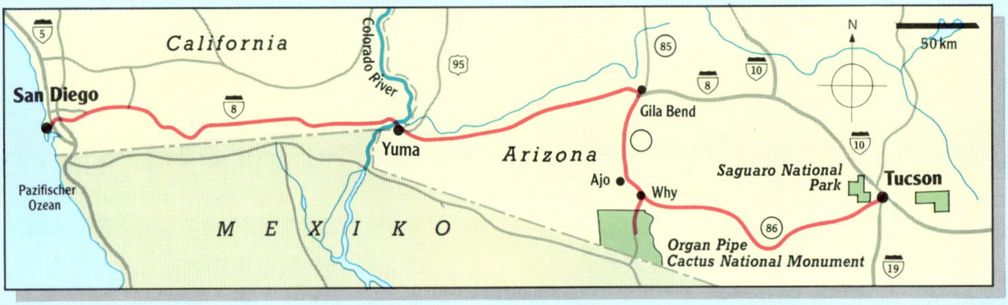

km/mi	Zeit	Route
0	6.00 Uhr	Abfahrt auf S 86
219/136	8.30 Uhr	**Organ Pipe Cactus National Monument** (Visitor Center, dann zurück)
280/174	10.00 Uhr	**Ajo** (Brunch)
354/220	11.30 Uhr	Gila Bend
547/340	13.30 Uhr	**Yuma Territorial Prison** (an der Grenze Zeitverschiebung, aber nur im Winter)
845/525	17.00 Uhr	**San Diego**

Alternative Routen: Wenn man nicht auf den Landstraßen der Sonora-Wüste über Ajo fährt, sondern den direkten Weg auf der Autobahn I-10/I-8 wählt, dann verkürzt sich die Tagesstrecke auf »nur« 770 km, und bei Abfahrt um 6 Uhr ist man schon um 15 Uhr in San Diego. – Eine ergiebigere Alternative wäre die Unterbrechung der Gesamtstrecke z. B. in **Ajo**, denn das bedeutet: Man muß in Tucson nicht so früh los, muß weniger Meilen auf einen Streich fahren, gewinnt aber dafür nachmittags genügend Zeit für die beiden szenisch eindrucksvollen Loop-Touren im Wald der »Orgelpfeifen«. Für den 34 km langen **Ajo Mountain Drive**, der sich durch die Ausläufer der Ajo Mountains windet, braucht man ca. 2 Std.; für die 85 km des **Puerto Blanco Scenic Drive** durch die farbenfrohen Puerto Blanco Mountains einen halben Tag. Beide Wege sind gut befahrbare *dirt roads*. Camper sollten sich je nach Wagengröße zunächst im Visitor Center informieren. Besonders zur Kakteenblüte zwischen Mai und Juli lohnend (die Orgelpfeife blüht lavendelfarben); im Frühjahr blüht der Wüstenboden (u. a. Mohn, Lupinen) für Hobby-Ornithologen ganzjährig interessant. Außerdem gibt es zahlreiche Wanderwege, auch für Rollstuhlfahrer. – Übernachtung: Im Park liegt ein gut ausgestatteter, ganzjährig geöffneter Campingplatz auf *first-come, first-served* Basis; private Campgrounds findet man in den Orten Lukeville und Why. In Ajo: **The Guest House Inn**, 3 Guest House Rd., Ajo, AZ 85321, ✆ (520) 387-6133: kleiner historischer B & B (1925), einfach (kein Telefon, kein TV) und ruhig, mit Frühstück und Nachmittagstee ($$). (Von der Plaza über La Mina Ave. und Zeichen folgen.) **Marine Motel**, 1966 2nd Ave., Ajo, AZ 85321, ✆ (520) 387-7626: bescheidenes, abseits gelegenes Motel (knapp 2 km auf der S 85 nach Norden) $$.

The Mine Manager's House Inn, 1 Greenway Dr., Ajo, AZ 85321, ✆ (520) 387-6505, Fax 387-6508: B & B mit Blick vom Hügel, Landhaus (von 1919), *whirlpool*, $$$. (Von der Plaza über La Mina und Greenway Dr.) – Wen das Meer am nächsten Tag nicht zu sehr lockt, findet vielleicht Zeit für das berühmte Gefängnis in Yuma und/oder die Sanddünen weiter westlich.

19. Tag – Informationen

Organ Pipe Cactus National Monument
Rt.1, Box 100, Ajo, AZ 85321
✆ (602) 387-6849
Unberührtes Schutzgebiet der Sonora-Wüste 25 km südl. von Ajo mit herrlichen Orgelpfeifenkakteen. Visitor Center, Rundfahrten.

Dago Joe's
Plaza in Ajo
Mexikanische Gerichte und Drinks in der Copper Lounge. $

Yuma Territorial Prison
Abfahrt von der I-8 kurz vor der Überquerung des Colorado River (ausgeschildert)
Tägl. 8–17 Uhr
Altes Gefängnis (1876–1909); 33 Jahre die Heimatadresse für viele Desperados des Südwestens. Museum.

Vorwahl für San Diego: ✆ 619

Hotel del Coronado
1500 Orange Ave., Coronado, CA 92118
✆ 522-8000 und 1-800-522-3088
Fax 522-8491
Historisches Prachthotel mit Sonnenterasse, Pool, Tennisplätzen direkt am Meer. $$–$$$$

Villa Capri
1417 Orange Av., Coronado, CA 92118
✆ 435-4137 und 1-800-325-2756
Einfaches, ordentliches Motel gegenüber vom »Del«. $$–$$$

Campland on the Bay
2211 Pacific Beach Dr.
San Diego, CA 92109
✆ 581-4260, Fax 581-4206
600 Plätze an der Mission Bay, Meeresnähe. Wohnmobile, Zelte, Duschen, Toiletten, Markt, Wäscherei, *Jacuzzi*. Reservierung einige Tage im voraus. Um $ 30

Silver Dollar Beach
Coronado-Halbinsel
Preiswerter Campground mit schönem Strand.

Miguel's Restaurant
4922 North Harbor Dr. (Richtung Cabrillo Monument), ✆ 224-3000
Fischrestaurant mit Blick auf den Hafen und die Fischerboote. $–$$

La Valencia
1132 Prospect St., La Jolla, CA 92037
✆ 454-0771 und 1-800-451-0772
Fax 456-3921
Altes Traumhotel in Pink mit Ozeanblick, Restaurant, *Jacuzzi*, Sauna und Pool. $$$$

Jose Murphy's
4302 Mission Blvd. (Pacific Beach)
Deftiger Schuppen in Strandnähe; abends lautstarker Rock und Tanzgedränge.

World Famous
701 Thomas St. (Pacific Beach)
✆ 483-6630
Angenehmes kleines Speiselokal gleich am Wasser. Steaks und Fisch. $$

George's at the Cove
1250 Propect St. (La Jolla), ✆ 454-4244
Mit kalifornischer Küche und ansehnlicher Weinliste: *dining al fresco* mit Blick auf den Ozean. $$–$$$

19 Nach Kalifornien
Von Tucson nach San Diego

Christopher, der Cowboy, tadellos gepflegt in Designerjeans, mit frisch geföntem Haar und Goldkettchen, hatte uns noch die Pferde, die Longhorns und die Ranch gezeigt, auf der einst Folgen der TV-Serie »High Chapparal« gedreht wurden, aber irgendwie waren wir nicht ganz bei der Sache, sondern in Gedanken bereits unterwegs zum Meer. Schließlich war es schon nach 8 Uhr.

Das sollte einem nicht passieren, denn es ist ratsam, an diesem Tag ausnahmsweise einmal in aller Herrgottsfrühe die Morgenkühle zu nutzen und loszufahren, um am Nachmittag in die Pazifikwellen zu springen.

Organ Pipe Cactus

Der Weg dorthin geht nach Westen über den Highway S 86 – in Begleitung der aufrechten Saguaros, deren ulkige Gesten zumindest gelegentliche Aufheiterungen in die steinig-ernste Wüste bringen: wenn sie ihre Arme recken, sich verbeugen und verrenken oder so tun, als würden sie noch einmal zum Abschied im Rückspiegel winken. Andere wiederum stehen ganz regungslos da und haben untervermietet – an gefiederte Wüstenfreunde, an Spechte, Eulen oder Kolibris.

Nach einiger Zeit taucht Kitt Peak auf, der Berg mit dem größten Sonnenteleskop der Erde; davor, links und rechts der Straße, Ranches, Farmen und Baumwollfelder. Ringsum das Reservat der Papago-Indianer: oben auf dem Berg der hochtechnologisierte Blick ins All, unten die körbeflechtenden Papago. Ab und zu sieht man kleine geschmückte Gräber an der Straße, dann wieder Bierdosen und Schnapsflaschen – verflossene Mittel gegen eine knochentrockene Strecke.

Beim Ort Why erhebt sich die Frage nach einem Abstecher zum **Organ Pipe Cactus National Monument**, um einen Blick auf die in Büscheln wachsenden Pfeifenkakteen zu werfen. 57 Kilometer sind es bis zum Visitor Center und zurück. Auf jeden Fall lohnt sich der Besuch ab Mai, wenn die Kakteen blühen, und zwar nur nachts. Ihre weißen und lavendelfarbenen Blüten machen eine mondhelle Mainacht zu einem unvergeßlichen Erlebnis.

Auf das *cactus cruising* folgt **Ajo** (spanisch: Knoblauch), ein industrielles Geisterstädtchen in der Nähe einer stillgelegten Kupfermine, die zwischen 1917 und 1985 in Betrieb war. An der **Plaza** stehen noch ein paar alte Gebäude, die nebenbei auch einen kühlen Lunchplatz offerieren – nach dem bisherigen Wüstentrip eine äußerst willkommene Abwechslung.

Die Straße fällt westlich der Gila Mountains ab. In **Yuma** beweist das beschauliche Nebeneinander von Zitrusplantagen und RV-Parks, daß Apfelsinen und Rentner in der südlichen Hitze offenbar gleichermaßen prächtig gedeihen. Der alte Dampfschiffhafen am Colorado River ist verschwunden, aber das alte **Gefängnis**, das in vielen Hollywoodstreifen vorkommt, steht noch. Viele Häftlinge sollen damals an Lungenentzündung gestorben sein, weil die Zellen keine Wände sondern nur Gitterstäbe hatten, durch die der Wind pfiff.

Bei der Überquerung des Colorado River beginnt Kalifornien, und kurze Zeit später erleuchtet die Abendsonne die mächtigen Sanddünen, die von Spuren der *dune buggies* zerfurcht sind – eine *desert recreation area* also. Mit dem Off-Road-Gaudi auf vier Rädern könnte es eines Tages vorbei sein, denn der Staat Kalifornien hat sich für mehr Naturschutz stark gemacht. Einige Erholungsgebiete sind neuerdings nicht nur dem National Park Service unterstellt (Death Valley, Joshua Tree, East Mojave), sondern auch flächenmäßig erweitert worden.

Wenn alles klappt, erreicht man am Nachmittag **San Diego**, die südwestlichste Stadt der Reise, und nach der Einquartierung auf der Coronado-Halbinsel endlich den Strand. Schluß mit den Wüstenträumen! Alles, was jetzt zählt, liegt in der Nähe des Flutsaums: die Brandung, der Sand, die Möwen. »Manche mögen's heiß« wurde hier und im nahe liegenden **Hotel del Coronado** gedreht. Nein, diesmal ist Abkühlung gefragt. ■

Pazifikfreuden auf Postkarte

20. Tag – Programm: San Diego

Zeit	Programm
9.00 Uhr	Abfahrt: Coronado-Brücke (Chicano Park), National Avenue bis Downtown (wird zur 12th Street), bei F Street links
10.00 Uhr	**Horton Plaza** (Block zwischen 1st und 4th Avenue, Broadway und G Street)
12.30 Uhr	**Balboa Park** (von Downtown am besten über die 12th Street in nördlicher Richtung erreichbar)
14.00 Uhr	**Sea World** (I-5, I-8, Mission Bay Drive; Schildern folgen)
16.00 Uhr	Strände (Mission Bay Drive, Mission Boulevard)

20. Tag – Informationen

Vorwahl: ✆ **619**

La Avenida
1301 Orange Ave.
Frühstück, Lunch und Dinner bis 21 Uhr. $

Horton Plaza
zwischen Broadway und G St., 1st und 4th Ave. (Downtown)
✆ 239-8180
Munteres Shopping-Center Mo–Fr 10–17, Sa 10–18, So 11–18 Uhr. 3 Stunden kostenloses Parken im Parkhaus nach Vorlage eines Kassenbelegs aus dem Komplex.

Gaslamp Quarter
Zwischen 4th und 6th St. (Downtown)
Ansprechend restaurierter Innenstadtbezirk gleich bei der Horton Plaza.

Old Town State Park
Zwischen Juan, Twiggs, Congress und Taylor St.
Historischer Kern der Stadt mit Resten der ersten europäischen Siedlung in den USA. Shopping, mexikanische Restaurants, historische Gebäude. Als Empfehlung für Geschichtsliebhaber, die auf Sea World eher verzichten mögen. Leicht von der I-5 zu finden, da ausgeschildert. Große Parkplätze.

Sea World
1720 S. Shores Rd.
✆ 226-3901
Tägl. von 9 Uhr bis Sonnenuntergang
Eintritt ca. $ 26

The Chart House
1701 Strand Way
✆ 224-3000
Fischrestaurant mit Blick auf den Hafen. $–$$

Sea Lodge
8110 Camino del Oro
La Jolla, CA 92037
✆ 459-8271 und 1-800-237-5211
Fax 456-9346
Wettergeprüftes Fereinhotel direkt am Strand (und am Kellogs Park). Von der Torrey Pines Road die Abfahrt Avenida de la Playa wählen – eine hübsche Flanierstraße mit Läden nach europäischem Geschmack. $$$$

Bewohner von »Sea World«

20 Pazifik, Park und Plaza
San Diego

Für Kaliforniens zweitgrößte Metropole, San Diego, bedeutet ein Tag ein bescheidenes Zeitmaß, vor allem dann, wenn er einen geruhsamen Verlauf nehmen soll. Aber mit etwas Mut zur Lücke lassen sich ein paar der sehenswerten Dinge der Zweimillionenstadt durchaus auf die touristische Reihe bringen.

Glocke der Mission San Diego

Klimatisch begünstigt von sonnigem Wetter und (luftreinigenden) sanften Brisen, topografisch ideal zwischen Wasser, Wüsten und der Nähe Mexikos gelegen, hat San Diego in den letzten Jahren stetig an Attraktivität gewonnen. Gegenüber großstädtischen Problemen und einer bisweilen aufdringlichen Präsenz der US-Navy (in Form von schwerem Kriegsgerät, militärischen Sperrzonen und vergnügungsbedürftigen Matrosen) haben sich auf die Dauer doch immer mehr urbane Pluspunkte durchgesetzt: eine relativ geringe Smogbelastung, eine vergleichsweise niedrige Kriminalitätsrate, eine umsichtige Stadt- bzw. Regionalplanung.

Daß San Diego, die Geburtsstadt Kaliforniens, vor allem dem Kurzbesucher seine Schokoladenseiten zeigen möchte, versteht sich von selbst. Daß es das auch kann, soll der folgende Tagesbericht zeigen.

(Für Leute mit mehr Zeit oder einem Faible für kalifornische Geschichte wäre z. B. die Missionskirche – die erste in der Kette der 21 kalifornischen Missionsstationen – oder Old Town, der Restteil der historischen Stadtanlage, oder der Leuchtturm von Point Loma mit seinen schönen Aussichten von Interesse.)

Wenn man nicht schon im **Hotel del Coronado** wohnt, wäre es keine schlechte Idee, mit einer Kurzbesichtigung dieses Lustschlosses des Wilden Westens aus viktorianischen Tagen zu beginnen. Der voluminöse Holzbau in Rotweiß, ein Flaggschiff der Hotelbranche, verdankt seine Entstehung der Idee eines Eisenbahnmagnaten, der europäische Lebensart in die Neue Welt holen wollte. Inzwischen hat sich hier ein eigener Lebensstil etabliert, die gepflegte Version eines *California living*. Besonders in den Sommermonaten erweist sich das »Del« als attraktives Naherholungsziel: dann kommen Scharen von (Besuchs-)gästen, um zu sehen, wie die (Hotel-)gäste hier wohnen.

In denkbar scharfem Kontrast zum Highlife steht das Milieu, in das man als erstes eintaucht, nachdem man die Halbinsel über die fragile **Coronado Bridge**

Drehpause bei »Manche mögen's heiß«: Jack Lemmon und Marilyn Monroe

Drehort: Hotel del Coronado in San Diego

Architektur in Anführungszeichen: Horton Plaza

Neospanischer Pavillion im Balboa Park

verlassen hat. Unter den Auffahrtsrampen der Brücke versteckt sich auf der Stadtseite ein ungewöhnlicher Wald aus Riesenbildern – die Wandmalereien des **Chicano Parks** in einem Wohnviertel der Mexikoamerikaner. Einst entstanden als Aktion ästhetischen Protests gegen den Bau der Betonstelzen, erzählen die großflächigen Bilder von der glorreichen Geschichte, den gegenwärtigen Problemen im *barrio* und den Zukunftsvisionen dieser Minderheit. Erstaunlich, daß trotz der engen Nachbarschaft zu Mexiko der hispanische Bevölkerungsanteil in San Diego nur wenig mehr als 15 Prozent beträgt. Man kann bei diesen *murals* kurz halten und sich umsehen. Tagsüber ist es gewöhnlich ruhig; erst abends zur *cruising time* belebt sich der Park und wird zum *hangout* für die mexikanischen Jugendlichen.

Downtown San Diego, wie viele Innenstadtbezirke in den USA lange Zeit ein

Sorgenkind, hat sich ansehnlich gemausert. Das fällt besonders im sanierten **Gaslamp Quarter** auf, ein paar Straßenblocks mit viktorianischen Fassaden, Restaurants und Läden, die unter Denkmalschutz stehen. Gleich nebenan ein Schmuckstück neuerer Kommerzbauten, die farbenfrohe **Horton Plaza**. Man sollte sich ein bis zwei Stunden für diesen originellen Fuchsbau nehmen, der aus diversen Baustilen wie aus dem Leihhaus der Architekturgeschichte zusammengesetzt ist. Als hätten italienische Renaissance, Art déco und die nautische Formensprache Pate gestanden: So munter mischt der Komplex Bullaugen, Kommandobrücken, Bögen, Pfeiler, Neon und Metall. Alles hebt sich wohltuend von den meist öden amerikanischen Vorstadt-Malls ab.

Von der verspielten Konsumszene zur grünen Bühne für den Freizeitspaß: zum **Balboa Park**. Er ist ähnlich großzügig angelegt wie der Golden Gate Park in San Francisco und steht bei den San Diegans hoch im Kurs. Vor allem an Sonntagen ziehen sie in Scharen hinaus – mit Kind und Kegel, Fahrrad, Grillwürstchen und Spielzeugen aller Art. Dann tummeln sich Menschen, Musiker, Artisten und Eisverkäufer in einem Garten Eden mitten in der Großstadt. Wenn nur die Einflugschneise des Flughafens nicht darüber führen würde! Das stört bisweilen den Frieden der weitläufigen Anlage, die vielseitig mit Museen, Theatern, Gewächshäusern und einem Zoo bestückt ist. Die meisten Dekorbauten sind Überbleibsel der Panama-Pacific-Weltausstellung Anfang des Jahrhunderts oder entstanden in den 30er Jahren.

Statt den (beachtlichen) Zoo im Balboa Park zu besuchen, ist es sicher spek-

Show in »Sea World«

FUN FOR ALL
FUN HOUSE CAFE
FUN

takulärer, **Sea World** zu erleben: ein lebendiges Wasserkunstwerk mit Killerwalen, Ottern, Seelöwen und Belugas.

Nachmittag und Abend gehören dem Pazifik am **Mission und Pacific Beach**, denn das bedeutet Strände, Piers, Spazierwege ebenso wie Strandbars und Restaurants mit Meeresblick.

Eine hübsche Kleinigkeit sollte man sich dabei nicht entgehen lassen: das **Crystal Pier Motel**, ein herrlich altmodischer Motelkomplex direkt auf dem Pier, gebaut aus kleinen Motelhäuschen in Reih und Glied, jedes mit winzigem Gärtchen und betulichen Blumenkästen auf der Fensterbank. Fehlen nur die Gartenzwerge. Dennoch zieht die hauseigene Devise: *»Sleep over the ocean, fish from your door«.* ■

Flug- und Baukünste am Strand von San Diego

◁ *Mission Beach, San Diego, Ende der 20er Jahre*

21. Tag – Route: San Diego – San Juan Capistrano – Los Angeles (LAX) (190 km)

km/mi	Zeit	Route
0	9.00 Uhr	Abfahrt von Downtown San Diego auf der I-5
85/53	10.30 Uhr	San Juan Capistrano, Besuch der **Mission**
	11.30 Uhr	Abfahrt auf I-5, dann US 405
190/118	13.00 Uhr	LAX

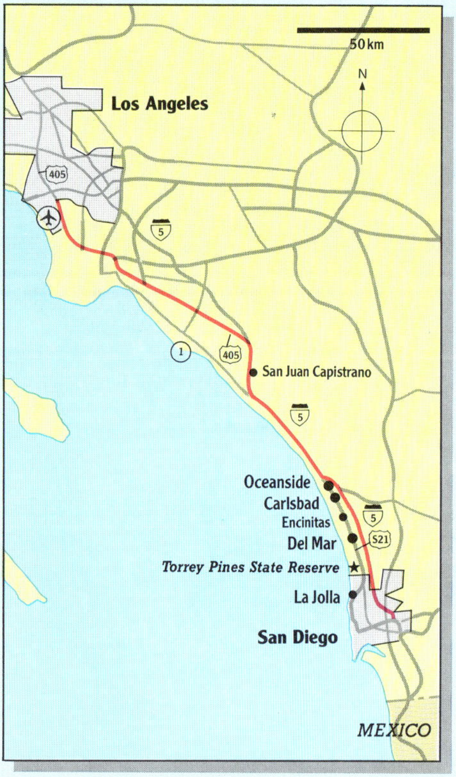

Alternative:
Wer nicht unbedingt an diesem Tag das Flugzeug erwischen muß, sondern in Los Angeles noch einmal übernachten möchte, kann sich den Tag bequem verlängern und statt der I-5 die landschaftlich reizvolle **Küstenstrecke S 21** bis Oceanside fahren. (Route: Downtown San Diego I-5, S 274 nach Pacific Beach, Mission Boulevard, La Jolla Boulevard, Torrey Pines Road, S 21; ab Oceanside mündet die Straße wieder in die I-5, I-405 Richtung Long Beach und Los Angeles.)

Im Norden der Stadt kommt man zunächst durch **La Jolla** (gesprochen: »La Hoija«), ein gefälliges Wohnviertel in der Nähe der Universität, an der einst Herbert Marcuse lehrte. Hier lohnt ein Stopp an der felsigen Küste, die von Sandbuchten unterbrochen wird, manche nicht größer als ein Badetuch und entsprechend ausgelastet durch Schwimmer, Sonnenanbeter, Schnorchler und Taucher. Die ausgewaschenen Höhlen und Felsen eignen sich hervorragend zu Unterwassertrips, besonders das Naturschutzgebiet im **Underwater Park**. Die Straße führt weiter durch schöne Alleen immergrüner, windgebeutelter *torrey pines*, einer seltenen Nadelbaumart. In loser, aber rascher Folge reihen sich dann die reizvollen Badeörtchen Del Mar, Encinitas, Leucadia, Carlsbad und Oceanside am Küstenhighway.

21. Tag – Information

Mission San Juan Capistrano
Eingang: Ortega Hwy.

Baubeginn 1797, Erdbeben 1812, Kirchenruinen noch erhalten.

Endstation LAX
Von San Diego zum Flughafen Los Angeles

Eine Weile Westküste zum Ausklang der langen Reise: bis zum *check-in* am frühen Nachmittag bleiben immerhin noch rund vier Stunden. Das reicht zwar nicht, um den Highway unmittelbar am Wasser entlang zu fahren, aber doch zumindest für ein paar schöne Aussichten aufs Meer, vor allem immer dann, wenn die Interstate flach über die vogelreichen Lagunen hinwegzieht.

Die **San Juan Capistrano Mission** ist eigentlich ein idealer Ort zum Abschied. Junipero Serra, der unermüdliche Missionsgründer und »Apostel« Kaliforniens, pflanzte 1776 hier das erste Kreuz auf. Von der alten Kirche, die beim großen Erdbeben von 1812 einstürzte, ist nur noch eine Ruine erhalten. Schön restauriert sind aber die Unterkünfte, Workshops und die Küche der Gottesmänner und Soldaten. Dahinter findet man die auffallend schmale Kapelle des Padre Serra, deren Ausmaß daher rührt, daß längere Holzbalken für die Deckenkonstruktion nicht zur Verfügung standen.

Im hinteren Klostergarten beim Brunnen der vier Evangelisten sollte man sich ein paar besinnliche Minuten gönnen, eine kurze Zeit der Ruhe und des Abschieds: von der Bilderfülle des Südwestens, den Erfahrungen und den oft nur allzu flüchtigen Eindrücken.

An der Tür beim Ausgang kann man lesen *»vaya con dios«*. Kein unpassendes Motto für den Rest des Tages und den Flug nach Hause. ■

San Juan Capistrano Mission

VIII Indianer heute

Der Frosch trinkt
den Teich,
in dem er lebt,
nicht aus.
Indianisches Sprichwort

Die alte Navajofrau legt ein Ziegenfell auf dem Boden ihres Hogans aus und erzählt von der heiligen Erde ihrer Heimat, von dem Ort, wo sie über sechzig Jahre lebte. Dort hatte sie Schafe und Ziegen großgezogen, ihre Kinder und deren Kinder. Sie spricht von den »heiligen Plätzen« dieses Landes, den Felsen und Bäumen, die ihr die Kraft des großen Geistes vermittelten: »Ich kannte die einzelnen Berge und Pflanzen, die Stellen, zu denen ich gehen konnte, um Kraft zu schöpfen. Ich lebte dort, solange ich zurückdenken kann. Nun mußte ich umziehen und meine Heimat gehört den Hopi.«

Wie ihr erging es einigen anderen Familien der Navajo, denn ein Gerichtsurteil von 1987 bestätigte die Rechte der Hopi-Indianer auf ihre Heimat. Das Stück Land in Nordostarizona, um das es geht, war seit den 60er Jahren *joint-use area*, also von Hopi und Navajo gemeinschaftlich genutztes Gebiet. Schon lange wollten die Hopi ihr Land zurück – und sie sprechen mit ebensoviel Überzeugung: »Wir kämpfen um unser Überleben. Wir brauchen unser Land, um eine gesicherte Lebensgrundlage für unseren Stamm zu haben. Seit Jahrhunderten sind wir die Opfer gebrochener Versprechen.«

Die Hopi leben seit Urzeiten hier – lange bevor es Versprechungen gab –, die Navajo kamen viel später, etwa um das Jahr 1400. Die Hopi lebten als Bauern in Dörfern, die Navajo waren Nomaden. Und als die Navajo auch noch anfingen, die Dörfer der Hopi zu überfallen, waren die Konflikte vorprogrammiert. Expansiv und schnell wachsend, siedelten sich die Navajo gegen Ende des letzten Jahrhunderts rings um das Hopi-Land an. In den Reservatsverträgen erhielten sie ein großes Gebiet in Nordostarizona, in der Mitte lag das kleine Reservat der Hopi, und ein weiteres Areal wurde zum gemeinschaftlichen Gebiet erklärt. Dann, in den 60er Jahren, entdeckte man wertvolle Kohlelagerstätten, die nun keiner der beiden Stämme ohne Zustimmung des anderen nutzen konnte. Die Hopi gingen vor Gericht und bekamen aufgrund älterer Rechte auch den Landtitel zugesprochen – nur, viele der Navajo weigerten sich zu gehen. Noch heute leben einige auf dem Land der Hopi, und der Konflikt wird sich wohl noch Jahre hinziehen, ehe die beiden seit langem verfeindeten Stämme zu einer Einigung finden.

Wenn man das riesige Navajo-Reservat als Tourist durchfährt, wird man nachdenklich. Üblicherweise haben die Indianer ja das schlechteste und von den Weißen nicht gewollte Land bekommen, aber dies muß nun wirklich das allerschlechteste sein. Im Sommer glühend heiß, im Winter bitterkalt und windig, kaum ein Bächlein oder Wäldchen unterbricht die Wüstenlandschaft. Dennoch wollen die Navajo hier leben – dies ist seit Generationen ihre Heimat. Die indianische Bevölkerung ist jung, achtzehn Jahre sind das Durchschnittsalter. Und sie vermehrt sich mit einer doppelt so hohen Geburtenrate wie die weißen Amerikaner. Doch ist auch die Sterblichkeit achtmal höher als die der Gesamtbevölkerung, Alkoholismus und Selbstmord sind an der Tagesordnung.

In Orten wie Tuba City oder Shiprock sieht es öde aus. Staubwolken driften durch die ungeteerten Straßen, nackt und kahl und meist umgeben von einer Müllhalde stehen die Häuser herum. Die meisten der mittlerweile fast 200 000 Navajo sind arm, sie können sich keine piekfeinen Villen leisten. Aber sie wollen auch nicht! Sie möchten einen Unterschied zu den Weißen zum Ausdruck bringen, keine manikürten Vorgärten und gefegten Toreinfahrten nachäffen. Viele haben ihre halbnomadische Lebensweise noch beibehalten. Ihren schweren Silberschmuck, das wertvollste Familienerbe, bringen sie zum Leihhaus in Gallup oder Farmington – nicht, weil sie unbedingt das Geld brauchten, sondern weil die Safes der Pfandleiher sichere Aufbewahrungsorte sind. Zu großen Festen löst man die Stücke aus, um sie nach dem Tragen wieder zu versetzen.

Navajo-Indianer bei Kayenta

Weiter östlich unter den Pueblo-Indianern ist die Sozialstruktur noch besser intakt, die alten Zeremonien und Rituale werden noch ausgeübt. Diese Stämme waren nie nomadisch, sondern traditionell festansässige Bauern. Sie wurden nie aus ihrem überlieferten Stammesland vertrieben, und die Bezüge zur Tradition sind noch stark. Ihre vielstöckigen Pueblos sind heute sauber verputzt und gut in Schuß. Aber auch hier gibt es Probleme: Manche der jungen Leute wandern in die Städte ab und akkulturieren sich, verschwinden in der weißen Bevölkerung. Alkoholismus ist auch hier weit verbreitet, und dann gibt es natürlich immer wieder die leidige alte Landfrage.

Taos Pueblo zum Beispiel. Seit 1906 kämpften die tausend Indianer hier um die Rückerstattung ihres heiligen Bezirks, des Gebiets um den Blue Lake, aus dem der wasserspendende Rio Pueblo entspringt. Wiederholt schlugen sie Angebote der Regierung aus, das Land gegen Geld offiziell abzutreten, obwohl schon längst die Holzfäller und Angler ihre Sphäre verletzt hatten. Der See und seine weitere Umgebung waren seit Jahrhunderten ihr heiliges Land gewesen, für das sie nun ausschließliches Nutzungs- und ewiges Treuhänderrecht forderten.

Minister Udall zeigte 1968 ungewöhnliches Verständnis für die Indianer von Taos: »Der Blue Lake als Hauptquelle des Rio Pueblo«, sagte er, »ist symbolisch die Quelle allen Lebens, er ist auch die Zuflucht der Seelen nach dem Tod, die Heimat der Vorfahren, die den heutigen Menschen das Leben gaben. ...Der Blue Lake symbolisiert daher die Einheit und Kontinuität des Pueblos; er ist das zentrale Symbol der indianischen Religion, genau wie das Kreuz es im Christentum ist. ...Die völlige Unberührtheit und natürliche Ökologie um den See sind die wichtigsten Faktoren für den Erhalt der uralten Religion. Die Heimsuchung des Gebiets durch Touristen, Camper, Sportangler und Holzfäller wird die für die Religionsausübung notwendige Stille und Abgeschiedenheit und das Gleichgewicht der Natur zerstören – und damit das Zentrum der Religion im Leben der Menschen.« 1970 wurde das 19 425 Hektar große Gebiet um den Blue Lake den Indianern von Taos zurückgegeben. ■

IX Von der Kiva zur Kathedrale
Alte und neue Bauformen im Südwesten

Ob Klippensiedlung oder Wohnmobil, Lehmhütte oder Dosenhaus, Zelt oder Wildwestfassade, unterirdische Kiva oder hypermoderne Glaskirche: die Baukunst des amerikanischen Südwestens spannt einen weiten Bogen von der Prähistorie zur Postmoderne. Eine Reise fördert aus dieser Fundgrube an Formen und Stilen Tag für Tag schönere Stücke ans Licht; dabei kann sie Zusammenhänge sichtbar machen und überraschende Bezüge enthüllen.

Etwa im Hinblick auf die Art und Weise, wie in den verschiedenen Kulturen seit jeher landschaftlich und klimatisch angepaßt gebaut wurde. Schon die ältesten Felsstädte – Mesa Verde, Canyon de Chelly, Navajo Monument, Montezuma Castle – nutzten die Sonne in ihren apsisartig in den Fels verlegten Höhlensiedlungen. Ähnlich entspricht die Lehmbauweise der Hopi und Pueblo-Indianer den natürlichen Bedingungen der Halbwü-

Pueblo Bonito im Chaco Canyon (Rekonstruktion) auf einer alten Abbildung

Zuni Pueblo, New Mexico

sten und Trockensteppen mit ihren extremen Temperaturunterschieden. Sie türmten ihre meist mehrstöckigen Wohn- und Wehrdörfer aus Lehmklumpen, Holzbalken und Steinen, verstärkt durch stabilisierende Zutaten wie Strohhäcksel, Kalbshaare und Kuhmist. Ursprünglich erreichte man die Wohnungen über eine Leiter durch die Dachluke.

Heute verbinden die Pueblohäuser in Taos, San Ildefonso, Santo Domingo, Acoma, Walpi und Oraibi indianische, spanische und amerikanische Techniken. Die Spanier führten die Adobeziegel ein, so daß die Lehmklumpen nicht mehr mit der Hand geformt werden mußten, verbesserten die Dachkonstruktion, den Türen- und Fensterbau und zeigten den Indianern, wozu Kacheln beim Hausbau taugen. Auch die indianischen Öfchen, die *hornos*, sind spanischen Ursprungs. Die Anglos wiederum wußten, wie man Balken passend sägt, Fensterrahmen baut, Türen und Fenster vergrößert.

Auch der typische, auf nomadisches Verhalten zugeschnittene Hogan der Navajo hat die Jahrhunderte überlebt: lehmbedeckte Rundhäuser aus achteckig geschichteten Holzstämmen. Das Zelt der Apachen (*tipi*) und das geflochtene Grashaus der Papago (*wickeyup*) trifft man dagegen nur noch selten an; oft dienen sie als zusätzliche Sommerwohnungen. Nachdem die Spanier den Indianern die Pferde gebracht hatten, vergrößerten sich die Tipis (ein Siouxwort übrigens, das »wohnen« bedeutet). Die größere Beweglichkeit ermöglichte es, Büffelfelle zu benutzen, die häufig bemalt wurden.

In den Indianersiedlungen des Südwestens trifft der Reisende aber nicht nur auf Pueblo, Tipi und Hogan, sondern viel häufiger auf geparkte oder aufgebockte Wohnwagen. Den nomadischen Lebensgewohnheiten der Navajo mögen sie noch teilweise entgegen-

Taos Pueblo

Inneres eines Adobehauses im Zuni Pueblo

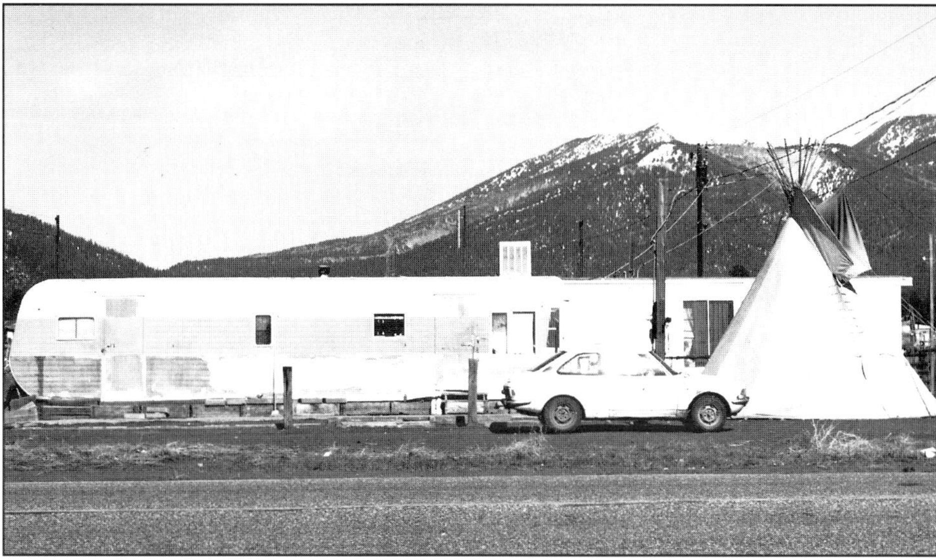

Zeichen der Mobilität: Wohnwagen und Tipi bei Flagstaff, Arizona

kommen, für die Pueblo-Indianer aber bedeuten sie den Zerfall des traditionellen Zusammenhangs ihrer Sozialordnung, Glaubensvorstellung und Naturnähe. Die Mobilheime setzen bereits die Trennung von Wohnort und Arbeitsplatz voraus. Viele Indianer arbeiten längst außerhalb ihrer Pueblos (oder sind auf Arbeitssuche) und kehren nur an Wochenenden dorthin zurück. Für die größere Mobilität nehmen sie die zusätzlichen Kosten für Benzin und Klimaanlage in Kauf. Aluminium macht aus den rollenden Unterkünften leicht Schwitzkästen. Den meisten Indianern fehlt es aber an Geld und Zeit, sich überhaupt noch auf den langwierigen Bau eines Adobehauses einzulassen, das stets ein Familienunternehmen war. Wohnwagen, einschließlich kompletter Innenausstattung, sind dagegen fix und fertig zu kaufen – auf Kredit. Kein Wunder, daß diese Art des *instant housing* auch bei den ärmeren Hispaniern und Anglos immer beliebter wird.

Nicht nur bei ihnen. Denn wer an den Wohnwagenstädten in Südarizona vorbeikommt, merkt, daß das Mobilitätsbedürfnis der Neuzeit unabhängig von Einkommensklassen, ethnischer Herkunft und Altersgruppen besteht. Scharenweise nisten sie vor allem den Winter über im gesamten *sun belt*: die Mobilheimpensionäre, *snow birds* oder, wie in Texas, *winter Texans* genannt. Die windschlüpfrige Chromkultur ihrer transportablen Heimat ist das genaue Gegenbild zu einer bodenständigen und regionalen Architektur; sie ist austauschbar und ubiquitär.

Die endlosen Eigenheimfelder von Suburbia in Phoenix oder Tucson variieren im Grunde nur das Thema Autokultur. Das wird nirgendwo deutlicher als auf dem Highway, wenn ein Eigenheim auf einem Truck daherkommt. WIDE LOAD ist da zu lesen oder OVERSIZE LOAD: Umzug als Fertighaus-Transplantat.

Nur hier und da sieht man gegenläufige Trends, d. h. die zunehmende Bereitschaft, von der altbewährten Baukunst zu lernen. Den kühnsten Versuch riskierte vor einigen Jahren der italienische Architekt Paolo Soleri in Arcosanti – eine Alternative zur autogerechten Stadt und ihren umweltzerstörenden Effekten. Also Kompaktbauweise unter Einbeziehung der Sonnenkraft als Energiequelle. Soleri plante nicht nur, er fing auch sofort an zu bauen. Freilich kam das Projekt aus Kostengründen nie über das Anfangsstadium hinaus. Vielleicht auch deshalb, weil die eher europäisch konzipierte Stadt den distanzgewohnten Amerikanern bereits in der Vorstellung gegen den Strich ging.

Weniger visionär, dafür aber schon oft praktische Tatsache sind Versuche in New Mexico, am Erbe der regionalen Architektur weiterzubauen. Besonders Taos und Santa Fe liefern ansehnliche Belege für die moderne Fortschreibung der Adobeziegel, für die nasser Lehm in Formen gegossen und an der Luft getrocknet wird.

Sicher, oft zählt eher prätentiöser Schnickschnack oder allein der schöne Lehm-Look, wenn z. B. Häuser aus Zement lediglich auf Adobe getrimmt sind. Dennoch zeugen viele Wohnskulpturen von der bewußten Wiederaufnahme eines ökologisch überaus zweckmäßigen Baustoffs. Die Masse der bis zu 60 Zentimeter dicken Wände ist feuerunempfindlich, ungezieferfeindlich und auch noch lärmdämmend. Apropos Skulptur: Als charakteristisch für die Adobebauweise im nördlichen New Mexico gelten sanfte Rundungen an den Ecken und unregelmäßig buckligen Oberflächen der Häuser.

Die Liebe zum wohnlichen Lehm ist relativ jung. Die Adoberenaissance in Santa Fe brach eigentlich erst nach dem Zweiten Weltkrieg aus. Vorher wurde meist der Stil der Kolonialarchitektur des Ostens kopiert. Die Adobetechnik galt schon deshalb als minderwertig, weil sie von den Indianern benutzt wurde.

Inzwischen sind die Alten wieder die Lehrmeister am Bau, ganz besonders für einige junge experimentierfreudige Architekten. Sie arbeiten an einer Solararchitektur nach dem Do-it-yourself-Prinzip: Die Reynoldschen Dosenklausen in Taos stehen Modell dafür. Mit dem Gedanken an energiesparende Baumethoden benutzten diese Neubauten nicht nur die Adobeziegel weiter, sondern auch die Produkte der modernen Wegwerfgesellschaft. Einfälle mit Abfällen: Büchsen, Flaschen oder Autoreifen bewähren sich als Mittler zwischen starken Temperaturunterschieden. Und billig sind sie auch. Die erdgefüllten Autoreifen und die meist zu zwei Dritteln mit Wasser gefüllten Dosentankwände erwärmen sich in der Sommersonne oft bis auf 70 Grad und geben die Wärme nachts teilweise ins Gebäudeinnere ab. Die während der Nacht erfolgte Abkühlung der dicken Wände hält tagsüber die Räume angenehm: ein ganzes Haus als Thermostat. Air-conditioning überflüssig.

Eine ähnliche Neuauflage erfährt vereinzelt auch der älteste Haustyp der Region überhaupt, das sogenannte Grubenhaus (*pit house*), die halb in die Erde eingelassene und mit ihr bedeckte Wohnhöhle der frühen Mogollon-Kultur, erreichbar entweder über eine Leiter oder durch einen tunnelartigen Eingang. Inzwischen gibt es solche abgesenkten Erdhäuser wieder zwischen Colorado und Rio Grande. Wie Maulwurfshügel sehen diese passiven Solarbauten aus, mit großen Fensterflächen und Kollektoren nach Südwesten ausgerichtet. Und drinnen zeigt sich erst recht: Wohnkomfort und Umweltbewußtsein brauchen sich keineswegs auszuschließen.

Auch städtebauliche Grundmuster haben überlebt. Wiederum mit bezeichnenden Abwandlungen. Zum Beispiel die Plaza, ein Mitbringsel spanischer Baumeister. Ihre ursprüngliche Form muß man sich als ein mit Tor und Türmen befestigtes Karree vorstellen. Taos Plaza oder Sena Plaza in Santa Fe lassen diese Art der Siedlungsform noch gut erkennen. Die Plaza (manchmal auch die Hazienda) war die Keimzelle der späteren Städte, die sich um sie herum mit Straßen im Schachbrettmuster ausdehnten, wie etwa Santa Fe, San Diego oder Los Angeles.

Dosenklause auf der Hochebene von Taos, New Mexico

In den kleineren Städten spielt sich heute das Leben immer noch auf der Plaza ab. Sie fungiert als Marktplatz, Treffpunkt, Informationsbörse. In den Großstädten allerdings erfuhr der Standort der Plaza, Downtown, in nahezu allen Fällen einen drastischen Funktionswandel. Der Abwanderungstrend der weißen Bevölkerung in die Vorstädte und das Nachrücken vorwiegend spanischsprechender Einwanderer entzogen den Innenstadtbereichen ihre wirtschaftliche sowie gesamtgesellschaftliche Grundlage. Der Pueblo von Los Angeles bzw. Old Town in San Diego bewahren die Reste ihrer spanischen Kolonialarchitektur durch denkmalschutzpflegerische Maßnahmen. Beide Stadtteile sind heute stadtgeschichtliche Freilichtmuseen.

Die alte Funktion der Plaza lebt ganz woanders wieder auf: in den Shopping-Centers, die deshalb nicht ohne Grund häufig Plaza heißen. Seit einiger Zeit sind viele dieser aufwendigen Konsumarchitekturen auf dem Weg, ihre reine Marktplatzrolle zu erweitern, indem sie publikumswirksames Entertainment einbeziehen und architektonisch gefällige Aufenthaltsräume zu gestalten suchen. Das wohl gelungenste Beispiel steht zur Zeit in San Diego: Horton Plaza. Der postmoderne Baukomplex mischt spielerisch Anklänge an mediterrane Formelemente und historische Bauteile zu einer farbenfrohen Architektur in Anführungszeichen.

Seit Beginn dieses Jahrhunderts hatte übrigens der historisierende spanische Revival-Stil den Trend zum baulichen Zitat schon vorgemacht. Besonders im Süden Arizonas

Einfall aus Abfall: Solarhaus in Taos

und Kaliforniens dekorieren noch heute jede Menge Ziegeldächer, Innenhöfe (*patios*) und Arkaden private wie öffentliche Gebäude.

In weit geringerem Ausmaß haben sich die baulichen Merkmale der ersten Minenstädte der Anglos fortgepflanzt: in den falschen Giebeln zum Beispiel, die der Front der Geschäftsbauten so manch einer Main Street noch eins draufsetzen. Prägnanter überleben die hölzernen Westernstädte mit ihrer charakteristischen Giebelkultur als restaurierte Kulissen für den Fremdenverkehr, etwa in Tombstone oder Jerome. Bisweilen wurden sie sogar fürs Filmgeschäft nachgebaut – siehe Old Tucson.

Der Südwesten ist nicht zuletzt auch ein weites Feld für Liebhaber der Sakralarchitektur. Neben den zahlreich erhaltenen indianischen Zeremonialräumen, den Kivas, beeindrucken vor allem die spanischen Missionskirchen innerhalb und außerhalb der Pueblos. Die ersten entstanden im frühen 17. Jahrhundert in New Mexico, dann in Arizona und Texas; die letzten, Anfang des 19. Jahrhunderts, in Kalifornien. In jüngster Zeit bereichern spektakuläre Kirchen angloamerikanischer Prägung die Palette, z.B. Crystal Cathedral, die gläserne Superkirche von Philip Johnson in Garden Grove (südlich von Los Angeles): ein gleißender Kunsthimmel aus Licht und Reflexen.

Unterirdische Kiva, gemauerte Lehmkirche, Glasdom: das klingt nach einer Reise mit der Zeitmaschine. Und doch liegen diese baulichen Kontraste an einem Weg. Ausgerechnet in einem Land, von dem insbesondere Europäer oft meinen, es sei im Vergleich zu »uns« ganz jung und eigentlich »geschichtslos«. Der Wilde Westen eben. ■

Zeremonialbau der Pueblo-Indianer: Kiva im San Ildefonso Pueblo

Glaspalast der Neuzeit: Crystal Cathedral in Garden Grove, Los Angeles

X Serviceteil

REISEPLANUNG

REISEDATEN

SPRACHHILFEN

Anreise/Einreise

Nonstopflüge aus Europa erreichen meist am frühen Nachmittag nach über elf Stunden Flugzeit (und neun Stunden Zeitunterschied) LAX, den internationalen Flughafen von Los Angeles. Über preiswerte Holiday- und andere Sondertarife sowie Charterflüge informieren die Reisebüros.

Am LAX verkehren zwischen den Terminals, Bushaltestellen und Parkplätzen kostenlose Zubringerdienste. Die Autovermietungen haben eigene, gut gekennzeichnete Kleinbusse, die Sie direkt zum jeweiligen Büro bringen. Die Stadtbusse des Rapid Transit District (RTD) fahren vom Parkplatz C ab. Die Hotels in unmittelbarer Umgebung des Flughafens und manche der großen Hotels in der Innenstadt holen ihre Gäste mit eigenen Fahrzeugen ab. Für Informationen zur Zimmersuche kann man sich an den Traveler's-Aid-Stand im Internationalen Terminal wenden.

Die Formalitäten zur Einreise in die USA sind im allgemeinen recht problemlos. Deutsche, Österreicher und Schweizer können zu Urlaubs- und Geschäftsreisen bis zu drei Monaten Dauer ohne **Visum** einreisen. Vorab auszufüllen ist lediglich ein rosa Formblatt, das im Reisebüro oder noch am Flughafen erhältlich ist. Bei Antritt der Fahrt muß der Reisepaß noch mindestens sechs Monate gültig sein. Nach wie vor erleichtert jedoch ein gültiges Visum (auch in einem abgelaufenen Paß) die Einreise.

Noch vor der Gepäckausgabe wartet am Boden der *immigration officer*, der Beamte der Einwanderungsbehörde, der für die Festsetzung der individuellen Aufenthaltsdauer zuständig ist und der sich deshalb nach Zweck (*holiday*) und Dauer der Reise erkundigt, gelegentlich auch nach dem Rückflugticket und der finanziellen Ausstattung. Diese Prozedur verläuft je nachdem, wieviele Jumbos gerade gelandet sind, oft zähflüssig und erfordert Geduld, auch wenn das nach einem langen Flug schwerfällt.

Beim Ausfüllen der Einreisepapiere sollte man übrigens darauf achten, eine Adresse in den USA anzugeben: z. B. das erste Hotel in Los Angeles, aber mit konkreter Adresse.

Auskunft

Für detaillierte Vorinformationen (Landkarten, Unterkunftsverzeichnisse etc.) schreibt man einige Monate vor Reisebeginn an die Fremdenverkehrsämter der einzelnen Staaten. Wer eine längere Wanderung in einem der Parks plant, kann an den Superintendent (s. jeweilige Tagesinformation) schreiben und um nähere Infos bitten.

Arizona Office of Tourism
1100 West Washington
Phoenix, AZ 85007

California Office of Tourism
801 K Street, Suite 1600
Sacramento, CA 95814

Colorado Tourism Board
1625 Broadway, Suite 1700
Denver, CO 80202

Nevada Commission on Tourism
Capitol Complex
600 East Williams
Carson City, NV 89710

New Mexico Department of Tourism
491 Old Santa Fe Trail (Lamy Building)
Santa Fe, NM 87503

Utah Travel Council
Council Hall/Capitol Hill
Salt Lake City, UT 84114

Lohnend ist oft auch ein Besuch im nächsten Amerikahaus oder deutsch-amerikanischen Institut. In den dortigen Bibliotheken kann man vorab schon mal zur Einstimmung in Bildbänden über den Südwesten herumschmökern.

Automiete

Ohne Räder ist man im Südwesten ziemlich hilflos. Da stellt sich zunächst die Frage: Auto- oder Campermiete? Mit dem PKW ist man etwas beweglicher, mit dem Camper mehr draußen in der Natur, und die Reise wird ein wenig billiger. **So oder so sollte man den Wagen bereits zu Hause, z. B. bei AVIS, mieten und bezahlen.** Die europäischen Reiseveranstalter können durch Großeinkauf viel günstigere Preise erzielen, als es einem einzelnen Touristen in den USA möglich ist: Unbedingt also schon in Europa das Fahrzeug vorbestellen, nach den Wochenpauschalen, Freikilometern und eventuellen Überführungsgebühren fragen. Einen Wagen, der in Kalifornien angemietet wird, kann man meist ohne Aufpreis in ganz Kalifornien und auch in Las Vegas zurückgeben. Anfragen an das Reisebüro oder die internationalen Autovermieter, z. B. Avis (gebührenfreie Auskunft in der BRD unter ✆ 0130-77 33), Hertz, National/Europcar u. a. Camper mietet man ebenfalls über das Reisebüro.

Zur Anmietung des Fahrzeuges vor Ort muß man zwar nur den nationalen **Führerschein** vorlegen, aber es ist empfehlenswert, einen internationalen zusätzlich mitzubringen. Eine **Kreditkarte** hilft sehr; dann braucht man nicht im voraus zu bezahlen und keine Kaution zu hinterlegen. Die angebotene Vollkaskoversicherung (abgekürzt CDW) ist zwar nicht billig, kann sich aber bei Blechschäden auszahlen.

Bei der Übernahme des Wagens sollte man zunächst mal alles durchsehen (Reserverad, wie funktioniert die Automatikschaltung) und sich beim Camper alles genau erklären lassen. Die Verleihfirmen haben auch handliche Stadtpläne, so daß man für die erste Strecke gewappnet ist.

Als Mitglied in einem europäischen Automobilclub kann man beim amerikanischen AAA-Club (American Automobile Association, in vielen größeren Städten, Adressen im Telefonbuch) Landkarten und anderes Material und sogar Pannenhilfe bekommen (Mitgliedsausweis nicht vergessen).

Geld/Devisen

Die Reisekasse verteilt man am besten auf drei Zahlungsmittel: **US-Dollar in bar**, **Reiseschecks** (Traveler's Checks von American Express oder anderen, die auf US-Dollar ausgestellt sind) und eine oder sogar mehrere **Kreditkarten** (Eurocard, American Express, Visa). Das Einlösen der Reiseschecks ist ganz unproblematisch: Man zahlt damit im Restaurant, an der Tankstelle oder im Hotel und bekommt den Restbetrag in bar zurück. DM-Reiseschecks und Bargeld in DM werden außer auf den internationalen Flughäfen fast nirgendwo umgetauscht. Euroschecks braucht man gar nicht erst mitzunehmen. Allerdings: Die meisten Banken geben neuerdings US-Bargeld gegen eine geläufige Kreditkarte bei Vorlage des Reisepasses aus.

Der US-Dollar ist in 100 Cent unterteilt. Es gibt **Münzen** zu 1 Cent (*penny*), 5 Cent (*nickel*), 10 Cent (*dime*), 25 Cent (*quarter*), 50 Cent (*half dollar*) und 1 Dollar. Die beiden letztgenannten Münzen trifft man allerdings recht selten im Umlauf, nur in Las Vegas an den Spielmaschinen sind sie noch üblich. Vorsicht: Die **Dollar-Geldscheine** (*notes/bills*), die es im Wert von 1, 2, 5, 10, 20, 50 und 100 Dollar gibt, sind alle gleich groß und gleich grün. Nur der Aufdruck der Zahl und des Staatsmannes ist unterschiedlich. Größere Geldscheine wie z. B. $ 50 oder $ 100 werden ungern gesehen und in manchen Läden und Tankstellen (vor allem nachts) nicht akzeptiert. Lieber Reisechecks nehmen.

Da die Reise durch mehrere Nationalparks geht, sollte man beim ersten Park bereits den sogenannten **Golden Eagle Passport** kaufen, anstatt nur gesondert Eintritt zu bezahlen: Das ist preisgünstiger, denn der Paß berechtigt zum Besuch aller National Parks, National Monuments und National Historical Parks, egal in welchem Bundessstaat.

Gepäck

Lockere **Freizeitkleidung** ist Trumpf im Südwesten. Nur wer mal in Los Angeles oder Las Vegas schick ausgehen will oder einen Opernabend in Santa Fe plant, braucht noblere Garderobe. Mit Jeans, T-Shirts und Turnschuhen paßt man sich gut in die amerikanische Umwelt ein. Doch sollte man für die Wanderungen unbedingt ein Paar feste (am besten knöchelhohe) Wanderschuhe einpacken, eine Kopfbedeckung nicht vergessen und unbedingt auch die Badesachen mitbringen, da trotz des Wüstenklimas Stauseen und Swimmingpools zuhauf zur Erfrischung locken.

Im Frühjahr und Herbst sind Pullover und Windjacke ein Muß; aber auch während der Sommermonate in kühlen Nächten auf dem Colorado-Plateau oder in den tiefgekühlten Restaurants und Hotels leisten sie beste Dienste. Die Regel lautet: nicht zuviel Kleidung anschleppen. An den meisten Campingplätzen und in allen größeren Orten gibt es Waschsalons (*laundromats*) mit Waschmaschinen und Trocknern, wo man innerhalb einer Stunde wieder frischgestriegelt ist.

Als nützlich erweisen wird sich ein **Adapter** für amerikanische Steckdosen, falls man mit eigenem Rasierapparat oder Fön anreist (die auf 110 Volt umstellbar sein müssen!). Diesen Zwischenstecker besorgt man am besten schon zu Hause, da man in den USA oft lange danach suchen muß.

Auch **Filme** bringt man besser schon von Europa mit, da sie in den USA mehr kosten und die Filmentwicklung nicht im Preis eingeschlossen ist.

Das Leben aus dem Kofferraum eines Mietwagens kann bei entsprechender Planung ganz problemlos verlaufen. Eine Reisetasche enthält die Waschsachen und die Kleidung für einige Tage. Sie nimmt man am Abend jeweils mit aufs Zimmer — zusammen mit der Fotoausrüstung und den Wertsachen natürlich. Der Koffer, in dem sich die restliche Kleidung und die Souvenirs stapeln, bleibt im Kofferraum; nur alle drei oder vier Tage ist dann »Koffertag«, und die Schlepperei morgens und abends hält sich in Grenzen.

Medizinische Vorsorge

In den USA ist man immer Privatpatient – und die Arzt- bzw. Krankenhauskosten sind extrem hoch. Man sollte also unbedingt vorsorgen und sich vorab bei der eigenen Krankenkasse nach einer Kostenerstattung erkundigen. Falls nicht alles übernommen wird, ist unbedingt eine **Auslandskrankenversicherung** anzuraten, die für Urlaubsreisen preiswert zu haben ist. Auch wenn Sie eine Versicherung haben: Beim Arzt oder im Krankenhaus muß sofort bezahlt werden, meist sogar im voraus! Da man meist nicht soviel Bares dabeihat, erweist sich eine **Kreditkarte** als unentbehrlich.

Apotheken, genannt *pharmacy*, sind meist in Drugstores zu finden, die auch Toilettenartikel und Kosmetika verkaufen; ebenso in Supermärkten und Warenhäusern. Ständig benötigte Medikamente sollte man schon von zu Hause mitbringen (Arztattest ausstellen lassen für den Fall, daß der Zoll Fragen stellt).

Viele Medikamente, die in Europa rezeptfrei zu haben sind, können in den USA nur vom Arzt verschrieben werden. Ebenfalls: keine Brille ohne Augenarzt.

In Notfällen wendet man sich an den **Operator** (0), die Notrufzentrale (911) oder (im Nationalpark) an den Ranger.

Reisezeit

Der ideale Zeitraum für unsere Tour im Südwesten reicht von Mitte April bis Anfang Juni und von Anfang September bis Ende Oktober. Klar, auch im Hochsommer kann man die Reise durchführen, doch ist es dann im Süden extrem heiß (durchschnittliche Höchsttemperaturen um 35 Grad) und im Nordteil des Gebiets oft gewittrig. Auch im Spätherbst und Winter hat diese Region (bei entsprechender Kleidung) ihre Reize: Der fedrige weiße Schnee auf den roten Felsen oder den Pueblos schafft wunderbare Kontraste. Die Tage sind im allgemeinen warm, im Süden sogar heiß, die Nächte allerdings, besonders auf dem Colorado-Plateau, bitterkalt. Am Grand Canyon kommen im Januar schon mal 20 Grad minus vor!

Unterkunft

Der Standard amerikanischer **Hotels** und **Motels** ist im allgemeinen gut. In kleineren Orten und ländlichen Regionen wird man sich an die preiswerteren Motels halten, da dann der Parkplatz meist vor der Zimmertür liegt. In Städten sollte man die meist zentraler gelegenen Hotels vorziehen.

Die großen Hotelketten (Holiday Inn, gebührenfreie Auskunft in der BRD: ✆ 0130-56 78; Sheraton, Auskunft zum Ortstarif in der BRD: ✆ 0130-35 35; Travelodge etc.) versenden vorab ein Verzeichnis ihrer Häuser. Die im Südwesten am weitesten verbreitete Kette mit Hotels in mittlerer Preislage ist Best Western (gebührenfreie Auskunft in der BRD: ✆ 0130-44 55). Genaue Informationen über die (lange vorab zu buchenden) Unterkünfte und Flüge am Grand Canyon erhält man von der deutschen Vertretung der Grand Canyon National Park Lodges:

WTS
Scheidswaldstr. 73
60385 Frankfurt/M.
✆ 069/44 60 02, Fax 43 96 31

Das einzelne Hotel oder Motel kann bereits von Europa aus reserviert (besonders an Feiertagswochenenden oder in vielbesuchten Ferienregionen notwendig) oder einige Tage zuvor über die Reservierungszentralen (kostenlose 800er Nummern) vorbestellt werden. Eine Kreditkarte erleichtert dies, da dann das Zimmer garantiert wird. Ohne eine solche Karte muß man spätestens bis 18 Uhr einchecken. Bei der kurzfristigen Zimmersuche sind die örtlichen Visitors Bureaus behilflich.

Die in den Tagesinformationen angegebenen Preiskategorien gelten jeweils für einen *double room*. Einzelzimmer sind nur unwesentlich billiger, während man für ein zusätzliches Bett etwa $ 5–10 aufzahlen muß. Kinder schlafen im Zimmer der Eltern meist kostenlos. (Siehe auch *Checking in?*, Seite 309).

Die Bedeutung der Dollarsymbole in diesem Buch:

$	–	bis 50 Dollar
$$	–	50–80 Dollar
$$$	–	80–120 Dollar
$$$$	–	über 120 Dollar

Bed & Breakfast. Mit etwas *personal touch* untergebracht zu sein, hat seine Vorteile. Man erlebt den amerikanischen Familienalltag, erfährt oft interessante Details über die Region und bekommt als Service noch Tips für die Besichtigungen mit auf den Weg. Draußen auf dem Land sind die B & Bs noch nicht so verbreitet. Adressen von Gästezimmern erhält man von der jeweiligen Chamber of Commerce; meist kann man auch noch kurzfristig unterkommen.

Camping ist für den Südwesten eine ideale Unterkunftsart. Die sehr großzügig angelegten Plätze bieten oft eine herrliche Lage, direkten Anschluß an Wanderwege und andere Naturgenüsse. Staatliche Campingplätze liegen meist in Parks, haben Feuerstellen, Holzbänke und -tische sowie Waschanlagen. Vorbestellung ist oft nicht möglich, daher sollte man einchecken, sobald man am jeweiligen Ort angekommen ist, man kann ja danach immer noch mit Besichtigungen und Nachtprogramm weitermachen. Die privaten Campingplätze sind exzellent ausgestattet, mit sauberen Duschen, Grillplätzen und oft mit kleinem Laden. Wildcampen für mehrere Tage wird nicht so gern gesehen, doch kann man durchaus über Nacht sein Motorhome auf einem Parkplatz abstellen – aber nicht in den Nationalparks. Dort kontrollieren die Ranger und verscheuchen den ahnungslosen Touristen ohne Gnade. Im Spätherbst und im Frühjahr wird es schon gegen 18 Uhr dunkel. Und mit dem Wohnmobil keucht man so manchen Berg recht langsam hinauf. Deshalb sollte man ruhig einige Extratage für die Rundtour einplanen, um nicht in Besichtigungsstreß zu geraten.

Zoll

Zollfrei in die USA mitbringen darf man natürlich die persönliche Reiseausrüstung (Kleidung, Fotoapparat etc.). Darüber hinaus sind zollfrei:

- 200 Zigaretten oder 100 Zigarren (nur bitte nicht aus Kuba) oder 3 Pfund Tabak
- 1 Liter Alkohol
- Geschenke im Wert von bis zu $ 100.

Sämtliche tierischen und pflanzlichen Frischprodukte (Obst, Wurst, Gemüse) dürfen nicht eingeführt werden. Die Zollbeamten sind da unerbittlich – Wurststullen und Orangen werden konfisziert. Dagegen sind Gebäck, Käse und Süßigkeiten (keine Schnapspralinen!) erlaubt.

Den eigenen Wagen mitbringen, was sich aber nur ab einer Aufenthaltsdauer von mindestens zwei Monaten lohnt, darf man – bis zu einem Jahr. Bleibt man länger als zwölf Monate, muß das Fahrzeug nach den amerikanischen Sicherheitsbestimmungen umgerüstet werden. Wenn man seinen Wagen nach einer Reise in den USA verkaufen möchte, heißt es ebenfalls umrüsten und zusätzlich noch Zoll bezahlen.

Bei speziellen Fragen zu den amerikanischen Zollbestimmungen setzt man sich am besten mit dem nächsten US-Konsulat in Verbindung.

Reisedaten

Auskunft vor Ort

Fast alle etwas größeren Orte besitzen ein **Visitors Bureau** oder eine **Chamber of Commerce**. Die hilfreichen Geister in diesen Büros können Unterkünfte vermieten sowie Tips für Unternehmungen und Veranstaltungshinweise geben. Man muß dort nicht unbedingt hinfahren, sondern kann auch telefonisch anfragen. In den Parks und Monuments sollte man als erstes jeweils das Visitor Center aufsuchen. Die Ranger halten dort Landkarten, Beschreibungen der Wanderwege und viele nützliche Tips bereit. Hier erfährt man auch, ob Wege geschlossen sind oder besondere Führungen und Veranstaltungen stattfinden.

Autofahren

Als verkehrsgeschulter Europäer hat man im Südwesten leichtes Fahren: Die Amerikaner sind vergleichsweise immer noch rücksichtsvolle und gemächliche Fahrer. Was aber nicht heißen soll, daß die Trucks und Flitzer auf den Autobahnen nicht auch mal drängeln und dicht auffahren.

Landkarten erhält man an den Tankstellen oder in Drugstores. Als Mitglied eines europäischen Autoclubs kann man sich von der amerikanischen Schwestervereinigung **AAA** mit Karten versorgen lassen. Diese Büros geben auch Auskunft über den Straßenzustand. Einige Verkehrsregeln und Verhaltensweisen unterscheiden sich von denen in Europa:

– Die **Höchstgeschwindigkeit** ist ausgeschildert; auf Interstate-Highways 65 oder 55 Meilen/h (105 bzw. 89 km/h), auf US- und S-Highways 55 Meilen/h, in Ortschaften 25–30 Meilen/h (40–48 km/h).
– **Schulbusse** mit blinkender Warnanlage, die also Kinder ein- und aussteigen lassen, dürfen nicht passiert werden. Das gilt auch für Fahrzeuge aus der Gegenrichtung!
– **Rechtsabbiegen an roten Ampeln** ist erlaubt, aber erst nach vollständigem Halt und Vergewisserung, daß kein Fußgänger oder anderer Wagen behindert wird.
– **Außerhalb von Ortschaften** muß man zum Parken oder Anhalten mit dem Fahrzeug vollständig von der Straße runter.
– **Fußgängern**, besonders Kindern, sollte man immer Vorfahrt einräumen. Sobald man als Fußgänger auch nur einen Zeh auf die Straße setzt, halten die Amerikaner an.
– **»STOP – 4 WAY«** lautet das Schild an zahlreichen Straßenkreuzungen. Es bedeutet, daß keine Straße Vorfahrt hat: Alle Fahrzeuge müssen anhalten und dürfen in der Reihenfolge des Stoppens wieder weiterfahren.

Bei **Pannen** sollte man sich als Mietwagen- oder Mietcamperfahrer zunächst mit seiner Verleihgesellschaft in Verbindung setzen, um die weiteren Schritte abzusprechen. Über Notrufsäulen (CALL BOX) an den Highways wendet man sich bei Notfällen und Pannen an die örtliche Polizei oder auf Autobahnen an die Highway Patrol. Diese informiert dann Abschleppdienste, Notarzt usw. Die AAA unterhält einen eigenen Pannendienst, den man als Mitglied des ADAC, ÖAMTC und anderer Clubs beanspruchen kann. In allen Bundesstaaten auf dieser Reiseroute herrscht Gurtpflicht für alle Insassen.

Einkaufen

Picknicksachen und andere Kleinigkeiten sind ohne Probleme in den Supermärkten und Läden der Campingplätze zu haben. Das gepflegte Shopping in Boutiquen und Kaufhäusern findet im Südwesten in den riesigen Shopping-Malls der Metropolen statt, klimagekühlt natürlich.

Die Rangliste der beliebtesten **Souvenirs** aus dem Südwesten führt das indianische Kunsthandwerk an: Silberschmuck und Sandbilder der Navajo, Töpferei der Pueblo-Indianer und die berühmten, aber nicht billigen Kachinas der Hopi oder Zuni. Am besten kauft man direkt vom indianischen Künstler oder im Trading Post, so ist die Echtheit garantiert. Ebenfalls zu empfehlen sind die Galerien, die meist auf moderne und junge Künstler spezialisiert sind. An den Straßenständen ist zwar häufig die Auswahl an Kitsch groß, dennoch sind oft nette Kleinigkeiten und auch echte Kunstwerke darunter. Hier darf auch gehandelt werden, was in den Trading Posts nicht so gut klappt. Beliebte Mitbringsel sind auch Westernartikel: Stiefel, Cowboyhemden, Gürtelschnallen u. ä.

Feiertage/Feste

An den Feiertagswochenenden im Sommer sind die Nationalparks und Ferienregionen (Las Vegas, Lake Powell) bestens frequentiert und die Unterkünfte ausgebucht. Vorplanung und frühe Reservierung von Hotels und sogar Campingplätzen sind für diese Tage unerläßlich. Zu beachten ist, daß viele der amerikanischen Feiertage auf einen Montag fallen und somit ein langes Wochenende bilden. Das führt häufig zu Engpässen bei der Unterkunft. Banken, öffentliche Gebäude und viele Museen sind an den Feiertagen geschlossen.

Offizielle Feiertage:

Neujahrstag (1. Januar)
Martin-Luther-King-Tag (3. Montag im Januar)
Lincoln's Birthday (12. Februar)
Washington's Birthday (3. Montag im Februar)
Memorial Day (letzter Montag im Mai, Beginn der Hauptsaison)
Unabhängigkeitstag (4. Juli)
Labor Day (1. Montag im September)
Columbus Day (2. Montag im Oktober)
Veterans Day (11. November)
Thanksgiving Day (4. Donnerstag im November)
Weihnachten (25. Dezember)

Richtig gefeiert wird von den staatlichen Festtagen eigentlich nur der 4. Juli – mit Paraden, Feuerwerk und Parties in jedem noch so kleinen Nest. An diesem Tag brodelt der enorme Patriotismus der Amerikaner über. – Zahllose regionale Feste und Veranstaltungen in den Reservaten und Städten an der Route können die Rundfahrt sinnvoll bereichern. Es lohnt sich durchaus, dafür auch einen kleinen Umweg in Kauf zu nehmen. – Die größeren Veranstaltungen sind in den Tagesinformationen dieses Buches angegeben. Für kleinere Feste fragt man beim örtlichen Visitors Bureau nach, wo am nächsten Wochenende in der Umgebung etwas geplant ist. Zur Auswahl stehen Rodeos mit Broncoreiten und Kälberfesseln, Ballonfestivals, Country-&-Western-Wettbewerbe und volksfestartige *pioneer days*. Besonders sehenswert sind die Zeremonientänze in den Pueblos von New Mexico und bei den Hopi.

Kinder

Der Südwesten bietet sehr kinderfreundliches Reisen. Kindermenüs, eigene Sitzkissen und

Tische in den Restaurants und billige, wenn nicht gar kostenlose Unterbringung in Hotels und Motels zählen zu den Selbstverständlichkeiten. Besonders das Reisen mit dem Camper macht Kindern Spaß: Lagerfeuer und Grillen, kleine Wanderungen und kindgerechte Ausstellungen in den Visitor Centers der Parks lassen Langeweile nicht aufkommen. Auch die Amerikaner reisen viel mit Kind, so daß Kontaktmöglichkeiten nicht ausbleiben: Kinder mit Kindern und Eltern mit Eltern. Wenn man mit Kind(ern) reist, empfiehlt es sich, die Tagesplanung etwas lockerer zu gestalten. Vielleicht läßt man sogar die eine oder andere Sehenswürdigkeit weg, um sich mit anderen – und den Kindern – mehr beschäftigen zu können.

Längenmaße:	1 *inch (in.)*	= 2,54 cm
	1 *foot (ft.)*	= 30,48 cm
	1 *yard (yd.)*	= 0,9 m
	1 *mile*	= 1,6 km
Flächenmaße:	1 *square foot*	= 930 cm^2
	1 *acre*	= 0,4 Hektar (= 4 047 m^2)
	1 *square mile*	= 259 Hektar (= 2,59 km^2)
Hohlmaße:	1 *pint*	= 0,47 l
	1 *quart*	= 0,95 l
	1 *gallon*	= 3,79 l
Gewichte:	1 *ounce (oz.)*	= 28,35 g
	1 *pound (lb.)*	= 453,6 g
	1 *ton*	= 907 kg

Maße und Gewichte

Temperaturen:

F°	104	100	90	86	80	70	68	50	40	32
C°	40	37,8	32,2	30	26,7	21,1	20	10	4,4	0

Bekleidungsmaße:

Herrenkonfektion

Deutsch	46	48	50	52	54	56	58
Amerikanisch	36	38	40	42	44	46	48

Damenkonfektion

Deutsch	38	40	42	44	46	48
Amerikanisch	10	12	14	16	18	20

Kinderbekleidung

Deutsch	98	104	110	110	122
Amerikanisch	3	4	5	6	6x

Kragen/*collars*

Deutsch	35–36	37	38	39	40/41	42	43
Amerikanisch	14	14½	15	15½	16	16½	17

Strümpfe/*stockings*

Deutsch	35	36	37	38	39	40	41
Amerikanisch	8	8½	9	9½	10	10½	11

Schuhe/*shoes*

Deutsch	36	37	38	39	40	41	42	43	44	45	46	47
Amerikanisch	5	5¾	6½	7¼	8	8¾	9½	10¼	11	11¾	12½	13¼

Vor einigen Jahren war die Umstellung der USA auf das metrische System schon in Sicht, doch heute ist wieder alles beim alten: *inch* und *mile*, *gallon* und *pound*. So muß man sich wohl oder übel umstellen. Die vorstehende kurze Anleitung soll dabei helfen.

Notfälle und das Überleben in der Wüste

Bei allen Arten von Notfällen kann man sich telefonisch an den Operator (0) wenden. Man nennt Namen, Adresse oder Standort und die Sachlage. Der Operator informiert dann Polizei, Rettungsdienst oder Feuerwehr. Bei Autopannen ist es von Vorteil, im Automobilclub zu sein: Der amerikanische Club AAA hilft auch den Mitgliedern der europäischen Clubs (Mitgliedsausweis mitbringen). In den Nationalparks wird die Polizeigewalt von den Rangern ausgeübt, die auch für sämtliche Notfälle zuständig sind.

Wanderungen in der Wüste sind kein Spaziergang wie zum Kaffeeklatsch! Da drohen *flashfloods*, Klapperschlangen, Skorpione, die stachelige Umarmung eines Kaktus, die vergebliche Suche nach dem Weg im Felslabyrinth oder »nur« ein simpler Beinbruch – und Hilfe ist meist weit. **Vorsorge ist alles.** Die alten Cowboys wußten schon, warum sie hochschaftige Stiefel trugen. Klapperschlangen beißen selten höher als in den Knöchel. Natürlich braucht man heute nicht mit unbequemen Stiefeln loszuziehen, man ist ja nicht zu Pferd. Aber feste Wanderschuhe sind auf den Trails unabdingbar. Bloß keine Sandalen! Als Kleidung ist schweißaufsaugende Baumwolle am besten, ohne Kopfbedeckung sollte man sich ohnehin nie aufmachen. Aber auch die anderen Körperteile hält man am besten bedeckt. Bei einer längeren Wanderung fängt man sich mit T-Shirt und kurzen Hosen schon sehr bald einen gewaltigen Sonnenbrand ein. Sonnencreme und -brille sollten ebenso zur Standardausrüstung gehören wie genaue topographische Karten, ausreichend Wasser und etwas Notverpflegung (Schokolade, Nüsse, Kekse).

Und wenn man sich verläuft? Regel eins: Ruhe bewahren. Vor der längeren Wanderung oder schwierigen Fahrt ins Hinterland hat man ja dem Ranger oder der Polizei Bescheid gesagt und die ungefähre Route angegeben. 95 Prozent aller Überfälligen werden innerhalb von zwei bis drei Tagen gefunden – per Helikopter, Suchflugzeug und Rettungsdiensten. Also heißt es nun, das mitgebrachte Wasser einteilen, im Schatten bleiben und Energie konservieren.

In einigen Nationalparks des Südwestens hat man für Menschen lebensbedrohliche Viren bei verschiedenen Nagetieren (Springmäuse, Eichhörnchen und Backenhörnchen) entdeckt. Generell wird vor ansteckenden Berührungen gewarnt; Campingfreunde sollten grundsätzlich in geschlossenen Zelten schlafen. Weitere Auskünfte erteilen die Parkranger.

Post

Postämter gibt es in allen Orten. Allerdings kann die Beförderung einer Postkarte aus dem Hinterland in die Heimat etwas länger dauern. Von größeren Städten liegt die Laufzeit nach Europa bei etwa einer Woche.

Man kann sich auch postlagernd Sendungen nachschicken lassen, die dann wie folgt adressiert werden müssen:

(Name)
c/o General Delivery
Main Post Office
(Stadt und Staat)
USA

Das Telefonsystem hat mit dem Postwesen in den USA nichts zu tun, daher findet man in den Postämtern keine Telefonzellen. Telegramme können bei der Western Union Telegraph Company aufgegeben werden (auch telefonisch).

Presse/TV/Radio

Neben den großen Tageszeitungen wie der »Los Angeles Times«, die – manchmal mit einigen Tagen Verspätung – auch im Hinterland erhältlich sind, findet man an Kiosken, in Tankstellen und Supermärkten häufig regionale Wochenzeitungen, die über örtliche Veranstal-

tungen informieren. Im Navajo-Reservat gibt es eine eigene Stammeszeitung. Internationale *news*, und gar noch über Deutschland, sind dünn gesät.

Fernsehen kann man in Los Angeles und den anderen großen Städten, was das Herz begehrt: auf 40 Kanälen und 24 Stunden am Tag. In den abgelegenen Regionen von Süd-Utah und Arizona wird es allerdings sogar im fernsehwütigen Amerika dürftig. Ein oder zwei Kanäle sind oft das höchste der Gefühle – außer das Motel ist an das Kabelnetz angeschlossen, dann locken HBO und andere Privatkanäle mit werbefreien Kinofilmen. Manche der Lodges in den Nationalparks stellen ganz absichtlich keine Fernseher in die Zimmer.

Im Radio ist dagegen meistens was los. Zwar nicht immer in Stereo, also auf UKW (FM), aber doch auf der Mittelwelle (AM). Der im Südwesten allgegenwärtigen Country-&-Western-Musik wird man kaum entgehen können, aber manchmal gibt es interessante kleinere Stationen, die andere ethnische Töne vermitteln: mexikanische oder indianische zum Beispiel.

Restaurants/Verpflegung

Auf der Rundreise wird es sich vor allem in den Parks und anderen schönen Naturlandschaften anbieten, mittags in Gottes freier Natur zu picknicken. Das erspart Zeit und gelegentliche Reinfälle in Coffee Shops oder Imbißhütten, die in spärlich besiedelten Ecken auch nur Karges (und zumeist Ungesundes) auf den Plastiktisch bringen.

Der Südwesten hat aber trotzdem viele kulinarische Leckerbissen auf Lager. Weniger die bodenständige Hausmannskost der Mormonen in Utah als die raffinierte neumexikanische Küche in New Mexico und Arizona, besonders im feinschmeckerischen Santa Fe, aber auch in Tucson, Phoenix, Las Vegas oder San Diego. Und die kulinarische Vielfalt in Los Angeles mit ihren diversen ethnischen Küchen hat sich inzwischen auch bei solchen Europäern rumgesprochen, die immer noch glauben, Amerikaner verschlängen grundsätzlich nur Hamburger und Hot dogs.

Die Restaurants in den Tagesinformationen dieses Buches sind nach folgenden Preiskategorien gestaffelt und bieten durchweg verläßliche, oft auch exzellente Küche:

$ – bis 10 Dollar
$$ – 10–20 Dollar
$$$ – über 20 Dollar

Amerikaner essen im allgemeinen früh zu Abend; selbst in Städten ist es mitunter schwer, nach 22 Uhr noch ein Restaurant offen zu finden.

Telefonieren

Die silbrig- und schwarzglänzenden Apparate sind in den USA allgegenwärtig: an den Tankstellen, in den Supermärkten und sogar in freier Wildbahn. Benutzen Sie sie. Besonders bei der Reservierung von Unterkünften, Ausflugstouren und Führungen lohnt es und erspart Enttäuschungen.

Hilfreich ist zu allen Zeiten der Operator (0), meist eine freundliche Dame, die Rufnummern vermittelt, Vorwahlnummern (*area codes*) durchgeben und den Preis eines Gesprächs vorhersagen kann. Bei allen Problemen und Notfällen (für Polizei, Arzt oder Feuerwehr) kann man sich an die »0« wenden. Um eine Nummer herauszufinden, ruft man die *directory assistance* an. Innerhalb des eigenen Vorwahlbezirks erreicht man sie über die Nummer 411, für andere Bezirke wählt man die jeweilige Vorwahl und dann die Nummer 555-1212. Auskünfte über die gebührenfreien 800er Telefonnummern erhält man unter der Nummer 1-800-555-1212.

Das Telefonieren aus der Telefonzelle, dem *payphone*, erfordert etwas Übung. Ortsgespräche, die *local calls*, sind noch einfach: Man wirft 20 Cent ein und wählt die immer siebenstellige Nummer. Ferngespräche, *long-distance calls*, werden in der Aufschrift am Telefon erläutert. Meist wählt man eine 1, dann die Vorwahl und die Teilnehmernummer. Danach meldet sich der Operator oder eine Computerstimme und verlangt die Gesprächsgebühr für die ersten drei Minuten. Spricht man länger, kommt die Stimme wieder und möchte mehr Geld. Es empfiehlt sich also, 25-c-Stücke zu horten, um allzeit telefonbereit zu sein.

In den USA gibt es auch Gesprächsarten, die in Europa nicht üblich sind, z. B., daß der Angerufene bezahlt. Man wählt dafür 0 – Vorwahl – Teilnehmernummer und bittet dann den Operator um einen *collect call*. Eine weitere Möglichkeit ist der *person to person call*, bei dem man nur bezahlen muß, wenn sich der Gewünschte selbst meldet. Man wählt dafür ebenfalls 0 – Vorwahl – Teilnehmernummer und teilt dem Operator seinen Wunsch mit.

Gespräche nach Europa kosten für drei Minuten ca. $ 6–8: Man läßt sich vom Operator verbinden oder wählt 011 – Landesvorwahl – Stadtvorwahl (ohne die erste Null) – Teilnehmernummer. In Telefonzellen kann man sich auch zurückrufen lassen.

Vom Hotel/Motel aus kann man über den Hotel-Operator oder direkt innerhalb der USA und auch nach Europa telefonieren. Falls man über einen Code (auf dem Apparat angegeben; meist 7 oder 8) eine Amtsleitung bekommt, fragt meist eine freundliche Stimme nach der Zimmernummer, damit das Gespräch abgerechnet werden kann.

Über die Nummer 1-800-292-0049 kann man von jedem privaten oder öffentlichen Telefon in den USA gebührenfrei eine Handvermittlung in der Bundesrepublik anwählen – **Deutschland Direkt** –, der man die gewünschte Nummer auf Deutsch mitteilt. Die Abrechnung erfolgt als R-Gespräch.

Die **Calling Card** der Telefongesellschaft **AT&T** bringt nicht nur Geschäftsleuten, sondern auch Privatreisenden in den USA eine Reihe von Vorteilen: Man kann mit der Karte praktisch von jeder Straßenecke aus den Rest der Welt erreichen, ohne pfundweise Kleingeld bei sich tragen zu müssen. Außerdem spart man die erheblichen Zuschläge der Hotels auf die Gebühreneinheiten.

Die Handhabung ist denkbar simpel, und man bekommt über alle geführten Gespräche eine detaillierte Rechnungsaufstellung mit angerufener Nummer, Datum, Ort, Zeit und Gebühr. Die AT&T Calling Card ist kostenlos. Einzige Voraussetzung: der Besitz einer gültigen Kreditkarte. Anträge sowie weitere Informationen erhält man gebührenfrei unter ✆ 0130-83 88 88 (Fax: 069/15 30 63 06).

Trinkgeld

Man gibt, man gibt: bei den *bellboys*, den Kofferträgern, je nach Hotelklasse etwa 50 Cent bis $ 1 pro großes Gepäckstück, Taxifahrern und Frisören etwa 15–20 Prozent vom Rechnungsbetrag, in den Bars etwa 50 Cent je Drink und dem Zimmermädchen bei mehrtägigem Aufenthalt $ 3–4.

In Restaurants läßt man mindestens 15 Prozent des Rechnungsbetrages als sogenanntes *tip* auf dem Tisch liegen. Dies ist allerdings nicht als hohes Trinkgeld aufzufassen, sondern ist die einzige Bezahlung der Bedienung, da in den USA im Essenpreis kein Bedienungsgeld enthalten ist wie in Europa üblich.

Bei den Indianern kann es passieren, daß für ein Foto schon mal die Hand aufgehalten wird, $ 1–2 sind dabei üblich. Allerdings wird dies bei den Pueblo- und Hopi-Indianern meist nicht zum tollen Foto verhelfen – die Privatsphäre ist ihnen lieber als Geld.

Zeitzonen

Die Staatsgrenze zwischen Nevada und Utah und der Colorado River, also die Grenze zwischen Kalifornien und Arizona, sind die Zeitgrenzen zwischen *Pacific Time* (MEZ minus 9 Stunden) und *Mountain Time* (MEZ minus 8 Stunden). *Pacific Time* gilt in Kalifornien und Nevada, alle übrigen Staaten des Südwestens haben *Mountain Time*.

Zwischen Ende April und November wird die Uhr ähnlich wie in Europa um eine Stunde vorgestellt – nur Arizona hat keine Sommerzeit, ist also im Sommer zeitgleich mit Kalifornien und Nevada. Und um das Ganze etwas zu erschweren, herrscht im Navajo- und Hopi-Reservat, also im gesamten Nordosten von Arizona, auf Stammesratsbeschluß doch Sommerzeit! Diese Ecke ist dann auch im Sommer zeitgleich mit Utah, Colorado und New Mexico.

Sprachhilfen

Mit Ihrem Schulenglisch werden Sie im Südwesten der USA keine nennenswerten Verständigungsprobleme haben. Außderdem neigen die Amerikaner dazu, schon von rudimentärem Englisch begeistert zu sein. Es schadet aber nicht, die eine oder andere Redensart zu kennen und vor allem zu wissen, in welcher Standardsituation man was wie sagt.

Wer im Südwesten zum erstenmal US-Boden betritt, dem fallen sicher die vielen kleinen Floskeln und Füller auf, die man bei jeder Gelegenheit hört und auf die eine entsprechende Antwort erwartet wird. Ob man an einen Schalter geht, einen Aufzug betritt oder sich verabschiedet – physische Nähe bringt Amerikaner zum Reden: *hi*, *how are you*, *good morning*, *how do you do*, *hello*, *thank you*, *you're welcome* (bitte), *my pleasure* (bitte; gern geschehen), *bye*, *see you* (bis später), *excuse me*, *I'm sorry*, *have a nice day* (schönen Tag noch).

Man sagt, daß diese und andere Redensarten durchaus etwas mit der Westerntradition zu tun haben. Begegnungen mit Fremden wurden früher meist mit einer Gebärde begleitet – zum Zeichen, daß man nicht vom Colt Gebrauch zu machen gedachte. Man nannte das den *code of the west*. Heute, da man sich in Supermärkten, Warteschlangen, Hotels und Restaurants physisch näher kommt als die berittenen Westmänner, hat die Sprache gewissermaßen die Rolle der Handzeichen übernommen. Die kleinen Floskeln und Nettigkeiten bedeuten, daß man freundlich gesinnt ist und nichts Böses im Schilde führt. Wer da nicht mitmacht und stumm bleibt, wird zumindest als seltsam empfunden.

How would you like your eggs? Im Labyrinth der Speisekarten

Bevor es im Restaurant etwas zu essen gibt, muß der Gast erst mal eine kleine sprachliche Aufnahmeprüfung machen. *Two for breakfast?* wird etwa am Eingang gefragt, wenn man zu zweit das Lokal betritt. Da kommt man noch mit einem schlichten *yes* über die Runden. Die Empfangsdame, so es sie gibt, geleitet Sie dann zum Tisch: *This way, please.* (In den meisten Coffee Shops kann man auch an der Theke (*counter*) sitzen, da geht's schneller.) Sobald man sitzt und die Karte (*menu*) studiert, wird meist schon Kaffee angeboten: *You care for some coffee? – Yes, please.* Dauert es, heißt es schon mal beruhigend: *I'll be with you in a minute.* Schließlich: *Have you decided?* Oder: *Can I take your orders, please?* Dann ist es soweit! Wie bekomme ich das Frühstück, das ich möchte? Leider reicht es ganz und gar nicht, zu sagen *I'd like the breakfast number 2* zum Beispiel. Denn an mindestens zwei entscheidenden Punkten wird nachgehakt: *How would you like your eggs?* und *What kind of bread?* Da hilft kein stummes Geradeausblicken oder Sichverstecken, als hätte man die Frage nicht verstanden. Da muß, auch wenn es noch früh am Morgen ist, linguistisch Farbe bekannt werden. Deshalb die folgende amerikanische Frühstücksgrafik:

- **eggs**
  - *scrambled* (Rührei)
  - *over easy* (gewendet in der Pfanne, von beiden Seiten gebraten)
  - *poached* (pochiert)
  - *sunny side up* (Spiegelei)
  - *boiled* (gekocht)
- **bread**
  - *onion roll* (Zwiebelweckchen)
  - *coffee cake* (festes Küchlein, etwas süß)
  - *English muffin* (eigentlich nicht übersetzbar: ein flaches, meist halbiertes Brötchen)
  - *biscuit* (zwieback- oder keksartiges Gebilde)
  - *bagel* (festes Brötchen mit Loch in der Mitte)
  - *danish* (Kleingebäck)
  - **toast**
    - *wheat* (Weizen)
    - *rye* (Roggen)
    - *raisin* (Rosinenbrot)
    - *sourdough* (Sauerteigbrot)

Kaffee wird meist unaufgefordert nachgeschenkt: *Some more coffee?* Manchmal muß man die Bedienung dazu rufen (*Miss!* oder ein vernehmliches *Excuse me, please*) und danach: *Could we have some more coffee, please?* Sonntags, beim *brunch*, spätes Frühstück und frühes Mittagessen in einem, läuft alles gemächlicher.

Abends fragt man Sie am Eingang schon mal nach der Reservierung: *Did you make a reservation?* Wenn ja, nennt man seinen Namen und die Anzahl der Personen: also z.B. Braun, *party of four*. Hat man nicht reserviert, kann man sich meist noch auf die Liste setzen lassen: *It'll be twenty minutes. You want me to put your name down?* wird gefragt. Wenn ja, bleibt Zeit für einen Drink an der Bar; dort wird man dann gerufen.

Erste Fragen, wenn man am Tisch sitzt: *Would you care for anything from the bar?* Bei Wein unterscheidet man zumindest zwischen *dry* (oder *on the dry side*) und *sweet*. Hochprozentigere Drinks werden *with ice* oder *with no ice* serviert. Margaritas z.B. *on the rocks* (mit Eiswürfeln) oder *blended* (mit schaumig geschlagenem Eis). Man kann die Getränke sofort (*right away*) oder *with our meal* haben. Nachbestellungen sind *another drink* oder *another round*.

Man fragt Sie nach der Vorspeise: *Would you care for an appetizer*? Das Hauptgericht heißt *entrée*. Bei den Zubereitungsarten von Fisch und Fleisch sollte man die Unterschiede auch sprachlich kennen:

boiled (gekocht)
broiled (gebraten)
fried (fritiert, meist paniert)
sauteed (gedünstet)
grilled (gegrillt)
coated (im Schlafrock).

Bei Steakbestellungen müssen Sie mit der Frage rechnen: *How would you like your steak cooked – rare, medium rare, medium, well done*? Bei der Bestellung eines Hauptgerichts hat man sehr oft noch die Wahl zwischen *soup* (Nachfrage: *What is your soup today*?) und *salad*, bei den Beilagen zwischen *french fries* oder *baked potatoes* (mit *chives and sour cream* – Schnittlauch und Sauerrahm). Wer mit Soßen so seine Probleme hat, dem sei geraten, bei der Bestellung deutlich zu sagen, daß die *sauce* (etwa bei Shrimps) oder die Salatsoße (*dressing*) extra, d.h. *on the side*, serviert werden soll.

Einige Speisekarten sollten Ihnen nicht nur spanisch vorkommen: Die meisten Gerichte im Südwesten (»Southwest cuisine«, »Tex-Mex«, »New Mexican cuisine«) setzen sich aus Chile-Schoten, Pintobohnen und Tortillas zusammen, mit Käse, Rindfleisch, Geflügel, Schwein und häufig Zwiebeln:

chile – Pfefferschote, die – in *ristas* gebündelt – in der Sonne getrocknet, gemahlen und als Gewürz benutzt wird; man unterscheidet rote und grüne *chile*, der grüne gilt als noch schärfer.

chile con queso – grüne Chile verührt mit zerlaufenem Käse

chile rellenos – grüne, angebratene und gehäutete Chile, die meist mit Käse gefüllt sind – im Schlafrock

chili – populäres Tex-Mex-Gericht aus roten Bohnen, Tomaten, Hackfleisch und einer Gewürzkombo aus rotem Chile-Pulver und Oregano

jalapenos – kleine, dicke Chile-Schoten, sehr scharf

salsa – Soße aus rohem Chile, Tomaten und Zwiebeln

pico de gallo – Salsa mit Cilantro

corn tortilla – Fladen aus Maismehl

flour tortilla – Fladen aus Weizenmehl

frijoles – Bohnen

guacamole – Avocadomus (meist mit Knoblauch)

cilantro – Koriander

burrito – gerollte Weizentortilla, gefüllt mit Fleisch, Bohnen und Käse oder einer Kombination daraus, oft mit Chile-Soße

chalupas – (»kleine Boote«) Mais-Tortillas, schalenförmig fritiert, gefüllt mit geschnetzeltem Huhn oder Rindfleisch, und/oder Bohnen, oft mit Guacamole und Salsa

taco – muschelförmige, fritierte Mais-Tortilla, mit Gehacktem gefüllt und garniert mit kleingeschnittenem Kopfsalat, zerriebenem Käse, Tomatenpüree und Soße

flautas – in Tortillas gerolltes Hühnerfleisch, serviert meist mit Bohnen, Guacamole und Reis

fajitas – scharf gebratene Rindfleisch- oder Hühnchenstücke mit Zwiebeln (in Eisenpfanne)

enchilada – Röllchen aus Mais-Tortillas mit Fleisch und Käse gefüllt, mit roter Chilesoße und Käse überbacken

sopaipilla – eine Art Fladenbrot aus Mehlteig, fritiert und daher aufgebläht. Man ißt es meist mit Honig, auch um den scharfen Chilegeschmack zu mildern.

huevos rancheros – gebratene Eier im Ranch-Stil, d.h. mit Bohnen, Kartoffeln (für große Frühstücksmägen)

hot – scharf

Während man's sich schmecken läßt, erkundigt sich die Bedienung meist noch einmal nach dem Stand der Dinge: *How are we all doing?* Antworten: *Fine, thank you.* Oder: *Could we have some more bread, please?* Steakfreunde werden gefragt: *How is your steak?* Nun, es sollte *delicious, great, fabulous, excellent* sein. Und möglichst nicht nur *good*, denn das heißt soviel, als daß man's gerade noch essen kann.

Nächste Hürde: *Anything else you want tonight? What about one of our desserts? We got* ... (und dann folgt das Sortiment vom Tage). Ist etwas Leckeres dabei: *Yes, I try ... the chocolate cake.*

Wen es zur Toilette drängt, der muß u.U. fragen: *Where are (is) the restrooms (ladies room), please?* Schließlich, wenn's ans Bezahlen geht: *Could we have the check, please?* Oder: *I'd like the check, please.* Sitzen mehrere Personen am Tisch, will die Bedienung meist wissen, ob alles zusammen oder auf getrennten Rechnungen erscheinen soll: *You want this on one check or on separate checks?* Das Trinkgeld (*tip*) bleibt auf dem Tisch liegen, die Rechnung wird an der Kasse am Ausgang bezahlt, und man kann sich erkundigen: *Do you take credit cards (or traveler's checks)?*

Wer im Restaurant nur etwas zu essen fürs Motel oder den Canyon holen möchte, für den sind die FOOD TO GO-Schilder in den Fenstern interessant. Bei der Bestellung – auch bei einem Kaffee oder einem *soft drink* an der Verkaufstheke – sagt man: *One coffee to go, please.*

No U-Turn – Autofahren

Bei den Verleihfirmen übergibt man meist den im voraus bezahlten Gutschein (*voucher*) und die Kreditkarte, deren Nummer auf den Mietvertrag übertragen wird. Einige Bestandteile des Autos:

engine – Motor
windshield – Windschutzscheibe
fender – Kotflügel
license plate – Nummernschild
trunk – Kofferraum
wipe – Scheibenwischer
muffler – Auspuff
tire – Reifen

Tankstellen (*gas station*) haben oft zwei Zapfreihen, eine für *self serve* und eine (teurere) für *full serve*, wo das Öl (*to check the oil*) nachgesehen wird und die Fenster gesäubert werden. Hier lautet die Anweisung an den Tankwart normalerweise: *Fill it up, please.*

Unterwegs geben die Texte auf den Verkehrsschildern im allgemeinen wenig Rätsel auf:

DEAD END oder NO THROUGH STREET – Sackgasse
YIELD – Vorfahrt beachten
RIGHT OF WAY – Vorfahrt
WATCH FOR PEDESTRIANS – auf Fußgänger achten
SLIPPERY WHEN WET – Rutschgefahr bei Regen
DIP – Bodensenke
MPH – miles per hour

SPEED LIMIT – Geschwindigkeitsgrenze
MAXIMUM SPEED – Höchstgeschwindigkeit
MERGE – einfädeln
U-TURN – wenden
NO PASSING – nicht überholen
ROAD CONSTRUCTION AHEAD – Straßenarbeiten
FLAGMAN AHEAD – Straßenarbeiten
MEN WORKING – Straßenarbeiten
DETOUR – Umleitung
RV – Recreation vehicle (z. B. Wohnwagen)
Geparkt wird meist am Straßenrand (*curb*), dessen Bordsteinkante verschiedene Farben haben kann:

LOADING ZONE (gelb) – Ladezone
PASSENGER LOADING ZONE (weiß) – nur Ein- und Aussteigen
HANDICAPPED PARKING (blau) – nur für Behinderte
RESTRICTED PARKING ZONE (grün) – zeitlich begrenztes Parken

Hydranten bedeuten ein ebenso absolutes Parktabu wie sogenannte *tow away zones*, wo man nicht nur ein Protokoll (*ticket*) bekommt, sondern abgeschleppt wird. *Tickets* sind auch fällig, wenn die Parkuhr (*parking meter*) abgelaufen ist (*expired*) und bei zu schnellem Fahren (*speeding*).

In den Städten findet man häufig den Hinweis auf *public parking*, d. h. auf öffentliche Parkplätze, oder auf gebührenpflichtige *parking lots* (Parkplätze); oder es heißt PARK IN REAR, d. h. man kann hinter dem entsprechenden Geschäft oder Restaurant parken, während man einkauft oder ißt. Wo dies was kostet, nehmen die Geschäfte oft die Gebühr ganz in Zahlung (*they validate parking*). Steht am Parkplatz: VALET PARKING, dann parkt das Personal Ihren Wagen – gegen Gebühr und Trinkgeld versteht sich.

May I help you? – Einkaufen

Gefragt wird etwa: *Hi, can I help you?* – Antworten: *No, thank you, I'm just looking.* Oder: *Yes, please, I'm looking for/I would need...* Geläufige Fragen lauten: *How much is.../Is this my size?/May I try it on?* An der Kasse lautet die Frage: *Will it be cash or credit card?* – ON SALE heißt, hier geht es um Sonderangebote, was in den USA eigentlich ständig der Fall ist.

Checking in? Hotels/Motels/Campgrounds

Zwischen Juni und September sollte man Zimmer und Campingplätze, so oft es geht, vorher reservieren. Am Telefon geht das leicht, z. B.: *I'd like to reserve a room* (bei Campgrounds: *space*) *for next Tuesday, July 15. Two people, two beds, if possible. We'll be arriving...*

Ist man an einem Reisetag spät dran und muß befürchten, daß man später als 18 Uhr beim Hotel eintrifft, sollte man die Reservierung sicherheitshalber bestätigen: *I'd like to confirm my reservation for tonight. My name is... We are running late and will be there around 8 p.m.* Muß man, aus welchen Gründen auch immer, absagen: *I'm sorry, I have to cancel my reservation for tonight.*

Im Motel/Hotel geht man durch die *lobby* zur *reception* (*front desk*): *I've got a reservation for tonight. My name is... I'd like to check in now.* Kommt man ohne Reservierung an, muß man sehen, was frei ist und was das kostet. Zum Beispiel: *I'm looking for a room for tonight/for two nights. What are your rates?* Die Rückfragen beziehen sich dann meist auf die Bettenform und die Anzahl der Gäste:

twin	–	zwei getrennte Betten
double	–	Doppelbett
Queen	–	überdurchschnittlich großes Doppelbett
King	–	überhaupt das Größte, was es gibt

Entscheiden Sie sich! *Well, I'll take...* – Bezahlt wird meist im voraus (*to pay in advance; now*), oder man hinterläßt zumindest die Spuren seiner Kreditwürdigkeit durch den Abdruck seiner *credit card* auf der offenen Rechnung, in die dann u. U. auch die Nebenkosten (*incidentals*) wie Frühstück, Bedienung auf dem Zimmer (*room service*), Telefon etc. eingetragen werden. Abreise und Schlüsselrückgabe bedeuten: *I'm checking out.*

Wer, wie auf dieser Reise, fast jede Nacht in einem anderen Motel/Hotel/Campingplatz zubringt, verwechselt bald links und rechts, die Zimmernummern oder wo die Eismaschine steht. Sprachlich verwirren die diversen Unterkünfte allerdings kaum – solange man weiß, daß der Aufzug nicht *lift*, sondern *elevator* heißt und daß der *second floor* die erste Etage meint. Room No. 4711 liegt also im dritten Stock.

Hold on! – Telefonieren

Anders als bei uns meldet man sich in den USA im Privatbereich nicht mit seinem Namen, sondern mit einem *hello*. Der Anrufer hat sich zuerst zu identifizieren. Bei Hotels und Restaurants allerdings hört man selbstverständlich zuerst den Namen des Etablissements. Dann aber sind Sie am Zuge: *Hello, this is Franz Müller speaking...*

Für Ferngespräche nach Europa bedarf es oft noch des Operators. Werden Sie aus den Beschriftungen auf dem Telefonapparat im Hotelzimmer nicht klug und auch nicht aus dem *telephone directory*, das meist daneben liegt, rufen Sie ruhig die Rezeption an. Die meldet sich:

Hello, front desk.
Yes, how would I get the overseas operator, please?
Dial 800.
Thank you.
You're welcome.

Dann wählen Sie diese Nummer – es können auch andere sein, je nachdem –, und die Vermittlung meldet sich:

Overseas operator, may I help you?
Yes, I'd like to place a long-distance call to Germany, please.
Which area code and number?
Well, the country code is 49, the area code is... and the number is...
Thank you, and how do you want it billed?
To my room. The number is...
Thank you. Hold on.

Spezielle Sprachgebräuche im Südwesten

Viele, vor allem spanische Ausdrücke sind besonders charakteristisch für den Südwesten, einige davon hört man überhaupt nur hier. Eine Auswahl:

pueblo – Dorf
camino – Weg, Straße
caliente – heiß
mesa – Tafelberg (das englische Pendant: *butte*)
adobe – luftgetrocknete Lehmziegel
viga – Holzstämme für die Deckenkonstruktion der Lehmhäuser
ramada – schattenspendende Holzgerüste vor Häusern
patio – Innenhof
hogan – runde, mit Erde bedeckte Behausung der Navajo
kiva – unterirdischer Zeremonienraum der Indianer
luminaria – Weihnachtsschmuck: Kerzenlichter in sandbeschwerten Papiertüten
horno – bienenkorbförmiger Backofen im Freien
jacuzzi – heißes sprudelndes Dampfbad (manchmal auch *whirlpool*)
rug – gewebtes Tuch, Umhang, Teppich
booze – umgangssprachlich für Alkohol aller Art
real bar – Bar, wo die *locals* hingehen
fancy bar – Bar, wo die *locals* nicht hingehen; schick, eher für Touristen
Spanglish – die im Südwesten der USA häufige Mischung aus Englisch und Spanisch

Orts- und Sachregister

Namensregister

Textnachweis

Von **Horst Schmidt-Brümmer** stammen die Kapitel I, V, VI, IX, die Tage 11–15, 17–21 und Sprachhilfen. Außerdem die Extratage bzw. -touren und Alternativrouten Death Valley, Chaco Canyon, Sedona und Montezuma Castle, Phoenix/Scottsdale, Tombstone. **Karl Teuschl** schrieb die Kapitel II, III, IV, VIII, die Tage 1–10 und 16. Außerdem die Extratage bzw. -touren und Alternativrouten Las Vegas, Telluride, Havasu Canyon. Gemeinsam entstanden Reiseplanung und Reisedaten.

Fotonachweis

Capitol Reef National Park, UT: S. 112
Coronado Hotel, San Diego, CA: S. 277 o.
Fridmar Damm, Köln: S. 244/245
Department of Transportation, Los Angeles, CA: S. 44
El Paso Visitors & Convention Bureau, TX: S. 263 o.
Farmington Visitors & Convention Bureau, NM: S. 151
Mara K. Fuhrmann, Monreal: S. 62/63, 69 o., 79, 121
Gallup Convention & Visitors Bureau, NM: S. 150
Peter Ginter, Köln: S. 1, 53 u. l., 98/99, 104/105, 106 u., 209, 218, 219, 228, 229, 232, 285
Gudrun Goldstein, Melbourne: S. 37/38
Greater Los Angeles Visitors & Convention Bureau, CA: S. 46
Christian Heeb, St. Gallen: S. 36/37, 77, 78
Hyatt Regency Scottsdale, AZ: S. 251, 253
Candida Höfer, Düsseldorf: S. 75
Nicola Kessler, Rottach-Egern: S. 40
Beate Kurowski, Köln: S. 188 o.
Museum of New Mexico, Santa Fe: S. 8/9, 12, 13, 15, 17, 18 u., 20 u., 24, 28, 29, 31–35, 167, 176, 177, 205 o., 288 u.
New Mexico Tourist Department, Santa Fe: S. 187 u., 188 u., 196
Kurt Jochen Ohlhoff, Hannover: S. 68
The Phoenician, Scottsdale, AZ: S. 242
Jochen Rothmann, Darmstadt: S. 185
San Diego Convention & Visitors Bureau, CA: S. 281
San Diego Historical Society, CA: S. 21, 22, 280
Horst Schmidt-Brümmer, Köln: Titelbild, S. 11, 47, 49, 50 u., 51–54, 55 o., 53 u. r., 60, 66, 67, 154 u., 155, 158–164, 168/169, 171–174, 176 o., 178, 179, 181, 183, 184, 186, 187 o., 189–195, 197, 198/199, 200, 201, 204, 178, 214, 216, 217 o., 223, 237, 238 o. r., 239, 247, 248, 256/257, 260, 261 o., 262, 263 u., 264, 266, 269 o., 276, 277 u., 278, 283, 288 o., 289, 291, 292, 293

Andreas Schulz, Köln: S. 69 u., 217 u.
Scottsdale Chamber of Commerce, AZ: S. 241
Sea World, San Diego, CA: S. 275, 279
Carl A. Smith, Atlanta, GA: S. 2/3, 129, 221
Southwest Museum, Los Angeles, CA: S. 25
State Records Center & Archives, Santa Fe, NM: S. 18 o., 19, 20 o., 26/27, 287
Karl Teuschl, München: S. 50 o., 61 u., 74, 82/83, 85, 89, 101, 107, 116, 135–139, 146, 147, 152, 153, 154 o., 170, 175, 205 u., 238 o. l., 272
Wolfgang R. Weber, Darmstadt: S. 56/57, 61 o., 73, 76, 90/91, 95, 96, 97, 106 o., 109, 113, 114/115, 117, 120, 122, 123, 127, 128, 143, 145, 207, 182, 183, 222, 226/227, 230, 231, 233, 238 u., 261 u., 267, 269 u.
The Frank Lloyd Wright Foundation, Scottsdale, AZ: S. 255

Danksagung

Die Autoren danken **Wolfgang R. Weber**, Darmstadt, für die engagierte Mithilfe. Seine Kenntnis des Colorado-Plateaus hat wesentlich dazu beigetragen, die Route zu optimieren. Das zeigt sich nicht zuletzt auch an seinen Fotos.

Spezieller Dank gilt auch **John R. Vincent**, San Juan Pueblo, New Mexico, für die Einsichten, die er in vielen Gesprächen und Erzählungen über die Region vermittelt hat. Ebenso hat sich **Vera Novak**, Salt Lake City, bei der Recherche für dieses Buch in den Canyonregionen Utahs besonders verdient gemacht.

Außerdem danken wir **Joseph R. Spano**, Miramar Sheraton, Santa Monica, und **Alex Lanag**, The Biltmore, Los Angeles; **Myram Borders**, Las Vegas News Bureau; **Steve Cowgill**, Taos; **Steve Lewis**, Santa Fe Convention & Visitors Bureau; **Deborah Prichert** und **John T. Egan**, Rancho Encantado, Santa Fe; **Judy Snow**, Gallup Convention & Visitors Bureau; **Alison Goldwater Ross** und **Laura L. Polk**, AuH20 Goldwater Group, Paradise Valley; **Ann H. Lane**, Hyatt Regency, Scottsdale; **Sally Cooper**, The Phoenician, Scottsdale; **Suzette A. Lucas**, The Frank Lloyd Wright Foundation, Scottsdale; **Leia James** und **Renée Levesque**, Arizona Office of Tourism; **Lawrence L. Hilliard**, Phoenix & Valley of the Sun Convention & Visitors Bureau; **Judith V. Shannon**, The Heard Museum, Phoenix; **Spyro Scocos**, Phoenix; **Patti Spaulding** und **Jean McKnight**, Tucson Convention & Visitors Bureau; **Joanne DiBona** und **Laurie Allison**, San Diego Convention & Visitors Bureau.

H. S.-B./K. T.

Titelbild: Wandmalerei in Taos. Foto: Horst Schmidt-Brümmer
Vordere Umschlagklappe (außen): Hopi-Clown. Kachinafigur von Marlin Pinto, 1991. Titel: »The Travel Gide Koshare«, Höhe 20 cm. Foto: Dieter Klein, Köln
Vordere Umschlagklappe (innen): Übersichtskarte Südwesten USA
Haupttitel (S. 2/3): Monument Valley. Foto: Carl A. Smith, Atlanta, GA

6. völlig überarbeitete und erweiterte Auflage 1995
(ISBN 3-88973-067-1 Erstausgabe)

Reihenkonzeption: Dr. Horst Schmidt-Brümmer, Andreas Schulz
Lektorat: Annette Pundsack
Layout und Herstellung: Andreas Schulz, Sandra Penno
Reproduktion: Farbkreis/Repro, Bochum; Litho Köcher, Köln; Fröbus Firmengruppe, Köln; HRP Reprotechnik, Essen
Karten: Kartographie Huber, München; Berndtson & Berndtson, Fürstenfeldbruck
Druck und buchbinderische Verarbeitung: Druckerei Uhl, Radolfzell
Gedruckt auf chlorfrei gebleichtem Papier

Printed in Germany
ISBN 3-88973-167-8